高等职业教育“双高”建设新形态规划教材

城市轨道交通
站务人员实训手册

主　编◎胡媛媛　李宁川
副主编◎张　燕　陈爱平
主　审◎杨　亚　陈　茜　龚秋菊
王云鹏　蔡登飞　韩　梅

西南交通大学出版社
·成　都·

图书在版编目（CIP）数据

城市轨道交通站务人员实训手册 / 胡媛媛，李宁川主编. -- 成都：西南交通大学出版社，2024.6
ISBN 978-7-5643-9698-5

Ⅰ. ①城… Ⅱ. ①胡… ②李… Ⅲ. ①城市铁路 - 轨道交通 - 车站作业 - 高等职业教育 - 教材 Ⅳ. ①U239.5

中国国家版本馆 CIP 数据核字（2023）第 254519 号

Chengshi Guidao Jiaotong Zhanwu Renyuan Shixun Shouce
城市轨道交通站务人员实训手册

主　编 / 胡媛媛　李宁川

责任编辑 / 罗爱林
封面设计 / 吴　兵

西南交通大学出版社出版发行
（四川省成都市金牛区二环路北一段 111 号西南交通大学创新大厦 21 楼　610031）
营销部电话：028-87600564　　028-87600533
网址：http://www.xnjdcbs.com
印刷：郫县犀浦印刷厂

成品尺寸　185 mm × 260 mm
印张　12.5　　字数　312 千
版次　2024 年 6 月第 1 版　　印次　2024 年 6 月第 1 次

书号　ISBN 978-7-5643-9698-5
定价　36.00 元

课件咨询电话：028-81435775
图书如有印装质量问题　本社负责退换

PERFACE

前 言

近年来，我国城市轨道交通建设发展迅速，截至2021年年底，我国开通轨道交通运营线路269条，运营里程达8 708千米。同时，随着新设备、新技术、新方法在城市轨道交通运营管理中的不断应用，城市轨道交通运营管理企业对高素质技术技能人才的需求不仅看重理论知识层面，更看重技能操作层面。

《城市轨道交通站务人员实训手册》可以满足区域高职院校城市轨道交通运营管理专业开展实训课程教学的需要。通过本教材的学习和使用，学生能掌握城市轨道交通站务人员（站务员、值班员、值班站长）岗位群一日工作的主要内容，实现以学生为核心，丰富工作过程中需要的指导性信息，剔除工作中不需要的陈旧知识，拉近企业与学校之间的距离，满足城市轨道交通运营企业对一体化复合型人才的需要。

本教材根据城市轨道交通站务人员岗位群的3类岗位设计了3个实训模块，又根据具体岗位设计了不同的实训项目。

本教材的特点如下：

1. 以岗位群一日工作内容为主线

本教材的编写采用模块化、项目式结构进行。各模块分别以城市轨道交通站务人员一日工作内容为主线，将工作场景引入教材，让学生在实训室实训的过程中也能感受到工作场景的工作内容。

2. 融合新设备、新技术、新规范

本教材在编写过程中得到成都地铁运营公司的大力支持，深入行业、企业进行深入调查，分析企业对城市轨道交通站务人员各岗位的工作对新技能的需求；调研城市轨道交通行业新技术、新设备及新规范，分析未来人才需求，将“三新”标准及规范内容融入教材。

3. 设计工作手册式教材

按照《国家职业教育改革实施方案》中对教学改革和教材建设的要求，以工作任务为导向，以真实工作过程中的学习性工作任务为载体，梳理成典型工作任务，采用模块化、任务化的教学单元。

教材编写人员均为城市轨道交通运营管理专业教师，对城市轨道交通站务人员技能训练课程有多年授课经验，每年均会深入企业，学习了解企业的前沿技术与信息；同时均担任了“1+X”城市轨道交通中级站务员考评员，有着丰富的带领学生参加各类专业技能大赛的经验，对岗课赛证融通认识深刻。

此外，团队成员也均为学院专业课程骨干教师，在课程的教学研究及改革方面经验丰富，团队成员间工作紧密，团结协作，可以保证教材的编写既能符合企业新设备、新技术、新方法的要求，也能符合理虚实一体的职业教育理念。

教材编写任务分工：胡媛媛、李宁川主要负责站务员站台岗一日工作，行车值班员一日工作流程及值班站长项目中的电话闭塞法组织行车等内容的编写；张燕、陈茜负责站务员厅巡岗一日工作，客运值班员一日工作及值班站长项目中的客流组织方案等内容的编写；龚秋菊、杨亚、蔡登飞负责站务员售票岗一日工作，值班站长项目中的车站投诉处理等内容的编写；韩梅、王云鹏主要负责值班站长项目中电客车驾驶操作、客伤处理等内容的编写；陈爱平主要负责值班站长项目中突发事件应急处理的编写，以及全书的统稿、校稿工作。

本教材在编写过程中参阅了近年来各位专家学者的教材及专著，受益匪浅，在此我们向相关专家、学者表示衷心的感谢。由于水平有限，书中难免存在不当之处，敬请读者不吝赐教。

编　者

2023 年 4 月

CONTENTS

目录

模块一

站务员一日工作流程

项目一　厅巡岗站务员一日工作

一、实训目的

在城市轨道交通专业课程理论学习的基础上，学生应掌握城市轨道交通车站站务员厅巡岗岗位职责、作业内容及流程，加强对岗位的认知，并能按作业标准来完成厅巡岗一日的工作。

二、实训场所及设施设备

（一）实训场所

实训中心车站模拟实训室。

（二）实训设施设备

（1）站厅（非付费区与付费区）；

（2）站台（有轨行区）；

（3）AFC（Automatic Fare Collection System，自动检售票系统）终端设备[自动售票机（TVM）、人工售补票机（BOM）、闸机（AGM）]。

三、实训内容

（1）厅巡岗站务员开关站作业内容训练及考核；

（2）厅巡岗站务员站厅服务，引导乘客使用 TVM 训练及考核；

（3）厅巡岗站务员出站检票机票箱更换操作训练及考核。

四、实训步骤

（一）基础知识储备

1. 车站开关的概念及影响因素

一般来说，轨道交通车站以开站作为一天正常运营的开始，以关站作为一天正常运营服务工作的结束。

开放车站之前必须确保线路上没有影响行车的异物，车站各种设备的运行状态良好，各种服务设备和设施已经开启并运行正常。为满足乘客正常乘车的需要，车站要在首班载客列车到达站前按要求安排售票岗领票、到岗，做好售票准备工作。在确认这些工作已经准备就绪后，再打开车站的各个出入口，开始一天的正常运营服务。

关闭车站意味着轨道交通车站一天的运营服务结束。通常情况下，关闭车站后不提供对外的运营服务。但夜间的各种施工，设备和设施的各种检修工作，车站车票、收益和各种核算工作以及统计报表的填写会安排在关站后进行。

目前，综合考虑多方因素，国内轨道交通企业暂未提供24小时运营服务，因此每天运营开始前开放车站的准备工作为开站，每天运营结束前关闭车站的准备工作为关站。按照国际惯例，轨道交通车站的运营服务时间一般作为其服务承诺对外界公布。因此，车站需要严格按照运营服务时间开关车站，准时为乘客提供运营服务。

城市轨道交通作为城市交通运输的核心纽带，具有较浓厚的社会公益性质，其运营服务时间一般根据本市居民生活习惯、出行规律、工作时间、客流分布及运营成本等特点确定，同时还要考虑与其他交通方式运营时间的衔接。

2. 开关站作业中厅巡岗站务员的职责

厅巡岗站务员在开站前应做好相关区域的巡视检查及开启工作。这些工作的具体内容如下：

（1）电扶梯等乘降设备运营前的检查及开启；
（2）出入口区域检查及出入口门的开启；
（3）站厅区域消防设施的运营状态；
（4）站厅其他服务设施的运营状态。

3. 站务员通用岗位的职责

车站站务员在车站值班员的领导下进行车站日常工作；有权对本班车站内的非站务工作人员进行管理；按《乘客服务工作标准》的规定执行；对车站管理工作有权向本班组或中心站提出本人的建议和意见；制止并处理乘客违反法律法规和公司规章的行为；完成上级布置的其他工作。

4. 厅巡岗岗位职责及作业流程

1）岗位职责

对本岗位巡视范围内的设备、设施的正常运作和卫生状况负责，确保设备、设施和车站卫生保持良好状态；回答乘客询问，解决乘客问题，帮助老弱、病和有困难及伤残乘客，并指引所持车票异常的乘客到客服中心进行车票的处理；留意站厅乘客动态，积极疏导乘客，防止人员拥挤，发现排长队或大客流时及时汇报；留意是否有精神异常、酗酒的乘客，禁止其进站乘车，严禁乘客携带“三品”及超大、超长、超重的物品进站；发现有故意损坏或偷窃站厅设备设施行为时及时制止和报告；在出入口、站厅范围发生治安、安全及客伤事件时，要保护现场，寻找目击证人；负责出闸机票箱的更换工作，协助客值更换TVM票箱、钱箱的工作；负责站厅边门的管理。

2）作业流程

某城市地铁车站早班厅巡岗站务员作业流程如表 1-1-1 所示。

表 1-1-1　早班厅巡岗站务员作业流程

时间	工作内容	工作地点
06:20—06:30	车控室签到，了解当天工作注意事项和通知，领取钥匙及备品	车控室
06:30—11:00	按岗位职责作业	站厅
11:00—11:30	午餐	休息室
11:30—15:00	按岗位职责作业	站厅
15:00—15:15	与中班厅巡岗站务员交接	站厅
15:15—15:30	签退，下班	车控室

5. 站厅发生客伤时的处理原则及流程

1）处理原则

车站在处理客伤事件时要以维护公司形象、保护公司最大利益为原则，以人为本，给予乘客必要的帮助。同时要第一时间进行取证，尽可能得到旁证及当事人签字确认，以事实为依据，客观记录，留下原始资料。

2）客伤的处理流程

车站现场工作人员，发现或接到乘客求救时，须立即向当班值班站长（站长）汇报，并疏散围观群众，安抚和救助受伤乘客，保护事故现场，寻找目击证人，劝留证人或留下证人联系方式。当班值班站长（站长）担任临时应急处理负责人，应立即安排其他员工携带急救医药箱赶赴现场。

当班值班站长（站长）在对伤者进行必要的现场急救时，应尽量对现场进行取证，询问当事人、证人，了解事情经过，填写有关调查表，并由当事人、证人签字确认。

若伤势较轻可以行走，可陪伤者到车站会议室休息安抚或包扎上药。若伤者需要，可协助拨打“120”医疗急救电话。

若初步判断乘客受伤属于地铁责任时，车站应立即向有关部门、单位汇报。伤者提出要求去医院检查时，车站可安排车站员工，陪同伤者前往医院，伤者在医院所花费用，经请示同意后，由车站垫付。

（二）基础技能储备

（1）能检查车站各种设备运行状态是否良好，正确开启和关闭各种设备设施。

（2）会操作本岗位巡视范围的设备、设施，确保正常运作。

（3）能运用标准用语解答乘客的问询，运用标准行为规范为乘客提供其他帮助。

（4）能配合值班站长在发生客伤时保护现场，寻找目击证人做好相应记录。

（5）能正确引导乘客使用 TVM，完成相应操作。

（6）会更换出站检票机的票箱操作。

（三）实训任务操作流程

1. 开站准备工作

（1）检查电梯、自动扶梯的状态。

第一步，认真阅读上一班交接记录，打开厅门后，弄清电梯轿厢是在本层后方可踏进；进轿厢后，认真检查各控制开关及照明通风是否正常；用手试安全触板开关、光电开关功能是否灵敏可靠；把各开关调到正常位置，来回走一趟，没有异常后方可投入正常运行。

第二步，检查自动扶梯踏板、扶手带、梳齿板和裙板，裙板与梯级间的间隙。图 1-1-1 为车站开站前，开启扶梯时工作人员检查裙板与梯级间的间隙有无异物，清除夹在间隙中的碎纸、小石子、口香糖等。

第三步，检查自动扶梯周围的安全设施（三角区的护板，防止进入的栅栏、隔板及防护网）有无破损等异状；确认紧急按钮是否处于正常状态，如果处于异常状态，必须将其恢复到正常状态。

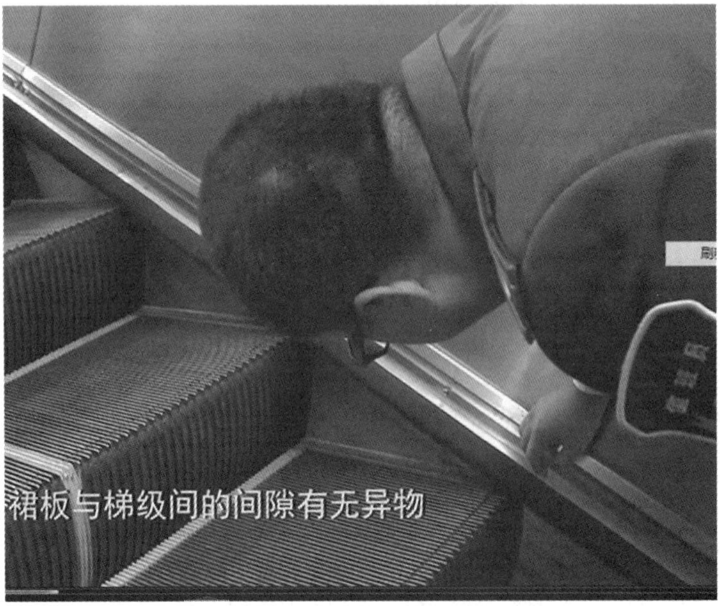

图 1-1-1　开启扶梯前的检查

（2）开启自动扶梯。

第一步，将钥匙插入操盘上报警停止开关，鸣响警笛，发出开始运转信号，放手后钥匙将回到中央位置，将其拔出；确认自动扶梯的踏板和梯级上没有人后，将钥匙插入运行开关（见图 1-1-2），向运行方向（上或下）旋转，自动扶梯开始运转，待稳定运行后放手，钥匙自动回到中央位置，即可拔出（启动时一只手旋转钥匙的同时另一只手按在急停开关上，当出现异常时可及时按下急停开关）。

第二步，确认扶手带是否正常转动，如有异常声响或振动，要立即按动紧急停止按钮，停住自动扶梯，同时通知维修人员；确认正常运转后，再试运转 5~10 min；如果试运转中按动紧急停止按钮，待问题处理后，必须将红色罩复原。

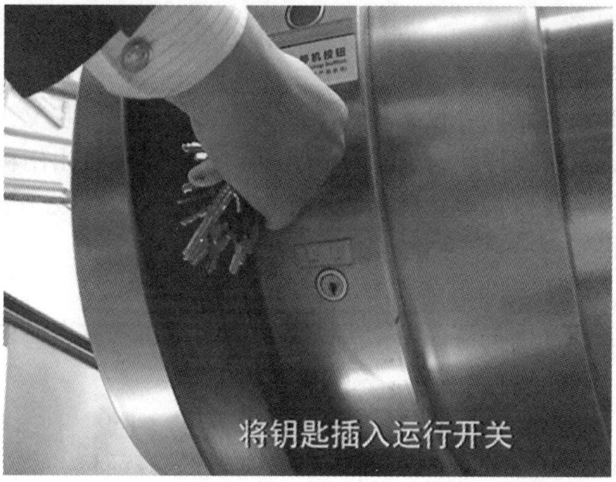

图 1-1-2　开启扶梯

（3）开启车站的各种服务设备和设施，检查车站各种设备的运行状态是否良好。

（4）打开出入口之前应确认出入口周边 5 m 范围之内的环境卫生及安全状况，以保证乘客安全、顺畅地进入城市轨道交通车站。

（5）确认完毕后开启轨道交通车站的出入口，准备对外运营服务。

2. 开站作业

厅巡岗在值班站长的领导下，配合完成开站的各项工作。开站流程如表 1-1-2 所示。

表 1-1-2　开站流程

序号	责任人	内容
1	行车值班员	首班载客列车到站前×× min，按规定试验道岔，安排人员试开关屏蔽门，检查站台和线路出清情况，并汇报行调
2	行车值班员	首班载客列车到站前×× min，通过 EMCS / BAS 开启环控系统，并检查运行情况
3	售票岗位	首班载客列车到站前×× min 领票，首班载客列车到站前×× min 到岗
4	行车值班员	首班载客列车到站前×× min 启动运营时间照明模式，并开启自动售检票设备，检查自动售检票设备是否处于正常运营状态
2	站台岗位	首班载客列车到站前×× min 到站，首班载客列车到站前×× min 领齐备品到岗
3	站务员/值班站长	首班载客列车到站前×× min 完成扶梯开启工作，首班载客列车到站前×× min 完成出入口开启工作，并巡视全站
5	站务员/值班站长	首班载客列车到站前×× min 确认与尾班车和运营终止相关告示、备品等已撤除，并按运营需要布置
6	行车值班员	首班载客列车到站前×× min 检查扶梯开启状态

3. 厅巡岗站厅服务

1）站厅巡视内容

站厅巡视是要定时巡视站厅各设备、设施的正常运作和卫生状况，确保设备、设施和车站卫生保持良好状态，发现问题及时通知保洁处理；注意站厅进出闸机、导向标志、移动消防设施、护栏等设施设备运行情况，确保活动导向标志按规定摆放，电梯是否正常运行，发现问题及时向上级汇报。

2）正确指路

厅巡岗站务员很多情况下都需要为乘客指路。为乘客指示方向时应注意以下问题：

（1）指向时掌心向上，四指并拢，大拇指自然分开。

（2）以肘为轴，前臂自然上抬，臂弯的幅度为 135° ~180° 。

（3）视线移向指示方向，同时兼顾乘客是否看到指示方向。

3）问询服务流程

一迎，主动站立，微笑迎接乘客，说：“您好，请讲。”行走时，遇到乘客问询，要站稳面向乘客微笑迎接。

二听，认真听完乘客的提问，倾听时耐心专注、态度诚恳，并注视乘客面部。

三答，耐心回答乘客的问题，回答时吐字清楚、语速适中、音量适宜，以乘客听见为准，让乘客有思考过程，要耐心，必要时应重复。

4）便民服务流程

一观，注意观察站厅周围是否有困难的乘客。

二问，对前来求助的乘客主动询问情况。

三帮，主动提供相应帮助，帮助老弱、病和有困难及伤残乘客，并指引所持车票异常的乘客到客服中心进行车票的处理。

5）厅巡岗引导乘客使用 TVM，完成相应操作

留意站厅乘客动态，积极疏导乘客，防止人员拥挤，发现排长队或大客流时及时汇报；留意是否有精神异常、酗酒的乘客，禁止其进站乘车，严禁乘客携带“三品”及超大、超长、超重的物品进站；发现有故意损坏或偷窃站厅设备设施行为时及时制止和报告。当有乘客提出不会使用 TVM 自助购票时，厅巡岗应能正确引导乘客一步步使用操作流程，完成相应操作（见图 1-1-3）。

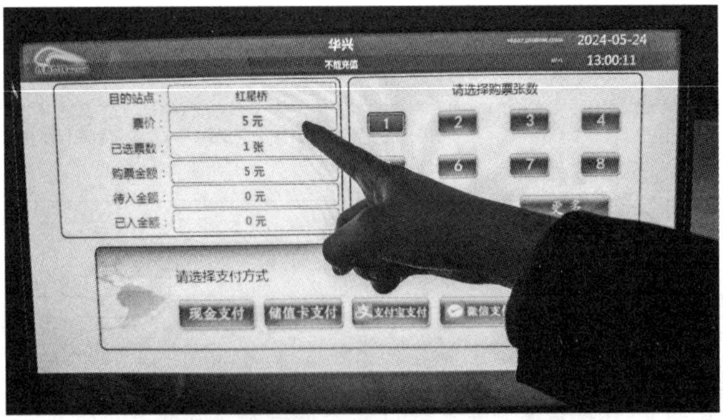

图 1-1-3　厅巡引导乘客使用 TVM

6）站厅发生客伤时涉及厅巡岗处理流程

在出入口、站厅范围发生治安、安全及客伤事件时，要保护现场，寻找目击证人。厅巡岗发现或接到乘客求救时，须立即汇报当班值班站长（站长），并疏散围观群众，安抚和救助受伤乘客，保护事故现场，寻找目击证人，劝留证人或留下证人联系方式。当班值班站长（站长）担任临时应急处理负责人，立即安排其他员工携带急救医药箱赶赴现场。

当班值班站长（站长）在对伤者进行必要的现场急救时，厅巡岗应尽量对现场进行取证，询问当事人、证人，了解事情经过，填写有关调查表，并由当事人、证人签字确认。

若伤势较轻可以行走，可陪伤者到车站会议室休息安抚或包扎上药。若伤者需要，可协助拨打“120”医疗急救电话。

4. 厅巡岗站务员出站检票机票箱更换操作

出站检票机设有单程票回收系统，有效单程票通过出站检票机时，会被回收进票箱内。由于票箱具有一定的容量，在票箱将满或已满时，出站检票机会发出报警提示，以提醒车站人员及时更换票箱。如果没有及时更换，出站检票机将进入停止服务模式。一般情况下，车站需在出站检票机票箱将满时或已满时进行更换，也可根据实际需要进行更换。更换出站检票机票箱操作流程如下：

第一步，摆放暂停服务牌，出站检票机进入停止服务模式状态（见图 1-1-4）。

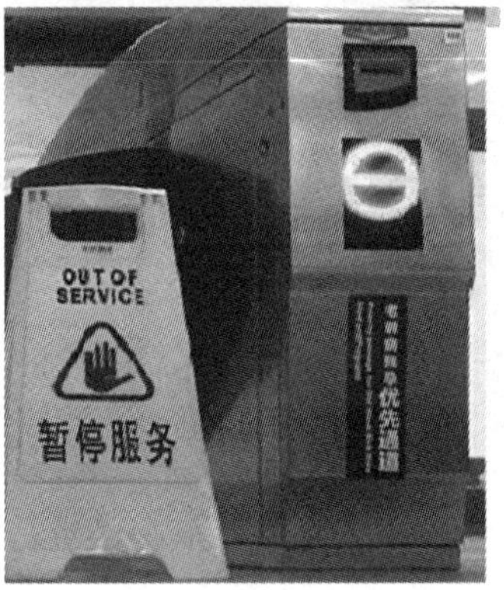

图 1-1-4　摆放暂停服务牌

第二步，打开维修门（见图 1-1-5）。

图 1-1-5　打开维修门

第三步，按面板显示要求输入正确的操作员号（ID）和密码（见图 1-1-6）。

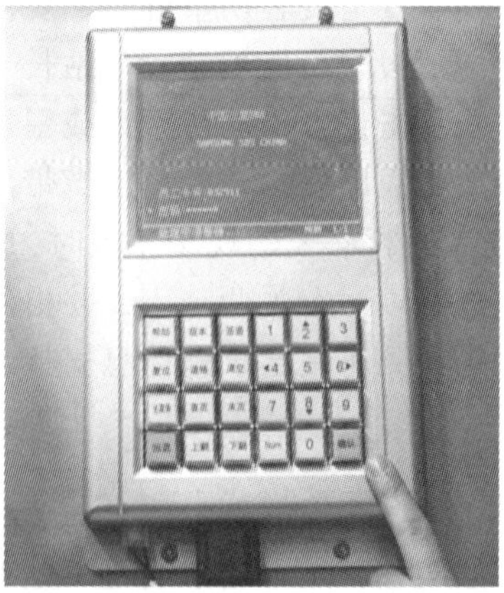

图 1-1-6　输入 ID 和密码

第四步，验证成功登录后，选择运营服务中的更换票箱操作，在更换票箱操作中选择卸下 A 票箱，票箱托盘开始下降（见图 1-1-7）。

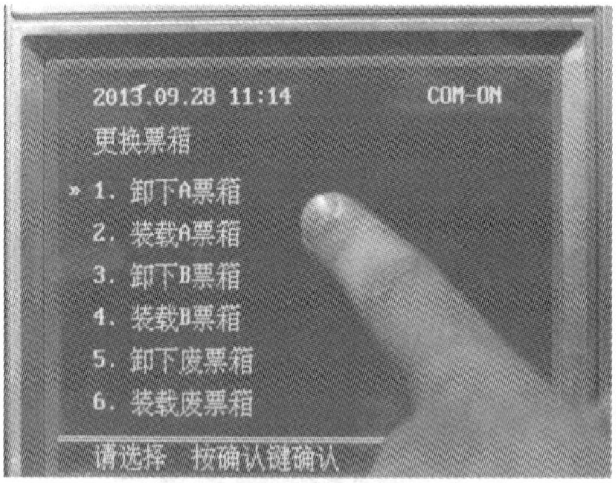

图 1-1-7　更换票箱

第五步，当票箱托盘完全降下后，推回票箱盖（见图 1-1-8）。

图 1-1-8　推回票箱盖

第六步，插入钥匙，逆时针扳动至“关”的位置（见图 1-1-9）。

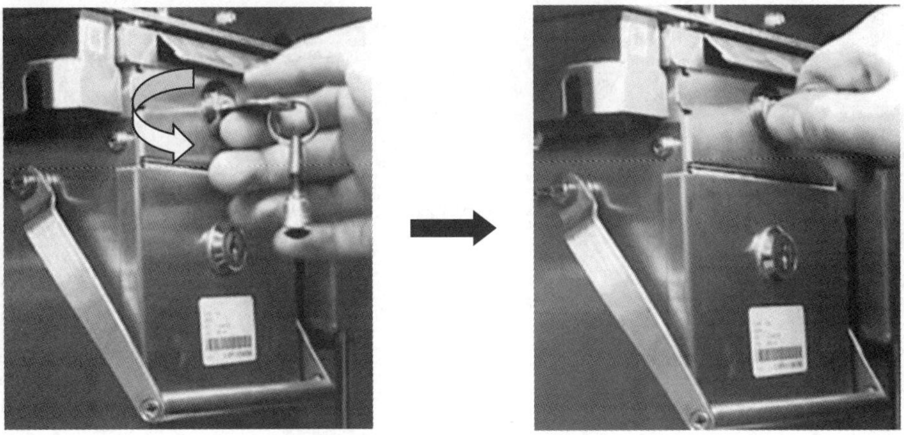

图 1-1-9　扳至“关”的位置

第七步，当票箱托盘完全降下后，双手取出票箱，更换上空的票箱（见图 1-1-10）。

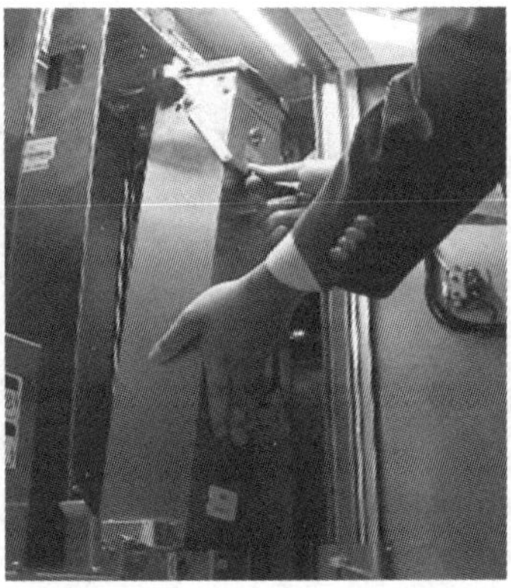

图 1-1-10　更换上空的票箱

第八步，插入钥匙，顺时针扳动至“开”的位置（见图 1-1-11）。

图 1-1-11　扳至“开”的位置

第九步，拉出票箱盖（见图 1-1-12）。

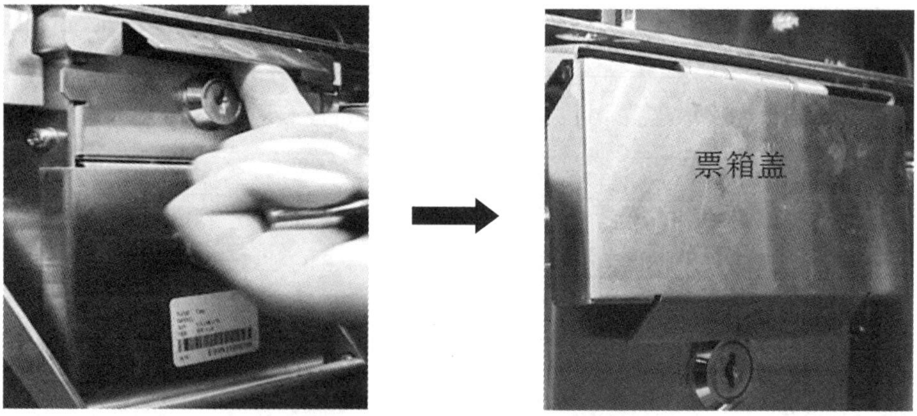

图 1-1-12　拉出票箱盖

第十步，在更换票箱操作中选择装载 A 票箱，票箱托盘开始上升。当票箱托盘完全上升后，设备读到不同的票箱 ID 后计数器清零（见图 1-1-13）。

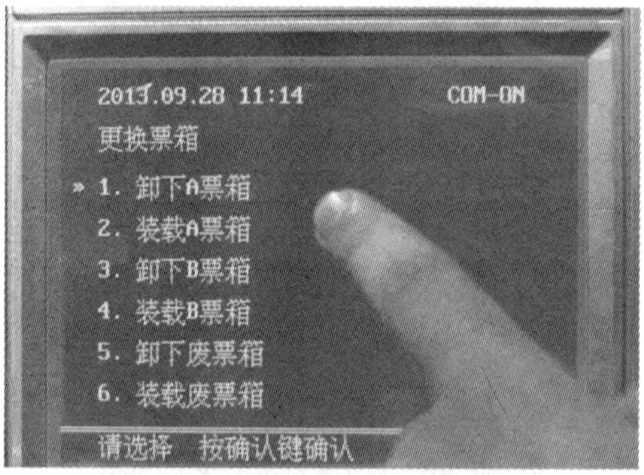

图 1-1-13　卸下 A 票箱

第十一步，在控制面板上选择签退键进行签退（见图 1-1-14）。

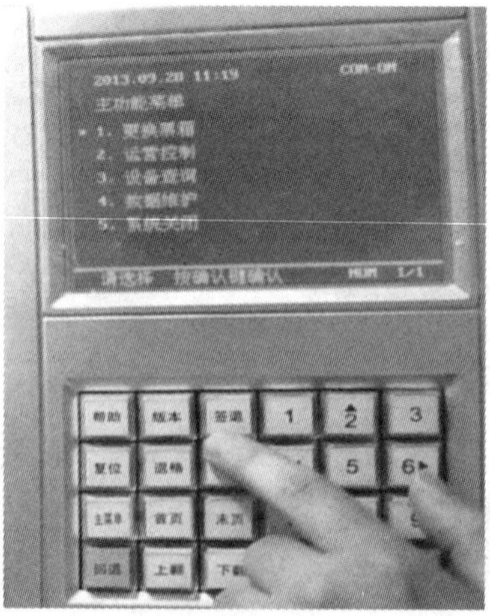

图 1-1-14　签退

第十二步，推进并关好维修门完成票箱更换工作，将换出票箱运回 AFC 票务室进行清点（见图 1-1-15）。

图 1-1-15　清点

第十三步，撤销暂停服务牌，出站检票机进入正常服务模式。

更换票箱时，要注意爱护票箱，轻拿轻放，避免损坏票箱；同时注意双手操作，以避免刮伤手。

五、实训考核

厅巡岗站务员实训考核评分表

学生姓名：　　　　　　　　所在小组：　　　　　　总分：

<table>
<tr><th>考核名称</th><th colspan="2">考核内容</th><th>分值</th><th>小组互评（40%）</th><th>教师评分（60%）</th><th>实得分（100%）</th></tr>
<tr><td rowspan="2">仪容仪态（10 分）</td><td colspan="2">着装</td><td>5 分</td><td></td><td></td><td></td></tr>
<tr><td colspan="2">仪态</td><td>5 分</td><td></td><td></td><td></td></tr>
<tr><td rowspan="2">任务一　开关站作业内容（30 分）</td><td colspan="2">开站准备工作</td><td>15 分</td><td></td><td></td><td></td></tr>
<tr><td colspan="2">开站流程</td><td>15 分</td><td></td><td></td><td></td></tr>
<tr><td rowspan="3">任务二　情境模拟引导乘客使用 TVM（30 分）</td><td colspan="2">情境设置合理，具有典型性，结构完整</td><td>8 分</td><td></td><td></td><td></td></tr>
<tr><td colspan="2">引导乘客正确使用 TVM</td><td>15 分</td><td></td><td></td><td></td></tr>
<tr><td colspan="2">服务语言、手势等标准</td><td>7 分</td><td></td><td></td><td></td></tr>
<tr><td rowspan="3">任务三　出站检票机票箱更换操作（30 分）</td><td colspan="2">识别闸机设备</td><td>2 分</td><td></td><td></td><td></td></tr>
<tr><td colspan="2">判断闸机通行方向及状态</td><td>5 分</td><td></td><td></td><td></td></tr>
<tr><td>闸机更换票箱操作</td><td>打开闸机维修门</td><td>5 分</td><td></td><td></td><td></td></tr>
</table>

续表

<table>
<tr><th>考核名称</th><th colspan="2">考核内容</th><th>分值</th><th>小组互评（40%）</th><th>教师评分（60%）</th><th>实得分（100%）</th></tr>
<tr><td rowspan="4">任务三 出站检票机票箱更换操作（30分）</td><td rowspan="4">闸机更换票箱操作</td><td>登录维护界面</td><td>5分</td><td></td><td></td><td></td></tr>
<tr><td>清空闸机回收票箱</td><td>5分</td><td></td><td></td><td></td></tr>
<tr><td>注销退出</td><td>5分</td><td></td><td></td><td></td></tr>
<tr><td>关门</td><td>3分</td><td></td><td></td><td></td></tr>
</table>

项目二　售票岗站务员一日工作

一、实训目的

在城市轨道交通专业课程理论学习的基础上，学生应掌握城市轨道交通车站站务员售票岗岗位职责、作业内容及流程，加强对岗位的认知，并能按作业标准来完成售票岗一日的工作。

二、实训场所及设施设备

（一）实训场所

天府校区城轨实训中心车站模拟实训室。

（二）实训设施设备

（1）站厅（非付费区与付费区）；
（2）站台（有轨行区）；
（3）AFC终端设备（TVM、BOM、AGM）；
（4）票务管理室（包含普通单程票、点钞纸、票盒等票务备品）。

三、实训内容

（1）售票岗站务员售票前的准备工作训练及考核；
（2）售票岗站务员使用BOM（半自动售票机）发售单程票及充值训练及考核；
（3）售票岗站务员处理乘车凭证异常造成的乘客事务训练及考核；
（4）售票岗站务员处理设备异常造成的乘客事务训练及考核；
（5）售票岗站务员下班交接班及票款上交训练及考核。

四、实训步骤

（一）基础知识储备

1. 车票（乘车凭证）的类型

1）按存储介质和构造的不同分类

按存储介质和构造的不同，车票可分为纸质车票、磁卡车票和智能卡车票。

（1）纸质车票。事先在车票上印刷相关信息的车票称为纸质车票，以人工方式或自动方式售票，通过视读或扫描仪确认票面信息。图 1-2-1 为北京地铁早期使用的纸质车票。

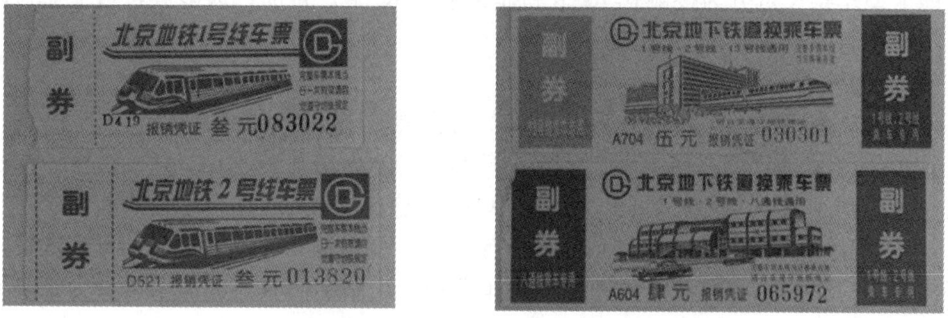

图 1-2-1　北京地铁早期使用的纸质车票

（2）磁卡车票。磁卡是一种磁记录介质卡片，由高强度、耐高温的塑料或纸质涂覆塑料制成，能防潮、耐磨，且有一定的柔韧性，携带方便，使用较为稳定。磁条可用来记载字母、字符及数字信息。图 1-2-2 为磁卡车票。

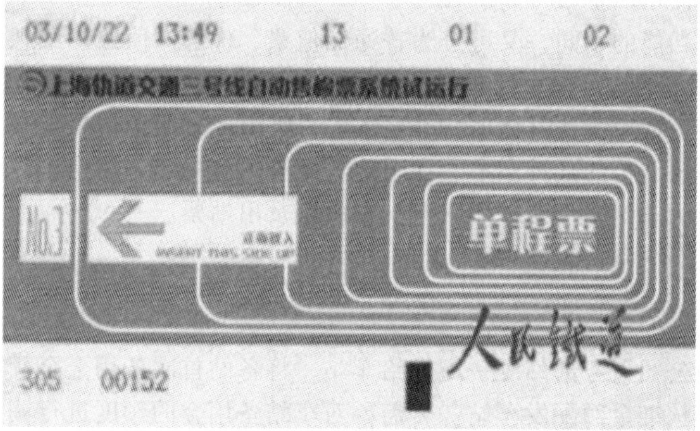

图 1-2-2　我国首张地铁纸质磁卡车票

（3）智能卡车票。智能卡是 IC 卡的一种，将一个专用的集成电路芯片镶嵌于符合标准的塑料基片中，封装成外形与磁卡类似的卡片形式，既能制成一张传统的 IC 卡，也可以封装成纽扣、钥匙、饰物等特殊形状。图 1-2-3 为常见形状的智能卡车票。

筹码式

薄卡式

图 1-2-3　常见形状的智能卡车票

智能卡型车票又可分为接触式 IC 卡和非接触式 IC 卡。目前，大多数轨道交通自动售检票系统均采用智能卡车票。

2）按使用性质的不同分类

按使用性质的不同，车票可分为单程票、储值票、许可票或特种票。

（1）单程票。单程票是指乘客以一定金额购得一次服务旅行承诺，只可进行一次进站和一次出站行为的车票。单程票又可分为普通单程票、应急单程票、优惠单程票和纪念单程票。

（2）储值票。储值票是指车票内预存一定资金，在金额足够的情况下，可多次使用的车票，每次使用时根据相应的计价规则扣除乘车费用，出站不回收。储值票可分为记名储值票和不记名储值票。

记名储值票卡内保存有持卡人的个人信息，如持卡人姓名、性别、身份证号码等。卡面也可根据需要印刷持卡人的姓名、性别、身份证号和照片等信息。记名储值票可挂失，可以享用信用消费和信用增值及其他特殊服务。

不记名储值票票面没有持卡人的信息，使用后如果无污损，通常可以将车票退还给发卡公司以便重新发行使用。

储值票按使用功能的不同，又可分为普通储值票、优惠储值票和纪念储值票。

（3）许可票或特种票。许可票是一种不同于单程票和储值票的特殊票种，是指由运营方根据某种特殊需要，针对某些群体的特殊要求，以吸引或方便他们来乘坐地铁为目的而发行的，赋予特定的使用许可的某种车票，在限定的条件下有一定的优惠。许可票或特种票根据用途不同，又可分为车站工作票、测试票、乘次票及出站票。

2. 备用金

1）备用金配发

备用金一般由公司财务部门统一配发给车站，将各站首次备用金金额申请汇总，提交财务部核准，并根据核准金额配发车站。若需要对车站备用金的额度进行调整时，须经车务中心备用金管理人员审核，提交财务部核准，并根据核准金额进行调整。车站备用金基本为固定数额，根据每个车站的客流和现金周转情况确定。若遇大型节假日，可根据需要增配备用金，节假日结束后归还增配的部分；若车站出现突发客流等预计之外的情况导致车站备用金临时短缺，因时间紧迫而无法及时从财务部借支备用金时，可根据实际运营情况进行站间备用金调配。突发情况结束后归还原车站。

2）备用金的功能

日常备用金是配备给售票员的，以满足当班兑零或找零需要；补充找零硬/纸币到 TVM，满足 TVM 的找零需要；预交给银行，作为与银行兑换零钱的现金。在紧急情况下，如有乘客在车站受伤，车站需启用应急程序，可从车站备用金的应急备用金中借支应急使用。

3. 车票及现金的清点及加封方法

1）车票清点方法

（1）车站所有车票的开封、清点须由当班客运值班员与车站人员双人在车站票务管理室的监控范围内共同完成。

（2）对开封后非及时配出的车票，开封人员须及时对清点过的车票按规定双人加封。

（3）开封后，发现车票数量或信息有误，开封人员须及时报站长或当班值班站长到票务管理室确认，并在相关台账或交接本上做好记录，将车票和封条封存，待站长或值班站长核查清楚后方可使用，同时车站应立即将情况上报上级主管部门，车务中心要及时组织调查并在 5 个工作日内将调查情况书面报安全部和公司票务主管部门。车站需要用票时可开另一包封口完好的车票。

2）车票加封方法

车票在存放或上交时应对其进行加封。按规定加封好的车票便于保管与存放、清点及上交。车票加封（包含票据）根据车票的种类、性质等需要可用定制票盒、钱袋、信封、封条加封（见图 1-2-4）。

（1）票盒加封时，用封条在票盒中间部位“一”字形缠绕后加封。

（2）票袋加封时，应将票袋口用绳子缠绕扎紧后，再用封条缠绕加封。

（3）使用票务专用信封加封时，应采用“工”字加封法，放入车票后将信封口封住，再用封条将信封背面的接缝处封住，最后在信封背面封条骑缝处及封面上盖章。

（4）使用砂纸（封条）直接对车票进行加封时，应采用“十”字加封法，将车票整理整齐后用封条进行直接加封。

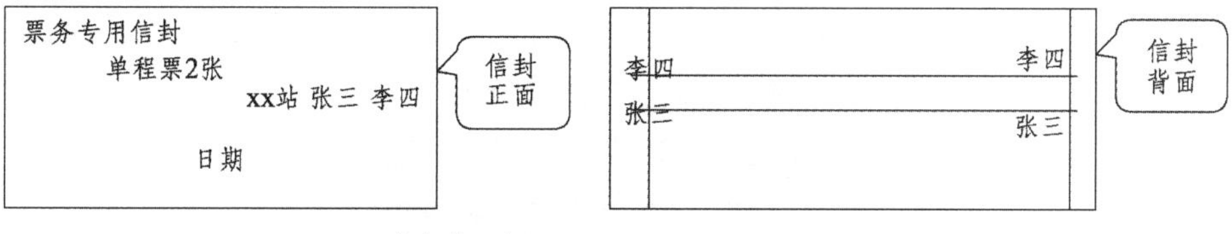

工字加封示意图

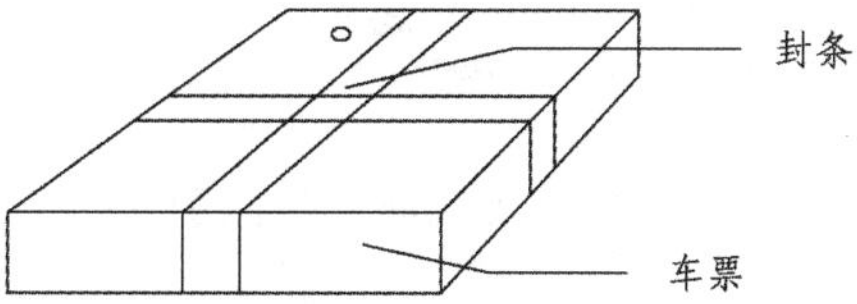

十字加封示意图

图 1-2-4　车票加封

注意：

（1）对车票实施加封时应两人一起加封（其中一人须为当班客运值班员），加封后必须保证一经破封无法复原。

（2）不同性质的车票应分开加封。

（3）车票加封后应在加封好的封条骑缝处加盖加封人名章，封条上必须注明加封车票的种类、数量、加封车站、加封人和加封日期。

3）现金加封的原则

（1）对现金实施加封时，应双人负责一起加封，加封后必须保证一经破封无法复原。

（2）现金加封前，在封条或票务信封的正面注明加封金额、加封车站、加封人和加封日期。加封后应在加封好的封条骑缝处加盖加封人名章。

4）现金加封的方法

（1）钱袋加封：加封时，将钱袋口用绳子缠绕扎紧后再用封条缠绕加封。钱袋加封适用于对硬币的加封，纸币需用钱袋加封时，应先用砂纸加封或信封加封后再放入钱袋内加封。

（2）信封加封：使用票务专用信封采用“工”字加封法加封时，先放入现金后将信封口封住，再用封条将信封背面的接缝处封住，最后在信封背面封条骑缝处及封面上盖章（见图 1-2-5）。信封加封仅限于对同一面额不足 100 张的零散纸币的加封，按面额大小归整后放入信封内进行加封。

（3）砂纸加封：采用“一”字加封法加封时，用封条（扎把带）缠绕归整后的纸币中部加封，加封方法如图 1-2-6 所示。砂纸加封只适用于纸币的加封，各面额纸币清点满 100 张时加封一次。

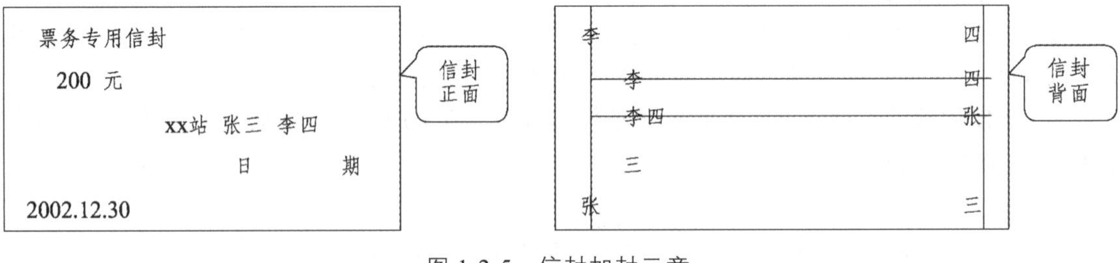

图 1-2-5　信封加封示意

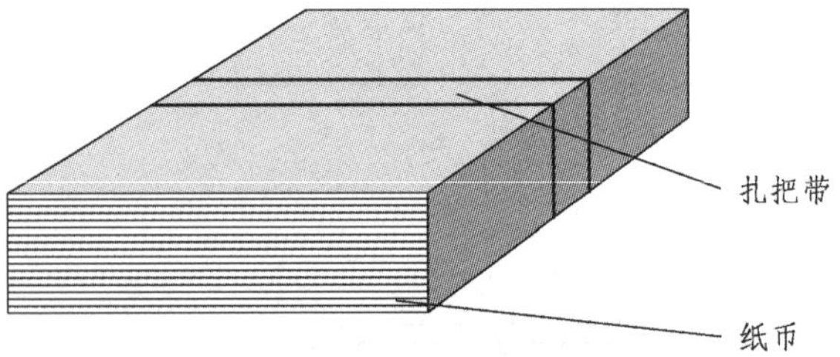

图 1-2-6　砂纸加封示意图

4. BOM 的功能及结构

1）BOM 的功能

（1）具有单程票发售、充值卡充值、车票更新处理功能。发售包括单程票、储值票、纪念票在内的各种类型的车票，为储值票办理增值业务，对无票乘车乘客办理补票业务。

（2）具有分析及处理各类问题车票的功能。即先对要处理的车票进行有效性分析，再完成车票更新、替换、退票、延期、挂失、查询、行政事务处理等业务。

（3）接受车站计算机下发的参数和控制命令，并执行相应的操作。

（4）能存储交易数据（如各班次售票员的操作信息及收益信息）、工作状态记录和运营参数等数据，通过网络实时上传到车站计算机，以便进行分析、统计、收益查询，生成相应报表。

2）BOM 的结构

半自动售票机主要由主机、操作员显示器、乘客显示器（含付费区和非付费区）、对讲机、密码键盘、鼠标、外置读写器、钱箱、车票发售机构、票据打印机等部件构成（见图 1-2-7）。

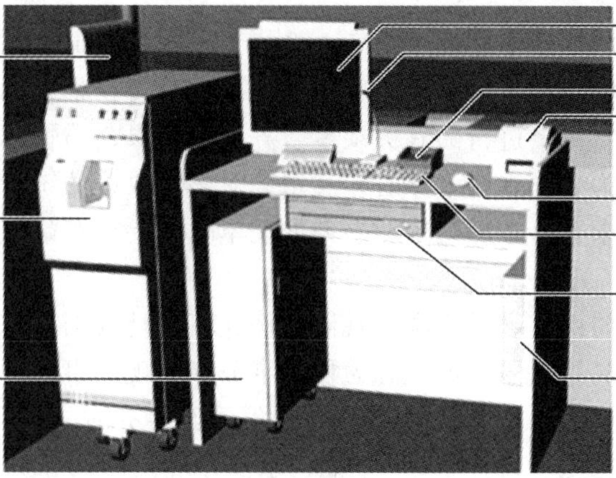

图 1-2-7 半自动售票机的结构

（1）主机。主机由主控单元和电源模块组成。主控单元（也称工控机）是整个系统的控制核心，完成车票发售、充值、补票、票务处理等票务业务及状态监控等功能，负责各种数据的存储及与车站计算机数据通信；电源模块为主控单元及其外围设备提供电源。

（2）操作员显示器。

操作员显示器为操作员提供人机对话的界面显示，显示相关信息及操作指引，供操作员操作使用。

（3）乘客显示器。

乘客显示器安放在付费区和非付费区靠近窗口面向乘客、方便乘客阅读的位置，为乘客提供车票交易信息的显示（可显示中文或英文信息），供乘客查看相关信息，并且带有一定的语音提示功能。

（4）对讲机。

对讲机供操作员和乘客进行语言交流。

（5）密码键盘。

密码键盘用于账号和密码的录入、设置。

（6）外置读写器。

外置读写器可在有效读写距离 10 cm 内，通过对车票的有效性检验和读/写操作，完成所有与车票有关的票务业务处理。

5. 售票员结算单的填写方法

售票员结算单是售票员结算过程中最常见的报表。该报表在值班员给售票员配车票、票据、备用金及中途追加车票、备用金，售票员向值班员预交款和结账等情况下填写。它主要用于记录售票员实收总金额与所配备用金总额的情况，从而核算售票员实际票款收入。

售票员结算单一般由售票员和值班员班次、自动售票机设备号、配备备用金金额以及各类车票（普通单程票、预制单程票、储值票、城市一卡通票、纸票等）开窗张数、关窗张数、出售张数、实收总金额等组成。其中，车票出售张数根据开窗张数与关窗张数的差额计算填写，实收总金额根据结账时的实点现金总额减去所配备用金总额后填写，作为站务员实际收益结算的依据。

6. 乘客事务处理单的填写方法

乘客事务处理单一般用于车站发生 TVM 少找零、卡币、卡票、发售无效票、扇门被误用、车票无效不能进出闸、乘客无票乘车等特殊情况，需要在半自动售票机上办理相关乘客事务处理时填写，记录售票员进行的有关乘客事务处理结果，与售票员结算单一起构成售票员收益结算的依据。因为办理乘客事务时涉及系统对票款收益的统计和防止人为造成票款收益的损失，所以在办理乘客事务填写乘客事务处理单时均要求车站值班员及以上人员到场处理情况并签名确认。

乘客事务处理单主要由售票员班次、具体事件详情、处理结果、涉及金额、乘客资料、办理人签名、确认人签名等要素组成。分为现金事务和非现金事务的处理，现金事务处理主要是发生 TVM 少找零、卡币、卡票、发售无效票等乘客事务时，售票员需在 BOM 上进行涉及现金的操作时在对应栏填写或打"√"。如售票员办理"TVM 收取了乘客现金，但发售无效票的乘客事务"时，不收取乘客现金，但在 BOM 上为乘客发售一定面额的车票或退还一定金额的现金时在对应栏填写或打"√"；非现金事务处理则主要是发生扇门被误用、车票无效不能进出闸、乘客无票乘车等乘客事务时，涉及发售免费或付费出站票时的操作，须在对应栏填写或打"√"。

7. 售票员与客运值班员车票、现金的交接（上岗前及下班后）

1）开窗前的交接

开窗前，客运值班员应给当班售票员配票配备用金，即客运值班员需在售票员到岗开窗前配置一定数量的车票、备用金，填写售票员结算单，待售票员到票务管理室后，监控售票员进行清点，确认所配各类车票和备用金数量与售票员结算单上记录的开窗张数、备用金数量一致后，签字确认。此过程为开窗前的车票与现金交接。

2）开窗中的交接

售票员当班期间，由于客流较大，开窗前所配车票及备用金不够时，则向客运值班员要求增配一定数量的车票和备用金，双方应当面清点确认后在售票员结算单上注明增配的车票与备用金金额，客运值班员盖章确认，并在票务系统中录入增配的车票及备用金金额；当客服中心票款收入数量较多时，为了保证票款安全，客运值班员向售票员预收一定的票款时，双方应当面清点和交接所预收的款项后，客运值班员在售票员结算单上签收。此过程称为开窗过程中的车票与现金交接。

3）结账时的交接

售票员每班工作结束后，应将所有票款、备用金、人工发售的结余车票锁入售票盒，到票务管理室与客运值班员进行结账。结账是指客运值班员在当班售票员工作结束后，在票务管理室监视系统下，对售票员在客服中心售票等相关工作中实际收取的乘客票款（包括预收款）、回收的结余车票，进行双方共同清点确认，填写售票员结算单关窗张数栏，并将结余车票、备用金和当班票款收入交当班客运值班员保管，完成后在票务管理子系统“售票员上交票款”模块中录入交接数据。对于售票员回收的 BOM 不能正常发售的车票或其他种类的无效车票，售票员须及时加封。封条上注明车票类型、票种、数量、加封车站、加封人和加封日期。客运值班员根据封面的张数与“无效/过期票处理记录表”所填写的张数进行核对，确认后接收。此过程为结账时的车票与现金交接过程。

（二）基础技能储备

（1）会运用点钞机及验钞机对现金进行检验和清点。

（2）会运用点票机对车票进行清点。

（3）会使用 BOM 发售单程票及为储值卡充值。

（4）会运用乘客事务处理方法在 BOM 上，对车票（乘车凭证）异常及 AFC 终端设备异常造成的乘客事务做出处理。

（5）会填写售票员结算单及乘客事务处理单。

（6）能按标准进行车票及现金的加封。

（7）能按标准流程与客运值班员做好车票与现金的交接。

（三）实训任务操作流程

1. 售票前的准备工作

（1）到车站票务管理室找当班客运值班员领取本班所需的车票及备用金。

（2）在本站首班列车到站前 12 min 到达客服中心，检查客服中心有没有可疑的车票及现金，检查客服中心的清洁卫生及设备设施运行状态是否良好。

（3）用账号及密码登录 BOM，打开窗口迎接乘客，做好发售车票、充值及票务事务处理的准备。

2. BOM 发售单程票及充值

1）发售单程票

（1）询问乘客的购票需求，并大声复述乘客的购票需求。

（2）向乘客说出所要收取的票款，并收取乘客提交的钱币。

（3）检验钱币真假并清点数量，在 BOM 上选择用金额或站点发售车票。

（4）售票完成后，将车票及零钱递交给乘客。

2）充值卡充值

（1）询问乘客的充值需求，并大声复述乘客的充值需求。

（2）将充值卡放在外置读写器上，收取乘客提交的钱币，并复述所收取的钱币数量。

（3）检验钱币真假并清点数量，在 BOM 上点击充值，并输入充值金额。

（4）充值完成后，将储值卡及零钱递交给乘客。

3. 处理车票异常造成的乘客事务

1）乘客在付费区时：

（1）无票不能正常出闸时：

第一步，询问乘客不能正常出闸的原因。

第二步，根据乘客叙述的原因，按相关规定处理。

① 当乘客是丢失车票或无票乘车无法出闸时，则按出闸站所在线网最高票价收取乘客的乘车费用，在 BOM 发售一张付费出站票。乘客持出站票出闸。

② 当乘客是在出闸时投入的普通单程票被出站闸机吞票或卡票或闸门打开时被其他乘客使用，且经确认情况属实时，则在 BOM 发售一张免费出站票，填写乘客事务处理单。乘客持出站票出闸。

（2）持普通单程票不能正常出闸时：

第一步，将车票放到 BOM 外置读卡器上，选择 BOM 付费区模式，分析车票。

第二步，根据 BOM 操作员显示器显示的车票信息给乘客解释不能正常出闸的原因。

① 当显示车票“未入站”时，点击更新处理，将车票免费自动更新为“已入站”，不收取任何费用，并将更新好的车票递交给乘客。乘客持更新好的普通单程票正常出闸。

② 当显示车票余额不足时，点击更新处理，系统提示收取乘客一定的费用，售票员向乘客大声说出应收取的费用，收取乘客的钱币，检验钱币真伪，将找零和更新好的车票递交给乘客。乘客持更新好的普通单程票正常出闸。

③ 当显示车票超时时，点击更新处理，系统提示收取乘客所在出闸站线网最高票价，售票员向乘客大声说出应收取的费用，收取乘客的钱币，检验钱币真伪，将找零和更新好的车票递交给乘客。乘客持更新好的普通单程票正常出闸。

④ 当没有显示车票的任何信息，或者对车票的信息更新处理时没有任何改变时，检查车票有无折痕等人为损坏现象，若无人为损坏现象，则收回无效票，再另行免费发售一张出站票给乘客，填写乘客事务处理单；若有人为损坏现象，收取一个最小车程费，发售一张出站票给乘客，并填写乘客事务处理单。乘客持出站票出闸。

（3）持储值卡或城市一卡通不能正常出闸时：

第一步，将车票放到 BOM 外置读卡器上，选择 BOM 付费区模式，分析车票。

第二步，根据 BOM 操作员显示器显示的车票信息给乘客解释不能正常出闸的原因。

① 当显示车票“未入站”时，点击更新处理，将车票免费自动更新为“已入站”，不收取任何费用，并将更新好的车票递交给乘客。乘客持更新好的充值卡或城市一卡通正常出闸。

② 当显示车票余额不足时，售票员则请乘客进行充值。根据乘客充值需求，收取乘客的钱币，检验钱币真伪，将找零和充值好的车票递交给乘客。乘客持更新好的充值卡或城市一卡通正常出闸。

③ 当显示车票超时时，点击更新处理，系统提示收取乘客所在出闸站线网最高票价，售票员向乘客大声说出应收取的费用，收取乘客的钱币，检验钱币真伪，将找零和更新好的车票递交给乘客。乘客持更新好的充值卡或城市一卡通正常出闸。

④当没有显示车票的任何信息，或者对车票的信息更新处理时没有任何改变时，则请乘客联系发卡单位，另根据乘客的上车站，为乘客发放一张付费出站票，乘客持出站票出闸。

2）当乘客在非付费区时

（1）持普通单程票不能正常进闸时：

第一步，将车票放到 BOM 外置读卡器上，选择 BOM 非付费区模式，分析车票。

第二步，根据 BOM 操作员显示器显示的车票信息给乘客解释不能正常进闸的原因。

① 当显示车票“已入站”时，点击更新处理，将车票免费自动更新为“未入站”，不收取任何费用，并将更新好的车票递交给乘客。乘客持更新好的普通单程票正常进闸。

② 当没有显示车票的任何信息，或者对车票的信息更新处理时没有任何改变时，则检查车票有无折痕等人为损坏现象，若无人为损坏现象，视此车票为 TVM 发售的无效票，则收回无效票，重新按乘客的需求免费发售一张同等值的普通单程票给乘客，填写乘客事务处理单，乘客持新购置的普通单程票进闸；若有人为损坏现象，告知乘客此票被损坏需回收，要求乘客重新购票。

（2）持储值卡或城市一卡通不能正常进闸时：

第一步，将车票放到 BOM 外置读卡器上，选择 BOM 非付费区模式，分析车票。

第二步，根据 BOM 操作员显示器显示的车票信息给乘客解释不能正常进闸的原因。

① 当显示车票“已入站”时，且入站信息显示的是当天，则点击更新处理，将车票免费自动更新为“未入站”，不收取任何费用，并将更新好的车票递交给乘客；当显示车票“已入站”时，且入站信息显示的不是当天，则收取扣除一个最小车程费，将车票自动更新为“未入站”，乘客持更新好的车票正常进闸。

② 当没有显示车票的任何信息，或者对车票的信息更新处理没有任何改变时，则请乘客联系发卡单位，并请乘客重新购买普通单程票乘车。

4. 处理设备异常造成的乘客事务

当乘客在非付费区自助购票或充值时发生 TVM 卡币、卡票、充值不成功处理、少找零等情况时，售票岗站务员应根据乘客描述的事件第一时间向车控室汇报。车控室则通知客运值班员到现场核实事件，并与售票岗站务员共同处理事件。

1）当乘客购票时发生 TVM 卡币经确认情况属实时

售票岗站务员根据乘客提供的卡币故障单或者客运值班员提供的票款交易记录，确认卡币后，根据乘客乘车需求，在 BOM 上按“多退少补”的原则发售一张单程票，填写乘客事务处理单。

2）当乘客购票时发生 TVM 卡票经确认情况属实时

售票岗站务员根据乘客提供的卡票故障单或者客运值班员提供的单程票发售交易记录，确认卡票后，根据乘客乘车需求，在 BOM 上免费发售一张单程票，填写乘客事务处理单。

3）当乘客购票时发生 TVM 少找零且经确认情况属实时

售票岗站务员根据乘客提供TVM少找零的故障单或者客运值班员提供的票款交易记录，确认少找零后退还相应现金给乘客，填写乘客事务处理单。

4）当乘客充值时发生 TVM 充值未成功且确认情况属实时

售票岗站务员根据乘客提供 TVM 充值未成功的故障单或者客运值班员提供的票款交易记录，确认充值未成功后，在 BOM 上分析车票并给乘客办理等额充值或退还乘客充值金额，填写乘客事务处理单。

5. 下班交接班及车票及现金上交

1）下班售票员与上班售票员之间交接班

（1）下班售票员摆好交接告示牌，向乘客做好解释。

（2）下班售票员将现金和车票整理放入票盒后开始交接（交班后不立即结账的须将票盒加锁，锁头用封条十字加封）。

（3）交接时，双方须核查票务备品、票务钥匙、对讲设备、求助按钮、客服中心内务以及客服中心内外物品摆设情况，检查客服中心内有无来历不明的现金、车票。

（4）交接时如有问题马上报值班站长或值班员。接班人确认无误后，在交接班本上签名。

（5）交班人退出 BOM，接班人登录 BOM，由接班人向车控室报告交接人员和时间；售票员交班时（临时顶岗或他人顶班时也要进行此项操作）必须按规定签退，否则由此引发的一切不良后果均由离岗者本人自行承担。

进行 BOM 签退前，交接双方须注意观察并记住设备提示的当前票卡数量，以便接班人员登录时准确输入车票数，防止人为造成车票库存差异。

（6）接班人摆放好车票和备用金，叠放好硬币，撤除交接告示牌。

2）售票员给客运值班员上交结余车票及现金

（1）下班售票员清理现场，携带本人所有现金，以及在处理乘客事务处理中收取的车票、报表、单据和个人领用但未售完的预制单程票等车票及收回的无效票，回车站票务管理室。

（2）售票员清点个人票款及备用金后，交客运值班员，在纸质售票员结算单上核对票款及备用金数目，签字确认。

（3）售票员清点未售完的预制单程票等车票交客运值班员，并将回收的无效票等需要上交的车票用票务专用信箱按标准加封好交客运值班员，在纸质售票员结算单上核对预制单程票等车票数目，签字确认。

五、实训考核

售票岗站务员实训考核评分表

客值：　　　　　　早班售票员：　　　　　　中班售票员：

组员姓名：　　　　　　　　　　　　　　　　小组编号：

流程环节	考核内容	分值	得分
领票、备用金及票务备品	仪容仪表	10	
	正确并完整使用 AFC 管理系统操作配发票及备用金	8	
	当面清点并核实备用金及车票数量和额度；站务员将车票及备用金整理入票盒，与客值一同前往客服中心	8	
到客服中心做好售票准备	检查有无可疑的车票及现金	4	
	检查清洁卫生	3	
	检查设备设施运行状态完好后，打开窗口迎接乘客	5	

续表

流程环节	考核内容		分值	得分
按岗位职责完成工作任务	BOM发售单程票及充值	正确发售单程票	10	
		熟练充值	10	
	处理车票异常造成的乘客事务	乘客在非付费区	15	
		乘客在付费区		
与中班售票员交接	摆好交接告示牌，向乘客做好解释		3	
	整理现金和车票放入售票盒		5	
	双方核查有无遗漏物，检查有无来历不明的现金、车票		3	
	早班售票员退出 BOM，中班售票员登录 BOM，签字交接		3	
与客运值班员结账	携带售票盒与客值返回票务管理室		3	
	熟练清点并交接个人当班票款及备用金、车票		4	
	正确并完整使用 AFC 管理系统操作上交车票、备用金及票款，在系统中核对并确认。客值将备用金和票款正确入库		6	
总分				

项目三　站台岗站务员一日工作

一、实训目的

在城市轨道交通专业课程理论学习的基础上，学生应掌握城市轨道交通车站站务员站台岗岗位职责、作业内容及流程，加强对岗位的认知，并能按作业标准来完成站台岗一日的工作。

二、实训场所及设施设备

（一）实训场所

天府校区城轨实训中心车站模拟实训室。

（二）实训设施设备

（1）站台（有站台门及轨行区）；

（2）信号旗及信号灯。

三、实训内容

（1）站台岗站务员运用手信号接发列车训练及考核；
（2）站台岗站务员运用手信号显示调车作业训练及考核；
（3）站台岗站务员处理单对站台门故障的训练及考核；
（4）站台岗站务员处理多对站台门故障的训练及考核。

四、实训步骤

（一）基础知识储备

1. 手信号的定义及分类

1）手信号的定义

手信号也是一种轨道交通的移动信号，是由人直接挥动信号旗和信号灯或借助手的动作来下达的各种命令。

2）手信号的分类

按作用划分：行车手信号，调车手信号，联系用手信号。

按工具使用划分：灯信号，旗信号，徒手信号。

2. 手信号的使用场景

（1）高等级的信号显示出现故障不能保证正常行车时，应使用手信号组织行车。
（2）当出现司机无法观察地面信号时，应使用手信号组织行车。
（3）其他一些必须使用手信号的情况。

3. 手信号的显示原则

（1）地面、高架车站及车辆段内，昼间使用信号旗，夜间使用信号灯。

（2）地下车站一律使用信号灯，按夜间规定办理。

（3）使用信号旗显示手信号时，凡昼间持有信号旗的人员，应将信号旗隆起，左手持红旗右手持绿旗（黄旗）。

（4）信号灯显示时，灯位于身前，灯面与身体平面平行，位置适当，正确及时，横平竖直，灯正圈圆，角度准确，段落清晰。

（5）出灯：在见车头灯前将信号灯面向自己紧贴裤缝开灯，见车头灯光后按规定动作显示。

（6）收灯：待列车停稳、动车或鸣笛回示后将信号灯面向自己紧贴裤缝后关闭。

4. 行车手信号的显示方法及其意义

（1）停车信号：要求列车停车。

昼间——展开的红色信号旗；夜间——红色灯光（见图 1-3-1）。

昼间无红色信号旗时，两臂高举头上向两侧急剧摇动（见图 1-3-2）；夜间无红色灯光时，用白色灯光上下急剧摇动。

图 1-3-1　停车信号（1）

图 1-3-2　停车信号（2）

（2）减速信号：要求列车降低到要求的速度。

昼间——展开的黄色信号旗（见图 1-3-3）；夜间——黄色灯光。

昼间无黄色信号旗时，用绿色信号旗下压数次；夜间无黄色灯光时，用白色或绿色灯光下压数次（见图 1-3-4）。

图 1-3-3　减速信号（1）

图 1-3-4　减速信号（2）

（3）发车信号：要求司机发车。

昼间——展开的绿色信号旗上弧线向列车方面做圆形转动；夜间——绿色灯光上弧线向列车方面做圆形转动（见图 1-3-5）。

图 1-3-5　发车信号

（4）通过手信号：准许列车由车站（场）通过。

昼间——展开的绿色信号旗；夜间——绿色灯光（见图 1-3-6）。

图 1-3-6　通过手信号

（5）引导手信号：准许列车进入车场或车站。

昼间——展开的黄色信号旗高举过头顶，左右摇动；夜间——黄色灯光高举过头顶左右摇动（见图 1-3-7）。

图 1-3-7　引导手信号

（6）好了手信号：进路开通、某项作业完成的显示。

昼间——用拢起信号旗做圆形转动；夜间——白色灯光做圆形转动（见图 1-3-8）。

图 1-3-8　好了信号

5. 调车手信号的显示方法及其意义

（1）停车信号（同行车手信号的停车信号）。

（2）减速信号（同行车手信号的减速信号）。

（3）指挥列车向显示人方向来的信号。

昼间——展开的绿色信号旗在下部左右摇动；夜间——绿色灯光在下部左右摇动（见图 1-3-9）。

图 1-3-9　指挥列车向显示人方向来的信号

（4）指挥列车向显示人方向稍行移动的信号。

昼间——拢起的红色信号旗直立平举，再用展开的绿色信号旗左右小幅摇动；夜间——绿色灯光下压数次后，再左右小幅摇动（见图 1-3-10）。

图 1-3-10　指挥列车向显示人方向稍行移动的信号

（5）指挥列车向显示人反方向去的信号。

昼间——展开的绿色信号旗上下摇动；夜间——绿色灯光上下摇动（见图 1-3-11）。

图 1-3-11　指挥列车向显示人反方向去的信号

（6）指挥列车向显示人反方向稍行移动的信号。

昼间——拢起的红色信号旗直立平举，再用展开的绿色信号旗上下小幅摇动；夜间——绿色灯光上下小幅摇动（见图 1-3-12）。

图 1-3-12　指挥列车向显示人反方向稍行移动的信号

（7）道岔开通信号：表示进路道岔准备妥当。

昼间——拢起的黄色信号旗高举过头顶左右摇动；夜间——白色灯光高举过头顶左右摇动（见图 1-3-13）。

图 1-3-13　道岔开通信号

（8）连接信号：表示连挂作业。

昼间——两臂高举过头顶，使拢起的手信号旗杆呈水平末端相接；夜间——红、绿色灯光（无绿色灯光的人员，用白色灯光）交互显示数次（见图 1-3-14）。

图 1-3-14　连接信号

（9）取消信号：通知将前发信号取消。

昼间——拢起的手信号旗，两臂于前下方交叉后，急向左右摇动数次；夜间——红色灯光做圆形转动后，上下摇动（见图 1-3-15）。

图 1-3-15　取消信号

6. 站台门的概念及分类

城市轨道交通站台安全门安装于城市轨道交通沿线车站站台边缘，将车站站台与行车轨道区域隔离开，是指用来提高运营安全系统、改善乘客候车环境、节约运营成本的一套机电一体化的机电设备系统。

站台门分为：屏蔽门式安全门系统、全高式安全门系统、半高式安全门系统。

7. 站台安全门结构

站台安全门结构包括机械部分和电气部分，具体如图 1-3-16 所示。

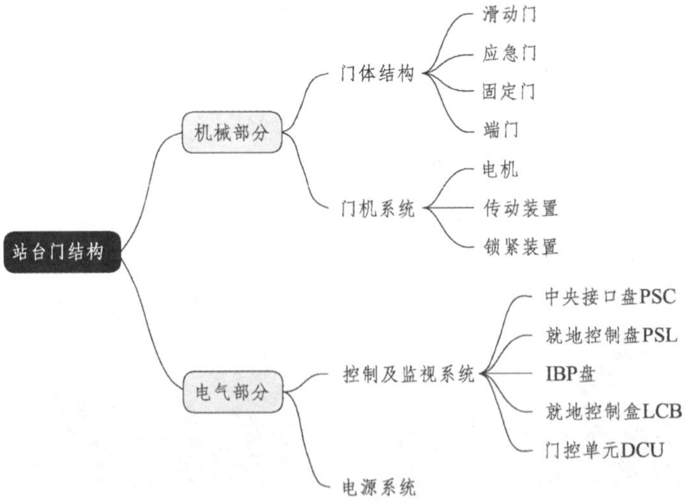

图 1-3-16　站台门结构

8. 站台安全门的控制方式

站台安全门有三级 5 种控制方式。

（1）系统级控制：信号控制（SIG）。

（2）车站级控制：就地控制盒控制（LCB）——单挡门就地控制；就地控制盘控制（PSL）——站台控制；IBP 盘控制——紧急控制。

（3）手动级控制：手动控制，使用 T 形钥匙机械解锁。

9. 站台安全门故障后的行车组织原则

（1）发生屏蔽门故障时，应坚持“先通后复”的原则。

（2）发生屏蔽门故障时，车控室值班人员要将故障现象及时向行调报告，车站人员、司机要及时进行处理，做好行车组织的同时，视情况做好乘客广播、引导等客运组织工作。

（3）当车站同时发生整侧滑动门故障不能开启时，行调可根据列车运行实际情况安排首趟列车越站通过或不上下客作业（首末班车除外）。

（4）车站凭行调指令使用互锁解除接发车。

（5）运营期间，对不能关闭的单挡或多挡滑动门，车站必须设置安全防护栏或安排专人看护。

（6）运营期间检修人员在对故障门进行检修过程中，必须严格保证检修门单元处于旁路状态，若不能保持屏蔽门处于旁路，则须征得行调同意后才能操作。

（7）故障屏蔽门修复后，利用行车间隔或下一列车进行一次试验。

（二）基础技能储备

（1）能使用信号灯、信号旗及徒手，在正确的时机和地点给出各种行车手信号。

（2）能使用信号灯、信号旗及徒手，在正确的时机和地点给出各种调车手信号。

（3）能够根据现场实际情况，配合行车值班员及时给出正确手信号接发列车。

（4）能够根据现场实际情况，配合行车值班员及时给出正确手信号进行调车作业。

（5）能够检查站台门运行状态是否良好，正确使用站台门。

（6）当站台门出现单对无法开启/关闭故障时，能进行正确处置。

（7）当站台门出现多对（整侧）无法开启/关闭故障时，能进行正确处置。

（三）实训任务操作流程

1. 运用手信号接发列车

（1）确定信号系统故障，中间站站台岗站务员需配合行车值班员办理接发列车作业。

（2）接车：

① 确定上行/下行接车进路准备完毕，持信号旗或信号灯，在站台尾端墙处，自看到列车头灯时起，给出引导接车手信号（见图 1-3-17）。

夜间信号

昼间信号

图 1-3-17　接车手信号

② 待列车头部越过信号显示地点后方可收回。

③ 站台引导乘客上下车。

④ 待乘客上下车完毕，给司机打好了手信号，徒手单臂向列车运行方向上弧圈做圆形转动（见图 1-3-18），司机关门。

夜间信号

昼间信号

图 1-3-18　接车完毕

（3）发车：

① 确定上行/下行发车进路准备完毕，持信号旗或信号灯，靠列车前进方向第 2 个客室门处显示发车手信号（见图 1-3-19），在司机鸣笛回示后方可收回。

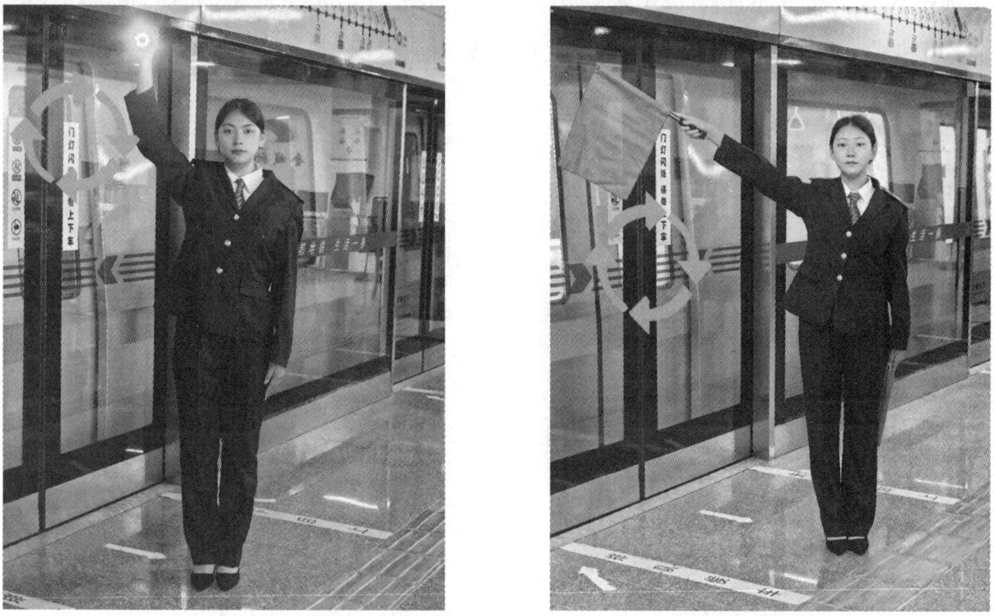

夜间信号　　昼间信号

图 1-3-19　发车手信号

② 目送发车，待列车出清站台。

2. 运用手信号显示调车作业——终端站调车方式办理站后折返作业

（1）根据行车值班员指示，进入轨行区人工办理站后折返进路；同值班站长携带相关工具进入对应地点（按照由远及近办理进路），设置红闪灯防护；按照手摇道岔六步曲完成对道岔的操作，值班站长进行安全防护（见图 1-3-20）。

图 1-3-20　对道岔的操作

“一看”：看道岔开通位置是否正确，是否有钩锁器，是否需要改变位置，钢轨间是否有异物；

“二开”：打开道岔盖孔板锁及钩锁器锁，拆下钩锁器；

“三摇”：摇动道岔转向所需的位置，在听到转辙机“咔嚓”落槽声后停止；

“四加锁”：确认道岔开通正确位置后，用钩锁器锁定道岔尖轨；

“五确认”：手指尖轨呼“开通左/右位，尖轨密贴”，另一人复诵确认；

“六汇报”：向车控室汇报该道岔开通位置及钩锁情况：“××开通左/右位，尖轨密贴，已加锁。”

（2）进路办理完毕后，出清设备和人员，在安全区域给司机道岔开通手信号（见图 1-3-21）。

夜间信号

昼间信号

图 1-3-21　道岔开通手信号

（3）观察列车折返过程，若出现任何异常，给司机打停车手信号（见图 1-3-22）。

夜间信号

昼间信号

图 1-3-22　打停车手信号

3. 处理单道滑动门故障

1）单道滑动门无法开启故障

（1）手指站台门说出站台门的结构：滑动门、应急门、固定门、端门、LCB（就地控制盒）、应急推杆、门头灯。

（2）口述 LCB 各挡位的作用，以及对信号是否有影响。

（3）口述门头灯灭灯、常亮、闪烁代表的含义。

（4）发现故障门：手指 × 号滑动门门头灯，用对讲机汇报“× 方向 × 号滑动门门头灯不亮，开门故障”。

（5）处理故障滑动门：用 LCB 钥匙将故障滑动门的 LCB 转至“手动开门”位置，引导乘客上下车后，将 LCB 转至“手动关门”位置。

（6）确认故障滑动门关闭：手指 × 方向 × 号滑动门门头灯，汇报“× 方向 × 号滑动门门头灯熄灭，关门成功”。

（7）确认站台安全后，给司机显示“好了”手信号。

（8）如司机呼叫，列车没有收到站台门“关闭且锁紧”信号，立即前往端门内，操作 PSL 互锁解除。

（9）给故障滑动门张贴故障纸，引导乘客不要靠近故障滑动门。

（10）故障门修复后恢复：待专业人员修复故障后，列车出行站台，用 LCB 钥匙，将故障门的 LCB 转至“自动”位置，取出钥匙；用对讲机汇报车控室“× 方向 × 号滑动门故障已处理完毕”。

2）单道滑动门无法关闭故障

（1）手指站台门说出站台门结构：滑动门、应急门、固定门、端门、LCB 就地控制盒、应急推杆、门头灯。

（2）口述 LCB 各挡位的作用，以及对信号是否有影响。

（3）口述门头灯灭灯、常亮、闪烁代表的含义。

（4）发现故障门：手指 × 号滑动门门头灯，用对讲机汇报“× 方向 × 号滑动门门头灯亮，关门故障”；检查滑动门是否有异物，如果有则清除异物。

（5）处理故障滑动门：用 LCB 钥匙将故障站台门的 LCB 转至“手动关门”位置。

（6）确认故障滑动门关闭：手指 × 方向 × 号滑动门门头灯，汇报“× 方向 × 号滑动门门头灯熄灭，关门成功”。

（7）确认站台安全后，给司机显示“好了”手信号。

（8）如司机呼叫，列车没有收到站台门“关闭且锁紧”信号，立即前往端门内，操作 PSL 互锁解除。

（9）给故障滑动门张贴故障纸，引导乘客不要靠近故障滑动门。

（10）故障门修复后恢复：待专业人员修复故障后，列车出行站台，用 LCB 钥匙，将故障门的 LCB 转至“自动”位置，取出钥匙；使用对讲机向车控室汇报“× 方向 × 号滑动门故障已处理完毕”。

4. 处理整侧滑动门故障

1）整侧滑动门不能开启

（1）列车在站台停稳后，整侧滑动门未正常打开，门头指示灯显示报警状态。

（2）站务人员将站台中部 PSL“操作允许”切至“开”位，按下“开门”按钮，开启整侧滑动门。

（3）若 PSL 操作无效，车站向行调报告现场处置情况申请通过 IBP 完成整侧滑动门开关门操作，站务人员引导乘客从开启的滑动门上下车，做好站台监护工作。

（4）若 IBP 操作无效，车站应根据客流情况，操作 LCB 将单道滑动门开启（原则上满足每节车厢有一道滑动门可正常上下客，选择每节车厢中部的站台门，建议选择 3、8、13、18、23、28、33、38 号滑动门），引导乘客上下车，做好站台监护。

（5）若 LCB 操作无效，站务人员采用四角钥匙人工操作开启，引导乘客上下车，做好站台监护。

（6）站务人员利用行车间隔操作未开启故障门 LCB 到“关门”位，张贴故障贴纸，加强站台监护工作。

（7）车站向行调、生产调度报告现场处置情况并配合专业人员开展现场抢修。

2）整侧滑动门不能关闭

（1）上下客完毕后，整侧滑动门不能关闭。

（2）站务人员将站台中部 PSL“操作允许”切至“开”位，按下“关门”按钮关闭整侧滑动门。

（3）若 PSL 操作无效，车站向行调报告现场处置情况申请通过 IBP 完成整侧滑动门开关门操作。

（4)若 IBP 操作无效，站务人员在确认站台安全后，操作站台中部 PSL 互锁解除至“开”位，恢复车站接发车。

（5）站务人员利用行车间隔操作未关闭故障门 LCB 到“关门”位（若操作无效，则手动辅助关门，原则上满足每节车厢有一道滑动门可正常上下客），张贴故障贴纸，加强站台监护工作。

（6）车站向行调、生产调度报告现场处置情况并配合专业人员开展现场抢修。

五、实训考核

站台岗站务员实训考核评分表

流程环节	考核内容	分值	得分
运用手信号接发列车	仪容仪表	10	
	正确给出引导接车手信号	8	
	正确给出发车手信号	8	
运用手信号显示调车作业	备品准备齐全	9	
	手摇道岔六步曲操作正确	10	
	“眼看手指口呼”正确规范	5	

续表

流程环节	考核内容		分值	得分
处理单道滑动门故障	单道滑动门无法开启故障	正确分辨滑动门各个组成部分	5	
		故障处置流程正确	5	
		PSL 互锁解除操作正确	5	
	单道滑动门无法关闭故障	正确分辨滑动门各个组成部分	5	
		故障处置流程正确	5	
		PSL 互锁解除操作正确	5	
处理整侧滑动门故障	整侧滑动门不能开启故障处置流程正确		10	
	整侧滑动门不能关闭故障处置流程正确		10	
总分				

模块二

值班员一日工作流程

项目一　行车值班员一日工作流程

一、实训目的

在城市轨道交通专业课程理论学习的基础上，学生应掌握城市轨道交通车站行车值班员的岗位职责、作业内容及流程，加强对岗位的认知，并能按作业标准来完成行车值班员一日的工作。

二、实训场所及设施设备

（一）实训场所

天府校区城轨实训中心车控室实训室。

（二）实训设施设备

（1）IBP 盘、综合监控系统；
（2）运营沙盘及车站 ATS 系统；
（3）ATS 云平台。

三、实训内容

（1）行车值班员对 ATS 的检查并排列进路接发列车、ATS 操作及考核；
（2）行车值班员施工作业请点、销点、填写施工日志及考核；
（3）行车值班员交接班工作。

四、实训步骤

（一）基础知识储备

1. ATS 系统认知

ATS(Automatic Train Supervision，列车自动监控系统的)是 ATC(Automatic Train Control，列车自动控制系统）的一个重要子系统，是一套集现代化数据通信、计算机、网络和信号技术为一体的、分布式的实时监督、控制系统。ATS 子系统通过与 ATC 中的其他子系统的协调配合，共同完成对地铁运营列车和信号设备的管理及控制。其核心设备位于信号系统的中央层，用于实现对高密度、大流量的城市轨道交通运输的自动化管理和调度，是一个综合的行车指挥调度控制系统。

2. ATS 图标显示及其意义

1）站名及车站状态图例及意义。

举例说明如下：

站名：世纪城站（见图 2-1-1）。

图 2-1-1　站名

站名缩写-站名编号：CCS-0137（见图 2-1-2）。

图 2-1-2　站名缩写

车站状态信息：图 2-1-3 中所示该车站：车站屏蔽门联锁正常，自动进路模式，OCC（Operation Control Center）中心控制、通信正常、电源正常、联锁正常，未收到信号灯灯丝熔断报警、未操作计轴预复位、ATS 控制、未启动自动折返。

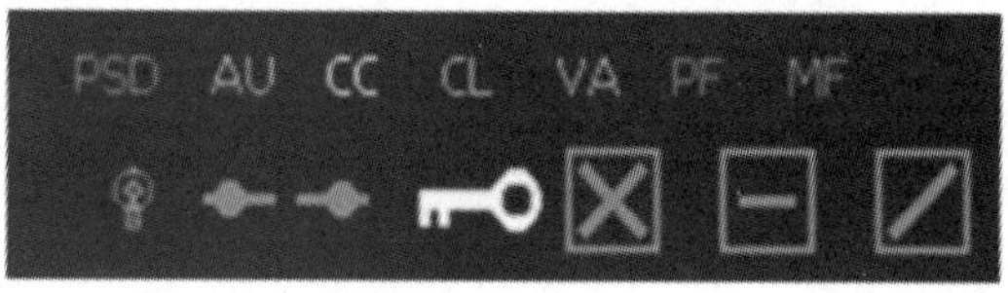

图 2-1-3　车站状态

详细的车站状态指示如表 2-1-1 所示。

表 2-1-1　详细的车站状态指示

信息项		图例	稳定显示 左图所示颜色图例	闪烁显示 左图所示颜色图例
PF	红	PF	收到电源故障报警	—
	灰	PF	未收到电源故障报警	—
MF	红	MF	收到联锁故障报警	—
	灰	MF	未收到联锁故障报警	—

续表

信息项		图例	稳定显示 左图所示颜色图例	闪烁显示 左图所示颜色图例
PSD	红	PSD	收到屏蔽门联锁故障报警	—
	灰	PSD	未到屏蔽门联锁故障报警	—
	黄		收到信号灯灯丝熔断报警	—
	灰		未收到信号灯灯丝熔断报警	—
	黄		在 IBP 盘上操作计轴预复位成功	—
	灰		未在 IBP 盘上操作计轴预复位	—
AU	绿	AU	自动进路模式	—
MN	红	MN	手动进路模式	—
CC	白	CC	中心控制	请求中央控制
LC	黄	LC	本地控制	请求车站控制
EL	红	EL	紧急本地控制	请求紧急本地控制
CL	绿	CL	通信正常	请求重连接
DL	红	DL	通信中断	请求断开连接
VA	绿	VA	启用“验证请求”	请求启用“验证请求”
BV	红	BV	启用“取消验证”	请求启用“取消验证”
	灰		没有无人驾驶折返	—
	白		有无人驾驶折返	—

续表

信息项		图例	稳定显示 左图所示颜色图例	闪烁显示 左图所示颜色图例
	红		LCW 与 ATS 的切换开关故障	—
	白		ATS 控制	—
	黄		LCW 控制	—
	灰		未启用：自动折返—直进弯出	—
	白		已启用：自动折返—直进弯出	请求启用：自动折返—直进弯出
	灰		未启用：自动折返—弯进直出	—
	白		已启用：自动折返—弯进直出	请求启用：自动折返—弯进直出
	灰		未启用：自动折返（自动，侧线优先）	—
	白		已启用：自动折返（自动，侧线优先）	请求启用：自动折返（自动，侧线优先）

2）站台及屏蔽门状态图例及其意义

站台用灰、绿、黄 3 种颜色显示，指示列车到站和车门开关情况（见图 2-1-4）。

灰色显示含义：车站未有列车到站停稳；

绿色显示含义：车站有车到站停稳，在 ATO 模式下，车门可自动开启；

黄色显示含为：车门已开启，乘客乘降。

图 2-1-4 站台图例

屏蔽门用灰、绿、黄 3 种颜色显示，指示屏蔽门开关情况（见图 2-1-5）。

灰色显示含义：车站未有列车到站停稳；

绿色显示含义：车站有车到站停稳，屏蔽门已做好开门准备；

黄色显示含义：列车到站停稳且车门与屏蔽门已开门，乘客乘降。

图 2-1-5 屏蔽门图例

警停按钮用红、灰 2 种颜色显示，指示本地紧急停车设置状态（见图 2-1-6）。
红色显示含义：车站紧急停车状态已启动。
灰色显示含义：车站未启动紧急停车状态。

图 2-1-6　警停按钮

3）轨道区段显示
轨道区段显示图例如表 2-1-2 所示。

表 2-1-2　轨道区段图例

图例	稳定显示	闪烁显示
	默认状态	—
	轨道在进路中，并且始端信号未开放	—
	轨道处于有效进路或移动授权范围内，并且始端信号开放或 CBTC 下获得授权	—
	轨道被封锁	请求轨道被封锁或解封
	有车占用	—
	轨道有一个附加的设备标签	正请求添加一个设备标签

4）道岔图标显示
道岔图例显示如表 2-1-3 所示。

表 2-1-3　道岔图标显示

信息项	图例	稳定显示 左图所示颜色图例	闪烁显示 左图所示颜色图例
灰色	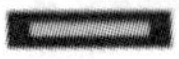	默认状态	失去表示
		道岔锁闭	—
黄色		道岔属于一个正在排列的进路中，且道岔的位置是定位	道岔属于一个正在排列的进路中，且道岔的位置是反位
绿色	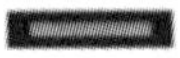	道岔在某一有效进路内，始端信号开放	道岔在某一有效进路内，但此时道岔失去表示
青色		道岔所属轨道区段被封锁	道岔所属轨道区段被封锁或正在请求封锁，但此时道岔失去表示
		道岔封锁且锁闭	请求道岔封锁或接触封锁，道岔已锁闭
蓝色		道岔封锁但未锁闭（故障情况）	请求道岔封锁或解除封锁，道岔未锁闭

5）信号机图标显示

信号机的显示要拆分成信号机整体、信号机柱、信号机灯位。

信号机柱及整体图标如表 2-1-4 所示。

表 2-1-4　信号机柱及整体图例

信息项		图例	稳定显示 左图所示颜色图例	闪烁显示 左图所示颜色图例
信号机柱	白色		默认状态	——
	粉红色		——	信号机为可选择终端信号，信号机柱的形状变为三角形
	绿色		自动开放信号启动	请求启动或关闭自动开放信号
信号机整体	青色背景		信号机终端锁闭启动	信号机正请求启动或关闭信号终端锁闭

信号机灯位图例如表 2-1-5 所示。

表 2-1-5　信号机灯位图例

信息项		图例	稳定显示 左图所示颜色图例	闪烁显示 左图所示颜色图例
非 CBTC 情况	红色		信号关闭	信号机正在请求关闭
	绿色		信号开放	信号机正在请求开放
	黄色		信号开放，并且进路中有道岔为反位	请求启动或关闭自动开放信号
	红圈中间带黄色		信号开放引导	信号机正在请求引导
CBTC 情况	绿色三角框		信号机获得授权	—
	绿色三角块		信号开放	信号机正在开放
	红色三角块		信号关闭	信号机正在关闭
	稳定的红色信号机灯位和稳定的黑色 T		信号关闭并开始计时	—

6）列车图标显示

ATS 人机界面上显示的列车 ID（列车识别号）是一个带有箭头指向和有颜色的矩形框，箭头端指向表示列车的运行方向，列车 ID 在矩形框内显示为

。

列车 ID 在界面上的显示一共 5 位，分别由 3 位列车追踪号（TID）和 2 位目的地号（DID）组成（见表 2-1-6）。

表 2-1-6　列车 ID 显示

信息项		图例	稳定显示 左图所示颜色图例	闪烁显示 左图所示颜色图例
有跟踪号的长方形的显示	反白显示		同一个计轴区段内有多于一辆的列车	—
	绿色		列车正在运行：列车正于 ATO+ATP 模式下运行	—
	橙色		故障列车；列车在 ATP 模式下人工运行	—
	灰色		列车处于非运营状态；列车停止运营	—
	白色		故障列车；列车无法进行通信	列车丢失，出现弹出窗口确认关注丢失列车
	黄色		列车运营中；列车有需要确认的二级警报	列车有可解除的扣车
	红色	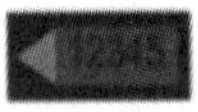	故障列车；列车有严重警报	故障列车：列车因在制动、牵引或 ATP 设备方面有严重故障而停车
方向箭头的显示	蓝色箭头		列车早点	—
	黄色箭头		列车晚点（大于轻度晚点时间，小于严重晚点时间）	—
	红色箭头		列车严重晚点	—
	白色箭头		不在时刻表控制下的列车，可能的情况有：①时刻表控制模式下存在的非计划车；②处于运行间隔模式下的所有列车；③处于无调整模式下的所有列车	—
	无箭头		列车运行放行未知	—

3. 车站进路

1）进路的基本元素

进路的基本元素有信号机、计轴区段、道岔。

2）进路的组成

进路一般由两部分组成：主进路、保护区段。

（1）主进路。

主进路由始端信号机、终端信号机以及两信号机之间的计轴区段（含道岔区段）组成。

（2）保护区段。

保护区段是设计于主进路前方的轨道区段，其目的是避免列车由于某种原因不能在信号机前方停车而冲出信号机导致危及列车安全的事故发生。通常，用终端信号机前方的第一轨道区段作为该条进路的保护区段，但也有以下两种情况例外：

为提高运营效率，便于列车进入辅助线，避免区间停车等因素，在部分设置有辅助线（存车线、渡线）地点的正线信号机，若此信号作为终端信号机时，该进路不设置保护区段。

如果终端信号机前方的一个计轴区段长度短于系统所要求保护区段移长度，则有两个或以上的计轴区段作为保护区段。

（3）保护区段锁闭条件。

① 保护区段内反方向没有方向锁闭；

② 保护区段内没有信号机封锁；

③ 保护区段内的所有道岔位置正确；

④ 进路已锁闭。

若不符合上述条件之一时，保护区段不能被征用，在点式或联锁模式下该进路无法建立，且信号无法开放。

3）进路建立过程的检查与进路排列

进路的建立是指进路开始排列到防护该进路的信号机开放这一过程。其过程分成两个阶段：

第一个阶段，进路元素的可行性检查与征用。

进路元素的可行性检查由联锁计算机完成。在排列进路时，该计算机首先检查所选进路始端、终端信号机构成的进路是否为设计的进路，然后检查所选进路中的元素。其检查内容同时又是进路的排列条件。

（1）进路的排列条件。

① 进路中的道岔没有被其他进路或电子锁定在相反的位置上；

② 敌对信号没有开放；

③ 敌对方向没有建立方向锁闭；

④ 防淹门打开且未请求关闭（只适用于排列通过防淹门的进路）；

⑤ 与相邻联锁通信正常（只适用于跨联锁区的进路）；

⑥ 进路中的操作终端信号机未被封锁。

（2）进路元素的征用。

进路元素的征用是指元素被该进路选用以后，在这些元素解锁之前，一般情况下其他任何进路将不能使用。

如果进路有效，进路元素通过了可行性检查，即符合进路的排列条件，则联锁系统对进路的元素进行征用，征用情况如下：

① 进路中所有处于与进路要求位置相反位置上的道岔必须进行转换，并且把所有的道岔锁闭在进路要求的位置上；

② 主进路中的计轴区段被征用；

③ 保护区段被征用；

第二个阶段，进路的监控及开放信号。

当进路已排列后，联锁系统开始周期性地对进路中的元素进行检查。在检查进路中的所有元素均被进路征用且状态正确后始端信号将开放主信号；当进路满足下列所有条件后信号会自动开放：

① 进路的道岔位于正确位置且被锁闭（即道岔处出现灰色方框）；

② 进路全部区段被征用，并且计轴处于空闲状态（计轴区段出现方向锁闭）；

③ 终端信号机的红灯信号能正确显示；

④ 防淹门打开且没有请求关闭（只适用于排列通过防淹门的进路）；

⑤ 与相邻联锁通信正常（只适用于排列跨联锁区的进路）。

4）进路的解锁

进路建立后，显然不可能一直建立而不释放。进路建立后再释放的过程称为进路的解锁。

进路的解锁可分为：列车正常解锁；人工取消进路解锁；列车折返解锁；保护区段的解锁。

（1）列车正常解锁。

列车正常解锁是指列车出清了进路中的计轴区段后，进路自动解锁。

列车正常解锁的原理：检查区段是否空闲以及列车是否已出清该区段为基本技术手段，但仅用一个计轴区段，不能确切反映列车已通过了该区段，因而采用多段计轴的顺序动作来反映列车的实际运行情况。原则上采用3个计轴的占用及出清作为解锁的条件，就能确切知道列车已通过该区段，这就是通常所称的三点检查法。联锁系统利用三点检查法来自动解锁进路。

进路中单个区段的解锁条件：

① 上一计轴区段和本计轴区段必须曾同时被物理占用过；

② 上一计轴区段出清时，本计轴区段继续被占用；

③ 本计轴区段和下一计轴区段必须曾同时被物理占用过；

④ 本计轴区段出清时，下一计轴区段必须被占用；

⑤ 上一计轴区段已解锁。

（2）人工取消进路解锁。

人工解锁是使用取消进路的方法实现的。其中取消进路可分为立即取消和延时取消。

取消进路的条件：要取消的进路必须为一条已排列完整的进路，同时，进路区段解锁的延时还没开始（如当列车在接近区段时，执行“取消进路”时，会出现进路延时解锁现象）。

执行取消进路操作后的现象：

① 列车未占用设计的接近区段，进路立即取消；

② 列车已占用接近区段，但始端信号机未曾开放过信号，进路立即取消；

③ 列车已占用接近区段，且始端信号机已开放信号，进路将延时取消；

④ 在信号已开放因故又被关闭后列车才占用接近区段，此时执行取消进路操作时，进路能立即取消；

⑤ 如果在取消进路的延时过程中，对该进路执行“排列进路”命令时，该进路会立即建立。

（3）列车折返解锁。

对于列车的折返运行、折返轨的解锁，将会按照下面的条件进行：

① 折返进路已排列，列车已折返；

② 折返轨已占用且出清。

（4）保护区段的解锁。

对于保护区段的解锁，可分为延时解锁和出清解锁两种。

当列车完全进入进路的最后一个计轴区段后，保护区段就开始延时解锁，但在延时中，保护区段必须保护空闲。在延时过后，保护区段将会自动解锁。而在延时解锁期间，列车占用保护区段，且通过出清保护区段后，保护区段将正常解锁。

4. 施工检修种类的划分

1）按施工作业地点和性质分类

（1）A 类施工。

影响正线、辅助线行车及行车设备设施使用的作业为 A 类。其中开行电客车、工程车的作业为 A1 类；在轨行区范围内，不使用电客车、工程车的作业为 A2 类；在车站、主变电所、OCC 等生产区域范围内影响行车设备设施使用的作业为 A3 类。

（2）B 类施工。

车辆段（停车场）范围内的作业（不含车辆中心对电客车、工程车的检修作业）为 B 类。其中开行电客车、工程车的作业为 B1 类；不开行电客车、工程车但影响车辆段（停车场）行车且不能即时恢复行车及行车设备状态、影响接触网供电、在车辆段（停车场）线路限界外 3 米内种植乔木、搭建相关设施的作业为 B2 类；车辆段（停车场）管辖范围内除 B1、B2 以外的作业为 B3 类。

（3）C 类施工。

车站、主变电所、OCC 等生产区域范围内不影响行车及行车设备设施使用的作业为 C 类。其中大面积影响客运组织、消防及环控系统正常使用、需动火的作业为 C1 类；其他或局部影响客运组织但经采取措施影响不大且仅动用简单设备设施的作业为 C2 类。

2）按时间分类

按时间分为月计划、周计划、日补充计划、临时补修计划。

月计划：以自然月为周期编制的工程车、调试电客车开行及设备设施施工、检修、维护的计划。

周计划：以自然周为周期编制的计划，作为对月计划的补充。

日补充计划：因特殊原因未列入月、周计划，但本周内必须实施的计划。

临时补修计划：当日运营时间内出现的设备设施故障，经临时处理后，须在当日运营结束后继续对设备设施进行维修的计划。

日补充计划及临时补修计划均属于临时性计划。

5. 车站值班员岗位日常作业流程

车站值班员岗位日常作业流程如表 2-1-7 所示。

表 2-1-7　车站值班员岗位日常作业流程

班别	时间	地点	工作内容	备注
白班	接班前	车站各处	换工作服、巡查车站	巡查车站设备设施情况及安全隐患等
		车控室	办理交接班手续	对口交接，上班交代不清可拒绝接班
	营运期间	车控室	接发列车，做好监控	填写行车日志，做好施工登销记（施工监督可请保安或值站协助）； 做好报点、安全广播、列车运行、客流组织及施工监督等工作
			票务处理和咨询工作	协助票务员安排票务工作，监督售票员和厅巡员引导工作
		休息室	用餐	值班员只有 1 名的车站，吃饭时间由值班站长替岗
	交班	车控室	填写交接班记录	详细记录有关事项，做到不遗漏
			办理交接班手续	对口交接。设备集中站应尽量做到 2 名值班员同时接班、同时下班
夜班	接班前	车站各处	换工作服、巡查车站	巡查车站设备设施情况及安全隐患等
		车控室	办理交接班手续	上班交代不清可拒绝接班，并认真填写交接班记录
	营运期间	车控室	接发列车，做好监控	填写行车日志，做好施工登销记（施工监督可请保安或值站协助）； 做好报点、安全广播、列车运行、客流组织及施工监督等工作
			票务处理和咨询工作	协助票务员做好票务处理和咨询工作
	结束营运	车站各处	组织清站	组织保安清站后，及时关闭车站大门
	夜间作业	车控室	施工监督及检查	督促保安每两个小时需对车站进行消防、安全巡查，并做好夜间报点工作
			打扫车控室	地板洁净、台面无灰尘、摆放整洁
	夜间作业	车控室	接发列车，做好监控	做好夜间施工登销记（施工监督可请保安或值站协助）； 设备集中站做好夜间作业车的行车组织相关工作
	开始营运	车站各处	巡查车站、开启大门	检查是否存在危及行车安全的隐患
		车控室	汇报行车事宜	向值班站长汇报夜间施工、行车相关事宜

续表

班别	时间	地点	工作内容	备注
夜班	营运期间	车控室	接发列车，做好监控	填写行车日志，做好施工登销记（施工监督可请保安或值站协助）； 做好报点、安全广播、列车运行、客流组织及施工监督等工作
			票务处理和咨询工作	协助票务员做好票务处理和咨询工作
	交班	车控室	填写交接班记录	详细记录有关事项，做到不遗漏
		车控室	办理交接手续	对口交接，上班交代不清可拒绝接班

6. 行车值班员交接班事项

（1）交班前须检查所保管的钥匙、备品、门禁卡情况，检查各类台账，写好交班事项，做好交接班准备。

（2）接班人签到后开始交接，交接时检查、清点钥匙、备品、门禁卡、车控室内设备等，核对各类台账。

（3）接班人要详细了解当班情况登记簿、调度命令登记簿、施工系统、运营生产管理系统上记录的内容和其他交接班事项，核实交班人完成或未完成的工作，对模糊、有疑点的问题要了解清楚。

（4）交班人注销相关设备和系统，接班人登记进入。

（5）完成交接后，接班人要在相关交接班记录上签名，交班人可签退，签名后如出现因交接不清的问题由接班人负责。

（二）基础技能储备

（1）能检查车控室 IBP 盘、ATS 分机、计算机联锁就地工作站、ISCS 工作站设备状态。

（2）能按照车站行车值班员工作要求正确交接班。

（3）能根据行调命令，利用 ATS 办理相关作业。

（4）能正确判断并办理车站接发列车进路。

（5）能根据施工作业类型，办理请销点作业。

（6）能够根据施工作业过程，正确填写施工日志。

（三）实训任务操作流程

1. ATS 道岔的单独操作

1）人工单操道岔

（1）道岔定、反位操作。

在道岔菜单中选择“道岔定位”，道岔将移至定位；选择“道岔反位”，道岔将移至反位。如果道岔锁定或封锁，“道岔定位”“道岔反位”菜单选项不可用。

道岔的控制命令操作有两种方法：

第一种：直接左键单击道岔区域，如果道岔允许转动，则岔芯会不停闪烁，表示操作命令请求成功，需要“发送”后执行该命令。“发送”命令请参考“ATS 控制命令操作”方法说明。

第二种：直接通过菜单操作。在需要操作的道岔区域点击右键，则弹出如图 2-1-7 所示的菜单。

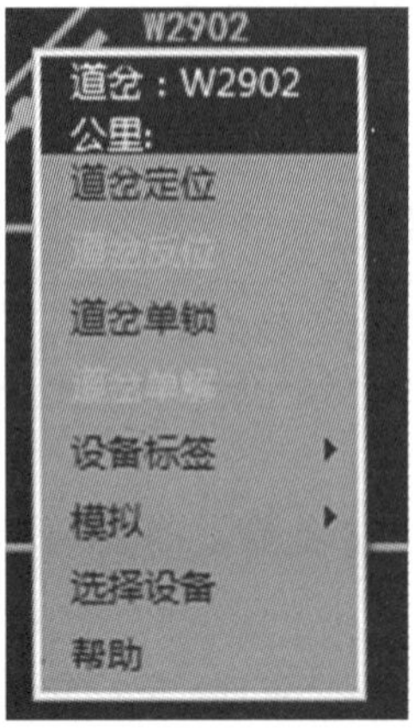

图 2-1-7　道岔区域操作

菜单显示道岔可操作的命令，选择相应的操作命令后，可转动的岔芯会不停闪烁，表示可以转动，且操作命令请求成功，需要“发送”后执行该命令。“发送”命令请参考“ATS 控制命令操作”方法说明。

（2）道岔单锁、单解操作。

可通过“道岔单锁”功能请求系统阻止道岔从其当前位置移动。如果道岔已封锁，“道岔单锁”菜单选项不可用。如果道岔被单锁/单解了，系统会阻止道岔扳动，只有道岔单解完成后，系统才允许请求道岔转动。如果道岔未被单锁，道岔单解的菜单选项不可用。

道岔的单锁、单解命令只能通过菜单操作，在需要操作的道岔区域点击右键，则弹出如图 2-1-8 所示的菜单。

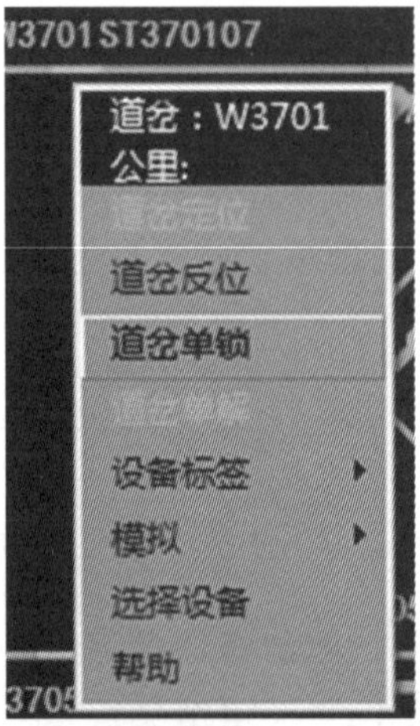

图 2-1-8　道岔单锁、单解命令操作

菜单显示道岔可操作的命令，选择相应的操作命令后，道岔及带动道岔岔芯区域有蓝色方块不停闪烁，表示操作命令请求成功。闪烁界面如图 2-1-9 所示。

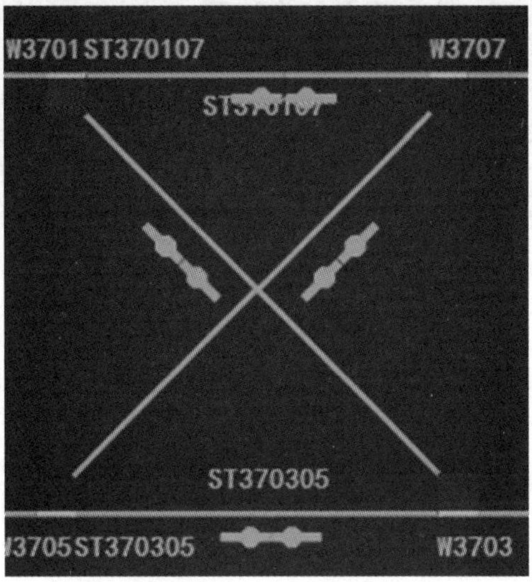

图 2-1-9 闪烁界面

需要“发送”后执行该命令。“发送”命令请参考“ATS 控制命令操作”方法说明。

由于该命令为非安全操作命令，所以要通过多次确认后才能实现让该命令完全执行。当确认已发送“单锁”或“单解”命令后，该道岔岔芯区域同时伴有蓝色方块带“E”不停闪烁，表示该安全命令需要确认。闪烁界面如图 2-1-10 所示。

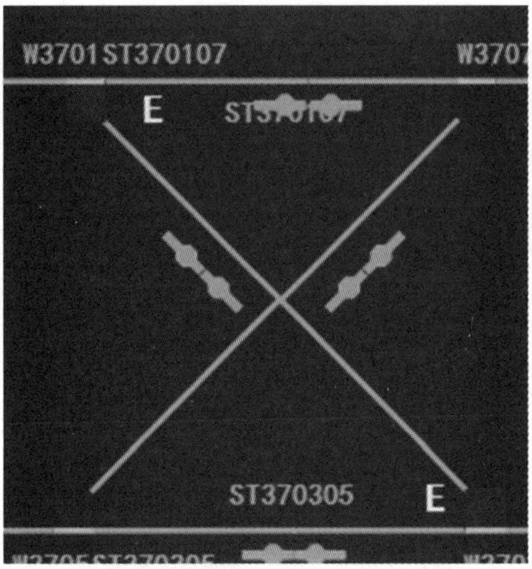

图 2-1-10 “E”闪烁界面

（3）安全命令确认操作过程。

需要点击显示“E”区域右键，弹出菜单窗口（见图 2-1-11）。选择“使能”菜单，通过“发送”命令执行。

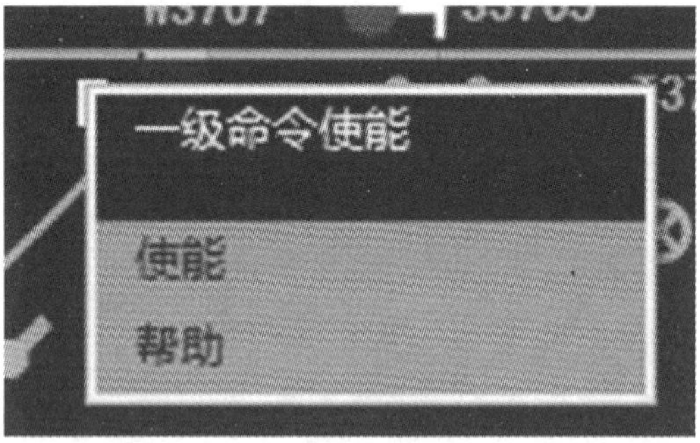

图 2-1-11 选择“使能”菜单

2）联锁操作道岔

关于联锁操作道岔，实际就是通过 ATS 终端排列进路，根据进路的联锁需求，对进路所需的相关道岔进行自动搬动及锁定。进路中使用到的道岔分为：进路道岔、进路保护道岔、进路防护道岔、带动道岔。根据联锁要求，在排列进路，会将进路腹地的各类道岔进行搬动或锁闭。选择始端信号机+终端信号机即可排列进路，选择始端后，可排列的终端信号机闪烁。

2. 办理进路

1）接车进路办理

（1）排列进路操作步骤。

接车进路即为指引列车进站的进路。排列进路时需左键点击始端信号机，这时作为该进路的终端可选信号机显示，然后点击该闪动的可选信号。点击始端后的界面显示如图 2-1-12 所示。

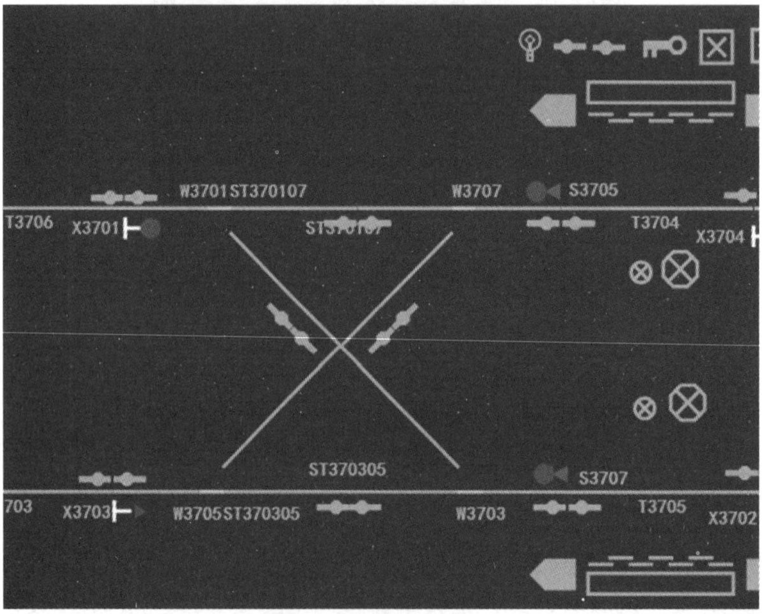

图 2-1-12 进路显示

该图片显示为以 X3703 为始端排列接车进路，其闪动的终端有 S3705，S3707，这两个终端信号机表示可排列的进路。假如需要排列 X3703—S3707 进路，则再次左键点击信号机 S3707，此时表示需要排列该进路，该进路信号不断闪烁，且进路中各区段为黄色表示为预排模式，执行“发送”即为排列进路，执行“取消”则会取消该命令。预排显示如图 2-1-13 所示。

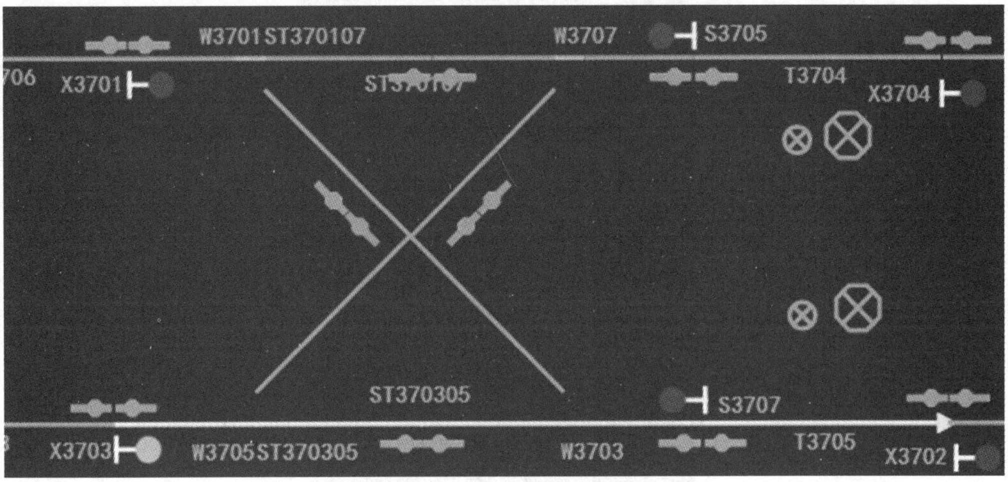

图 2-1-13　预排显示

执行命令“发送”，排列完成后进路显示如图 2-1-14 所示。

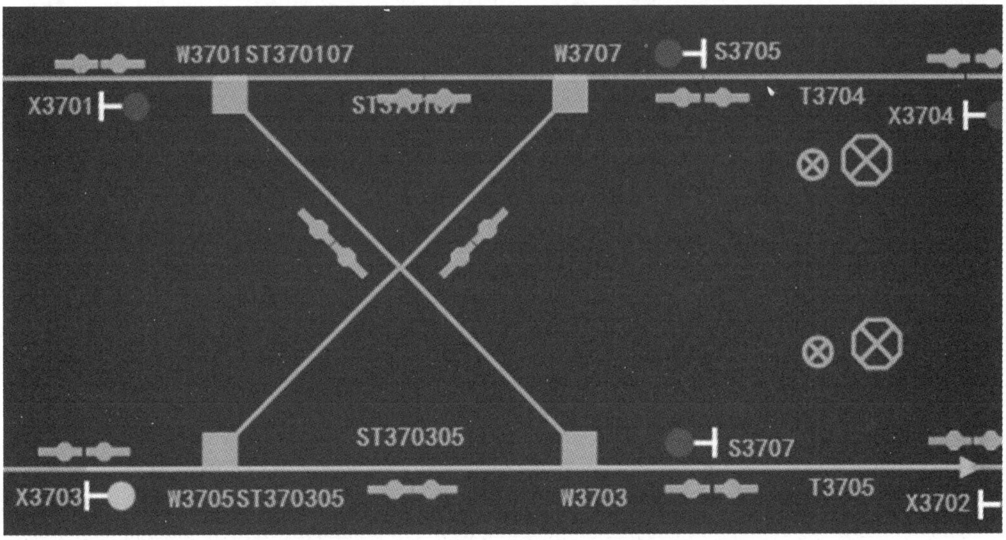

图 2-1-14　排列完成后进路显示

接车进路是以站台两端的信号机作为终端选择来进行进路的排列的。

对于进路始端、终端的选择原则，当排列的进路中存在反向信号机时，则将每一个反向信号机作为进路排列的终端信号机；若进路中无反向信号机时，则以进路上的末端信号作为终端信号机使用。

（2）取消进路操作步骤。

进路的取消分为人工取消进路及进路自动解锁。人工取消进路是通过信号机菜单操作实现的。在已排列好的进路始端信号机中点击右键，弹出的菜单如图 2-1-15 所示。

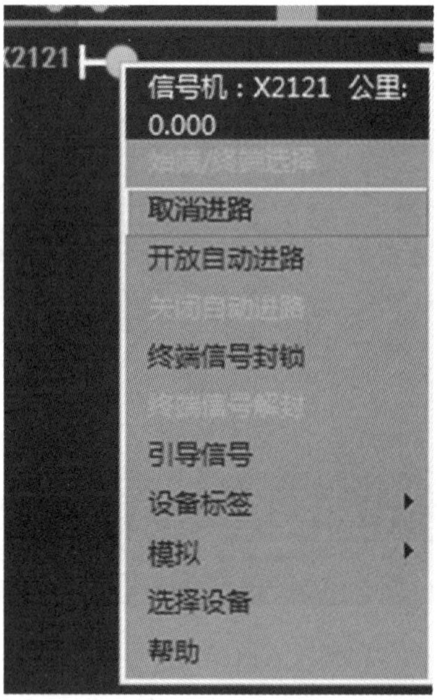

图 2-1-15　取消进路

如果以该信号机为始端已排列完成有进路，则会显示“取消进路”菜单，选择“取消进路”，执行“发送”。“发送”命令请参考“ATS 控制命令操作”方法说明。若进路中各设备未被占用过，则该进路会自动解锁。

进路自动解锁：不是通过人工解锁实现的，而是通过列车的正常运行自动解锁的，请参考“进路的解锁”章节描述。

2）发车进路办理

列车发车进路的排列与进路的取消方法与接车进路办理方法完全一致，只存在始端与终端信号机选择上的差别。作为发车进路，就是从站台上将车发出去，所以以站台两端的信号机作为始端来进行进路排列，则刚好与接车进路相反。

3. 车站接发列车作业

操作准备：需要将中心服务器打开，ATS Server 处于运行状态；中心行调终端已开启并登录；各车站联锁系统已开启且已登录。在需要操作的车站终端已与中心行调系统取得操作权限。

1）设备控制权限的转换

控制权限状态显示及意义如图 2-1-16 所示。

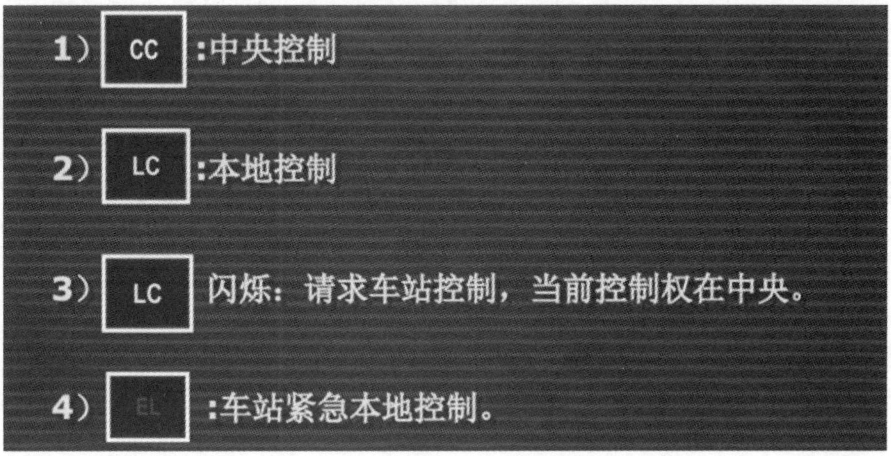

图 2-1-16　控制权限状态显示及意义

可以有两种方法获取本地操作权限：①通过本地请求，中心授权；②紧急本地控制模式。

控制权转换条件：只有中心与联锁车站才有控制权的切换，非联锁站没有控制权转换功能。点击右键车站名，弹出菜单“本地控制许可”，操作界面如图 2-1-17 所示。

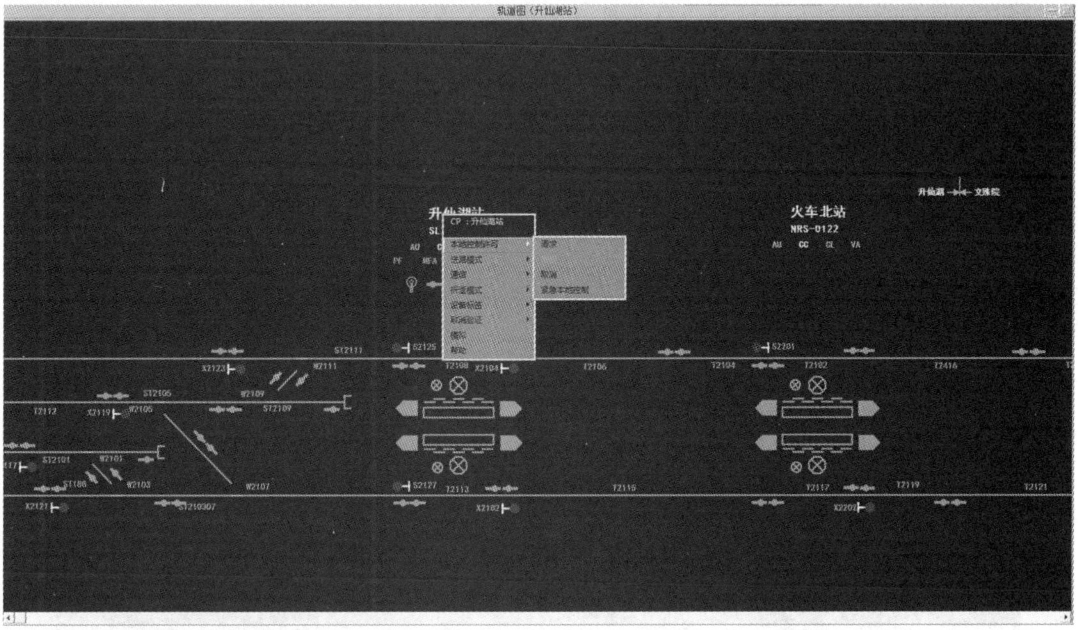

图 2-1-17　控制权转换

（1）控制权转换过程（请求—授权模式）：

控制权在中央，联锁车站通过请求控制权，经中央同意授权后 ATS 控制权转为车站本地控制。

控制权在中央，联锁车站通过紧急站控后，无须中央同意，控制权可直接转为车站控制。

控制权在联锁车站地，联锁车站上交控制权后，无须中央确认，控制权可直接转为中央控制。

（2）ATS 系统结构（紧急本地控制）：

进行控制权转换操作，需右键点击联锁车站站名，选择“本地控制许可”进行操作。

授权功能：同意车站控制，车站请求控制权后中央显示 LC 闪烁，点击授权后控制权将转为车站控制。仅 OCC 行调具有此功能。

请求功能：车站向中央请求控制权。仅联锁车站具有此功能。

紧急本地控制功能：直接将控制由中央转为本地控制，无须经过中央同意。仅联锁车站具有此功能。

2）人工接发列车

需要将中心服务器打开，ATSServer 处于运行状态；中心行调终端已开启并登录；各车站联锁系统已开启且已登录。在需要操作的车站终端已与中心行调系统取得操作权限。

（1）人工接发列车进路的操作：

如果需要人工接发列车，就需要人工排列进路。完成以下几个步骤方可实现列车进路的人工办理：无论是在 OCC 控制中心或联锁车站，首先需要获取控制权。可通过“设备控制权限的转换”实现。系统运行时，默认其进路为自动排列模式，即车站名下方图标显示为

，表示该联锁车站进路处于自动排列状态。

将自动排列设置为人工排列，有两种方法可以实现：

① 在联锁车站名上点击右键，弹出菜单（见图 2-1-18）。

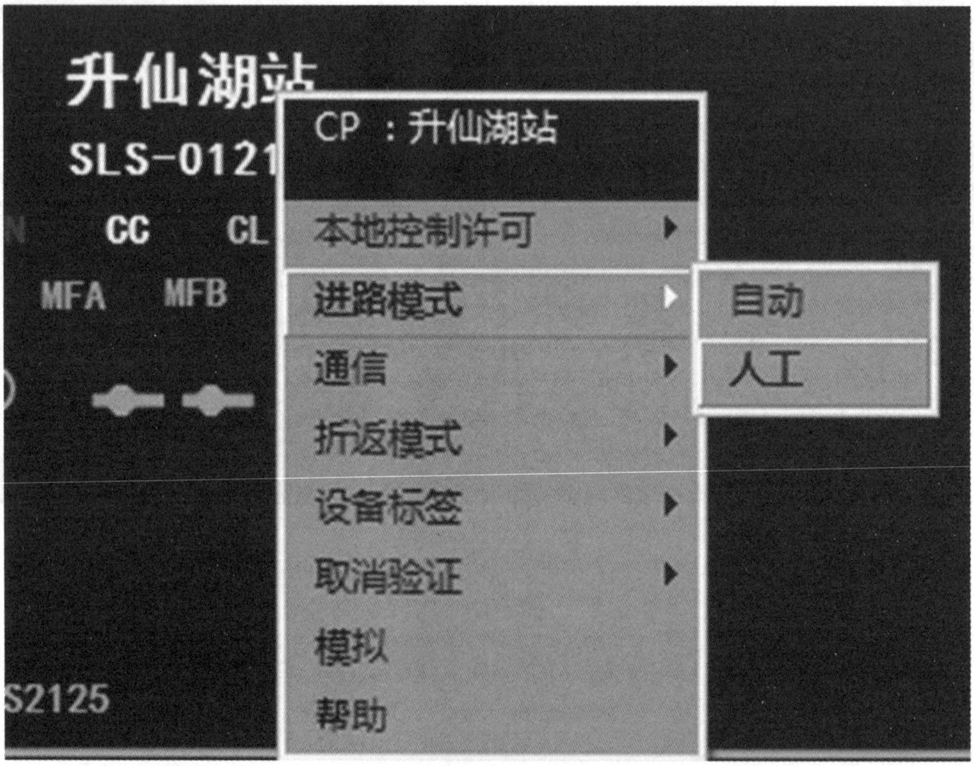

图 2-1-18　设置人工排列

选择“人工”模式，执行“发送”。“发送”命令请参考“ATS 控制命令操作”方法说明。

②任意取消一条已排列好的进路，系统会自动转到“人工”模式。

当列车接近时，或在收到上一站发车通知时，通过“接车进路办理”的方法，实现列车接车进路的排列。

当列车停站后，与列车运行下一站联系好接车准备后，通过“发车进路办理”的方法，实现列车出站进路的排列，实现列车人工接发车演练。

当人工接发列车排列完成后，需要转换到自动模式，可通过右键菜单中“自动”，“发送”命令执行，转为进路自动排列模式。

（2）人工接发列车站台命令操作：

列车在运行过程中，当发生特殊事件时，需要值班员实行列车站台扣车、跳停运行。

操作流程：

车站站台分为上行、下行站台，需要对该站台进行跳停、扣车，请在屏蔽门上点击“右键”，会弹出如图 2-1-19 所示窗口。

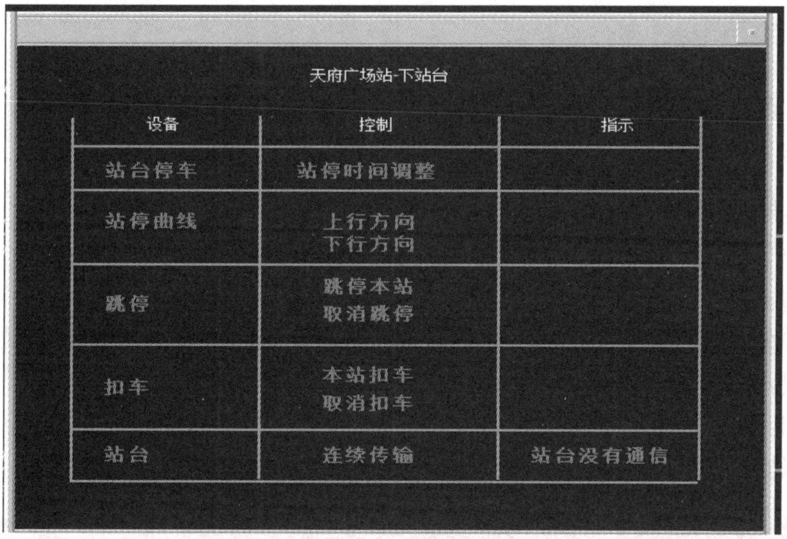

图 2-1-19　命令操作

选择相应的控制命令即可，已选择的命令在“指示”栏中有明确显示，并且会立即执行。

可操作的命令包括：“跳停本站”“取消跳停”“本站扣车”“取消扣车”。

跳停与扣车在同一车站的同一方向，同时只能有一个命令有效，即以先操作的命令为准；如果同时操作有两个命令，则后操作的命令无效。

（3）ATS 自动接发列车。

需要将中心服务器打开，ATS Server 处于运行状态；中心行调终端已开启并登录；各车站联锁系统已开启且已登录。在需要操作的车站终端已与中心行调系统取得操作权限。

操作步骤：如果是将进路模式设置为“人工”，或者车站名下方进路模式显示为，则表示进路为“人工”，需通过右键菜单设置为“自动”模式（见图 2-1-20）。

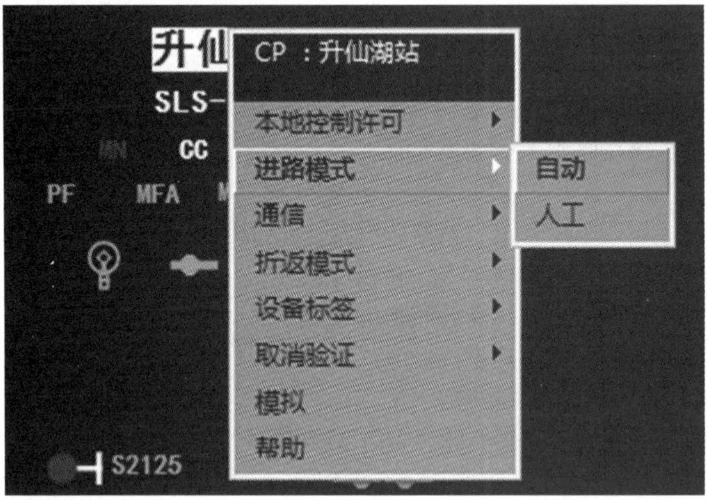

图 2-1-20　设置自动模式

当切换为自动模式后，列车进路的排列则会按联锁规则，通过接近区段自动触发列车进路。

此时的控制权限可以转到中心统一控制，也可根据需要，在车站控制，但中心与车站都不需要对列车的运行进行人工干预，只需按工作流程记录好列车实时运行时间，做好车站列车的接发工作，以及上下车人员的次序等相关客服工作。

4. 轨道封锁操作

"轨道封锁"功能防止通过已封锁的轨道区间设置任何进路。"轨道封锁"适用于信号机之间的轨道区间。

一旦一段轨道区段被封锁成功，将会封锁信号机之间的轨道，并在轨道区段内任何进路上实施信号机出口封锁。

1）轨道封锁的步骤

（1）在轨道上点击鼠标右键，弹出操作菜单，显示如图 2-1-21 所示。

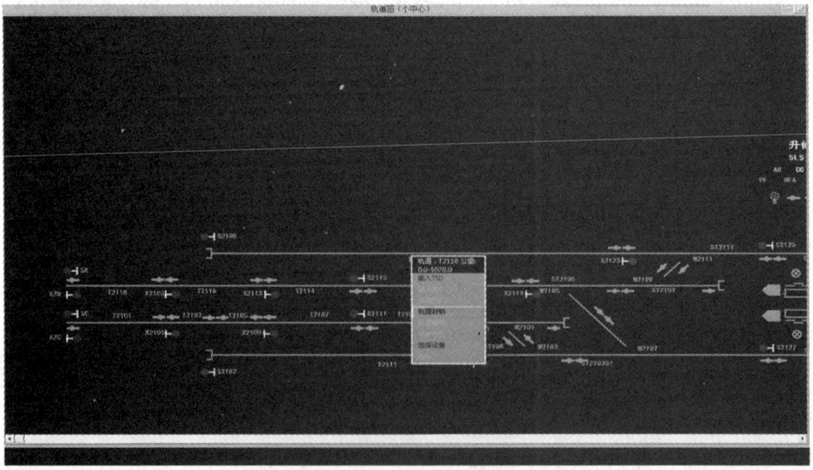

图 2-1-21　轨道封锁操作

（2）选择“轨道封锁”命令，未发送时，则显示为浅蓝色闪动，显示界面如图 2-1-22 所示。

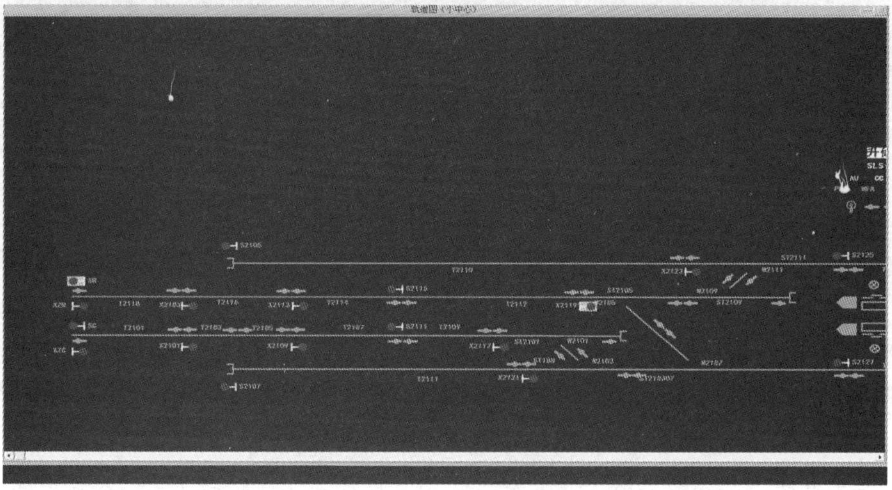

图 2-1-22　浅蓝色闪动

（3）“发送”命令后，则显示为固定蓝色，并且不闪动，且被封锁的轨道两段信号机也同时处于封锁状态。

2）轨道解锁的步骤

（1）在被封锁的轨道上点击鼠标右键，会弹出菜单，可选择“轨道解锁”功能，显示界面如图 2-1-23 所示。

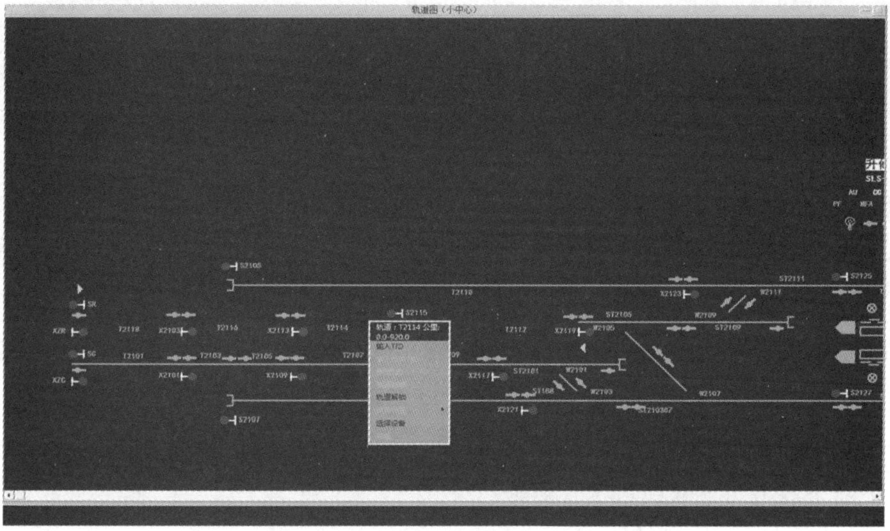

图 2-1-23　轨道解锁

（2）设置命令后，则轨道被封锁的两段会出现非安全操作标识黄色的“E”，此时表示需要确认该命令操作，需要人工操作“使能”以实现命令的执行，显示界面如图 2-1-24 所示

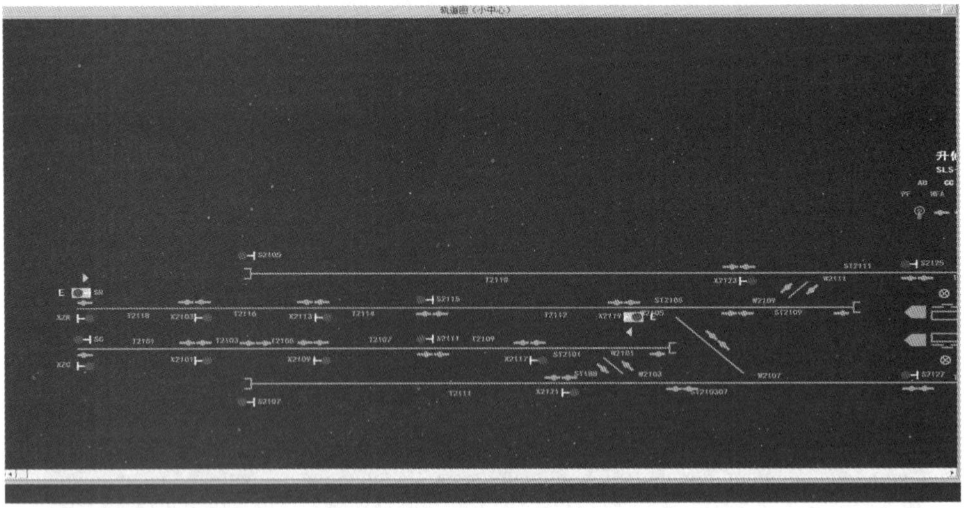

图 2-1-24　操作“使能”

（3）对于非安全的操作命令，需要在黄色“E”按钮中点击鼠标右键，会弹出使能菜单，显示如图 2-1-25 所示。

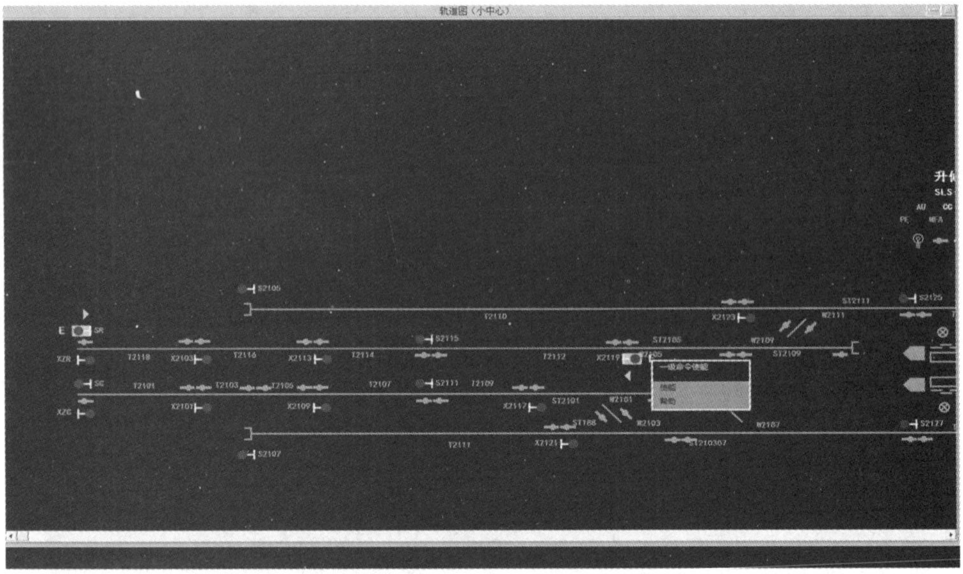

图 2-1-25　使能菜单

（4）单端选择“使能”后，发送命令成功，但并不能实现解锁，必须对另一个的“E”也执行使能命令，方可实现轨道正常解锁。

5. 信号机封锁操作

“终端信号封锁/解封”功能将防止开放一条通过终端信号机的进路或在信号上重新设置封锁并允许再次设置进路。

“终端信号封锁”阻止通过终端信号机设置进路。

“终端信号解封”取消“终端信号封锁”。

1）“终端信号封锁”操作步骤：

（1）在终端信号机上点击右键，弹出菜单，选择“终端信号机封锁”功能，即可实现对该信号机设置为封锁状态，显示界面如图 2-1-26 所示。

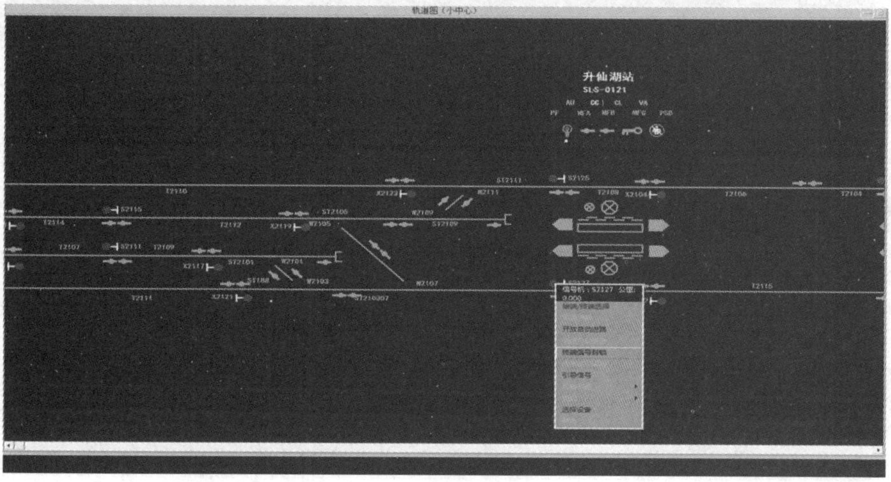

图 2-1-26　终端信号封锁

（2）设置命令后，信号机背景为闪动状态，发送命令后，可实现背景稳定显示，显示界面如图 2-1-27 所示。

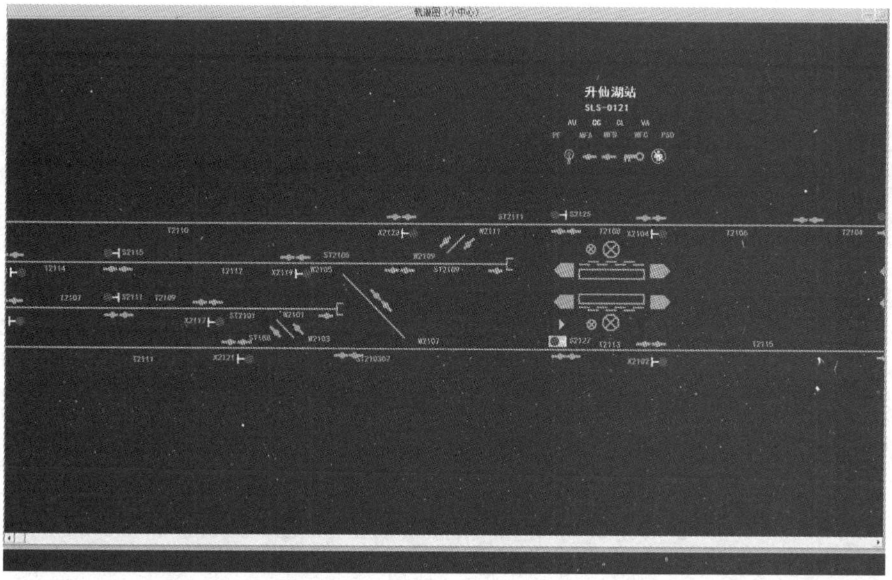

图 2-1-27　背景闪动

2）“终端信号解封”操作步骤

（1）在被封锁的信号机上点击鼠标右键，弹出可解封操作菜单，显示界面如图 2-1-28 所示。

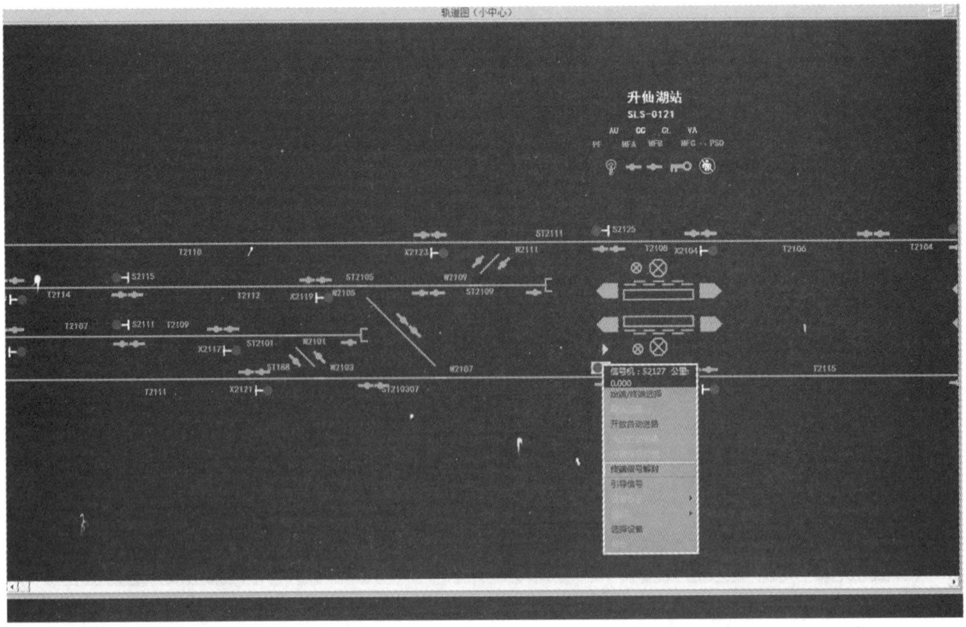

图 2-1-28　可解封操作菜单

（2）发送“解封”命令，会显示出非安全操作标识：黄色小“E”不停闪动，显示如图 2-1-29 所示。

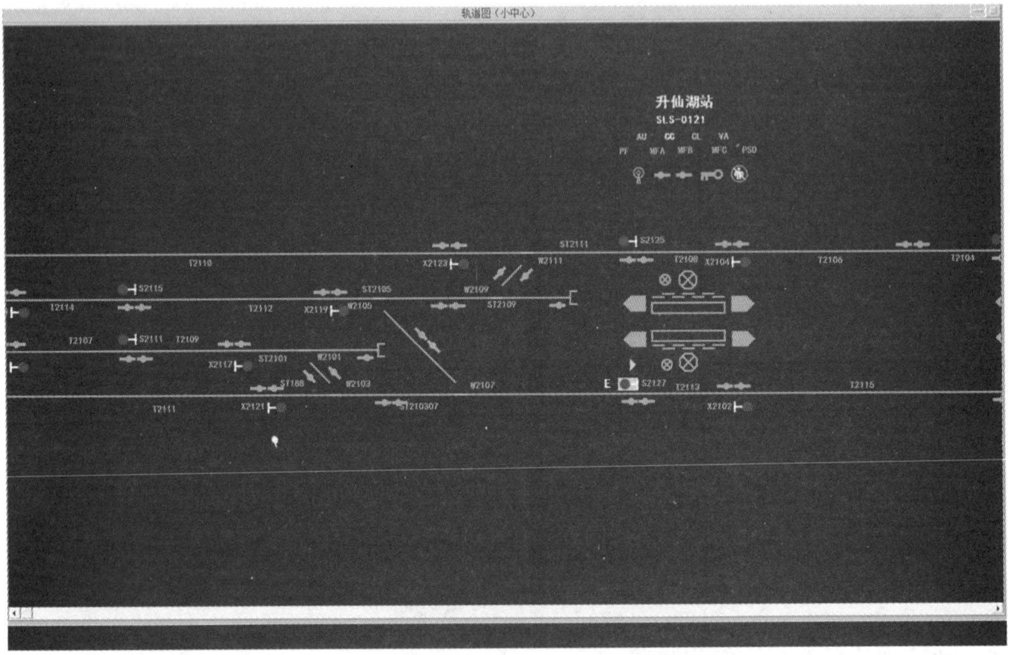

图 2-1-29　黄色小“E”闪动

（3）通过右键操作小 E，弹出“使能”菜单，发送命令后，可以实现始端信号机解封（见图 2-1-30）。

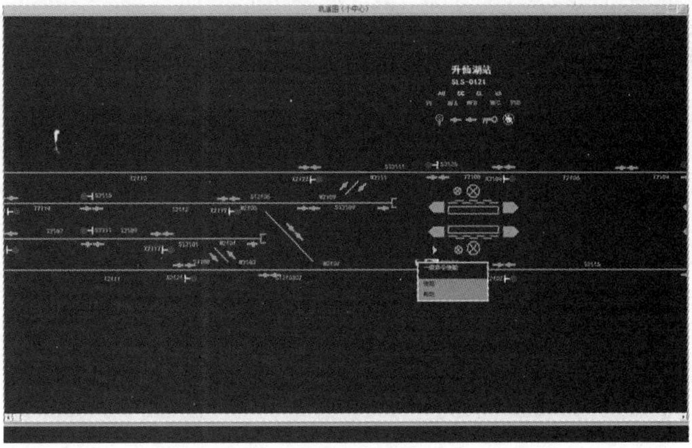

图 2-1-30　实现解锁

6. ATS 云平台操作（车站）

1）操作权限与方式

现地仿真系统中，在站控模式下可对站场图设备进行操作，中控模式下不可操作。用户进入系统默认的初始状态为中控。单击菜单栏中的“控制模式转换”，下拉菜单中可以选择转为站控或强制站控（见图 2-1-31）。

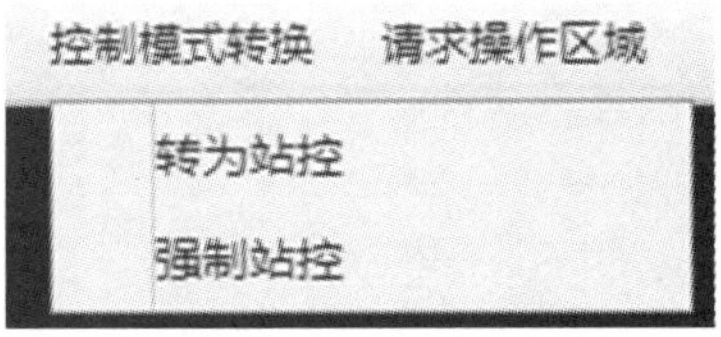

图 2-1-31　控制模式转换

ATS 系统的控制模式有中控和站控两种控制模式，且某一时刻只能为其中的一种模式。中控时，显示如图 2-1-32 所示。

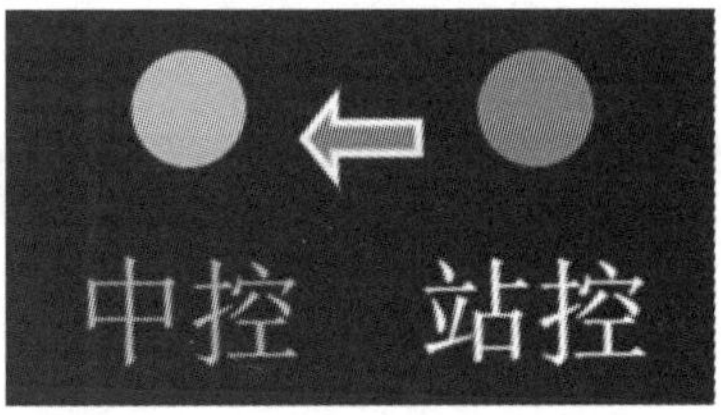

图 2-1-32　中控模式

站控模式显示如图 2-1-33 所示。

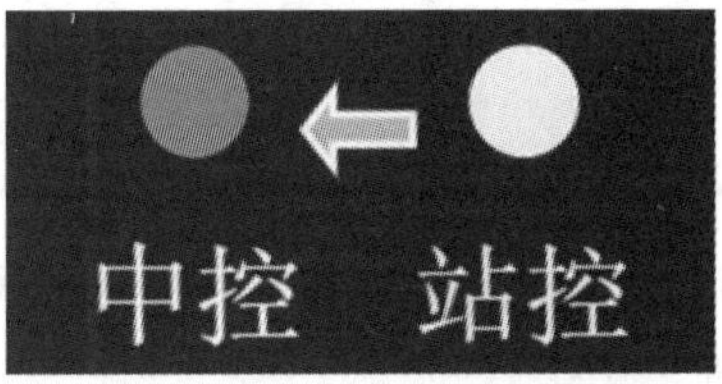

图 2-1-33　站控模式

（1）转为站控。

点击“转为站控”，弹出如图 2-1-34 所示窗口。

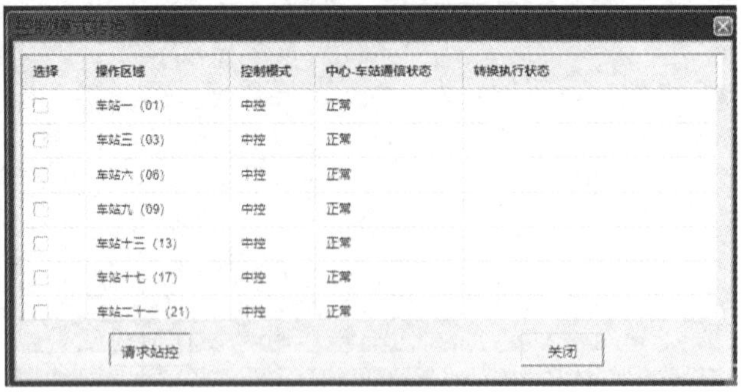

图 2-1-34　转为站控

选择所需要转换的控制区域，在选择中打“√”，或选择“关闭”结束操作并退出（见图 2-1-35）。

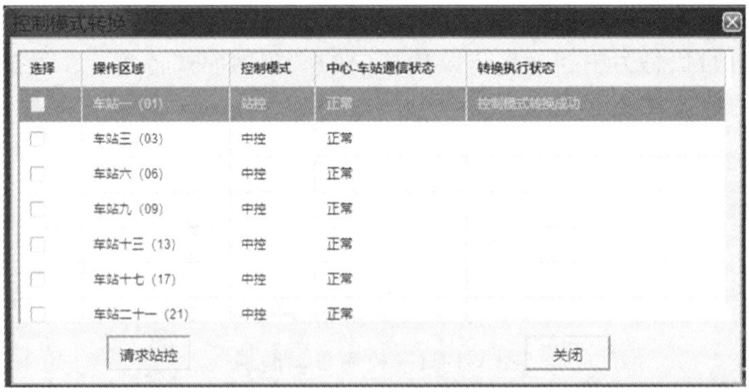

图 2-1-35　二次确认命全框

点击请求站控，会弹出二次确认的命令框，点击确定执行控制权转换请求，执行成功后显示如图 2-1-36 所示。

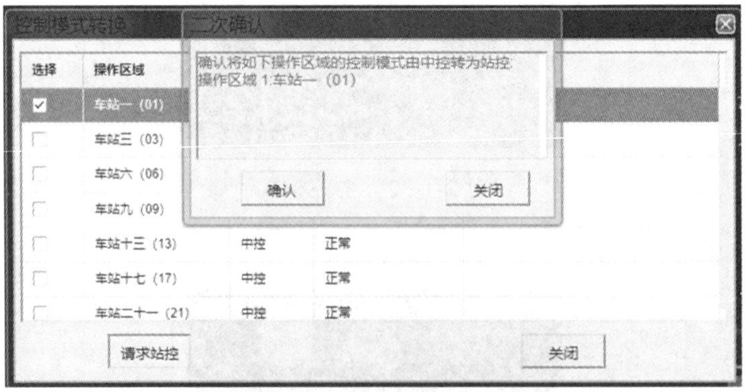

图 2-1-36　控制模式转换

车站的控制模式显示也会随之变化。

（2）强制站控。

点击“强制站控”，弹出“密码框”对话框（见图 2-1-37）。

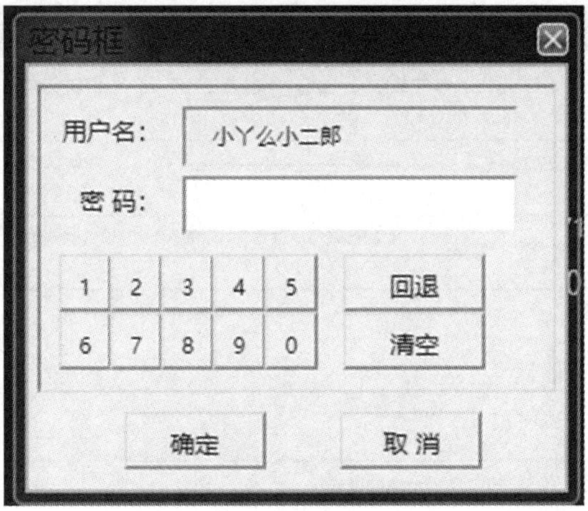

图 2-1-37　密码框

输入密码 123456，点击确定，弹出控制模式转换窗口（见图 2-1-38）。

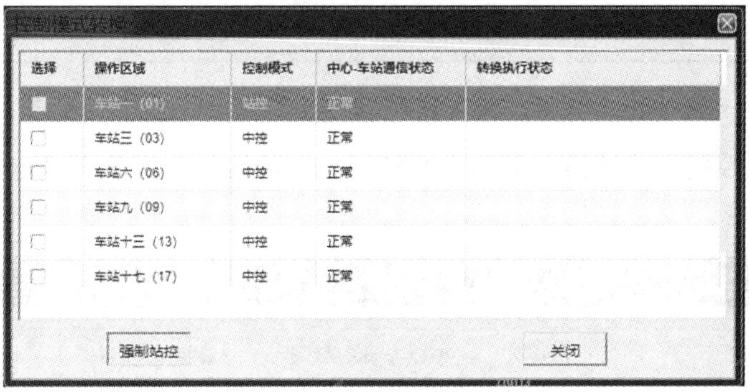

图 2-1-38　控制模式转换窗口

选择所需要强制站控的车站，在选择中打“√”，或选择“关闭”结束操作并退出。点击强制站控，会弹出二次确认的命令框（见图 2-1-39）。

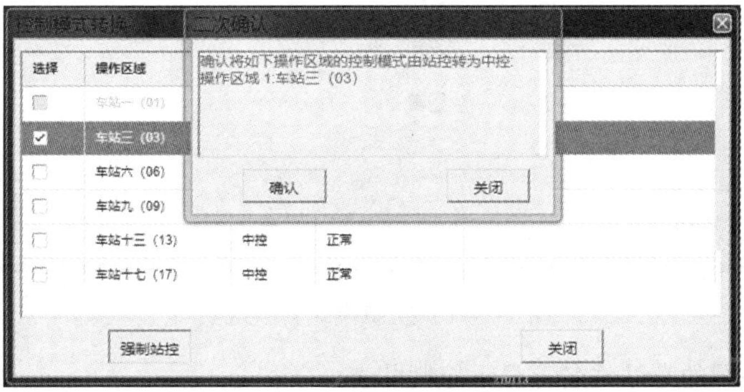

图 2-1-39　二次确认命令框

点击确定执行强制控制权转换请求。命令执行成功车站控显会弹出报警信息（见图 2-1-40）。

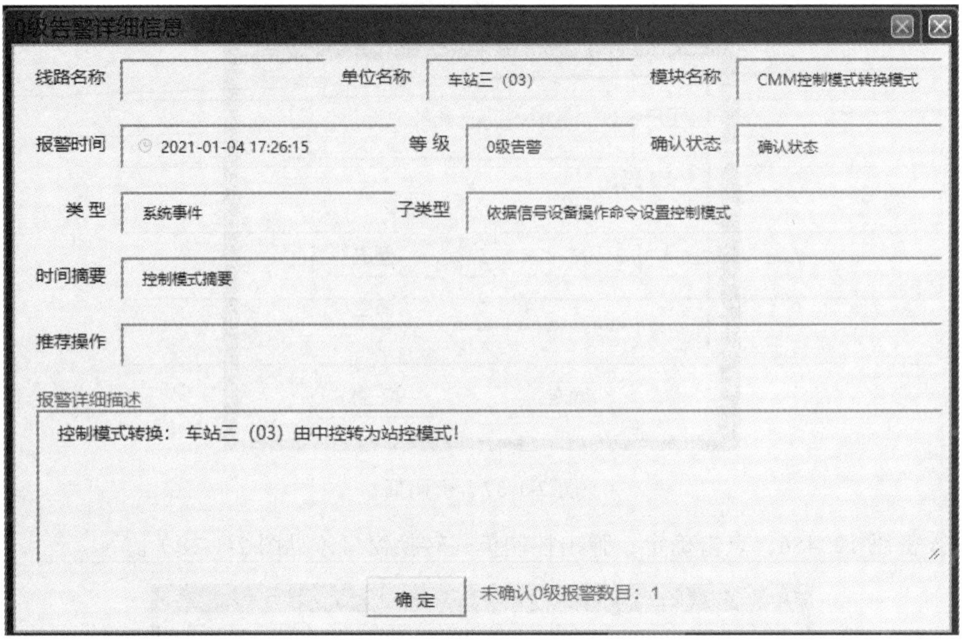

图 2-1-40　报警信息

点击确定，“控制模式转换”菜单上所转换车站的转换执行状态显示“控制模式转换成功”（见图 2-1-41）。

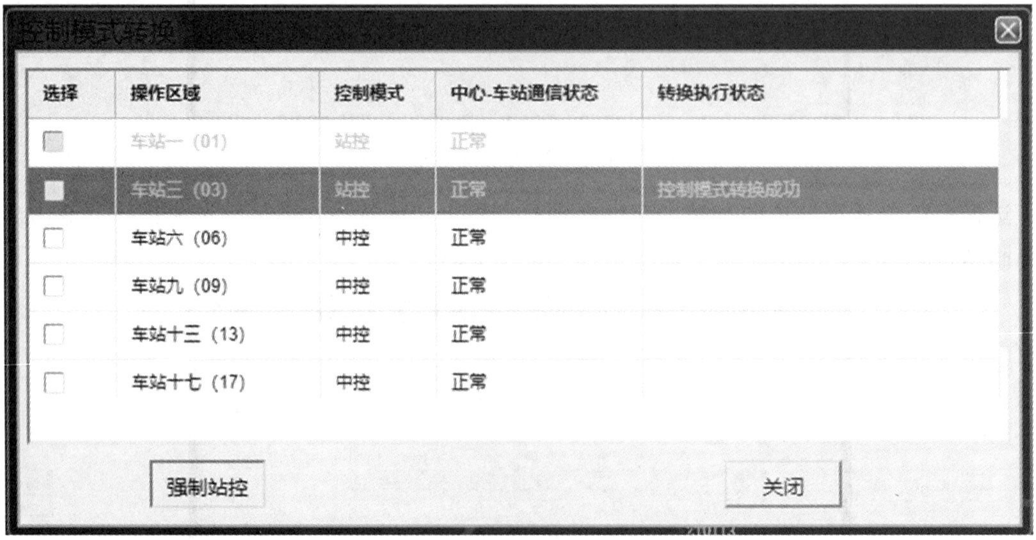

图 2-1-41　控制模式转换成功

相应的在站场图的车站站名下显示控制状态。

2）信号机的功能操作

右键点击一个信号机，页面如图 2-1-42 所示。

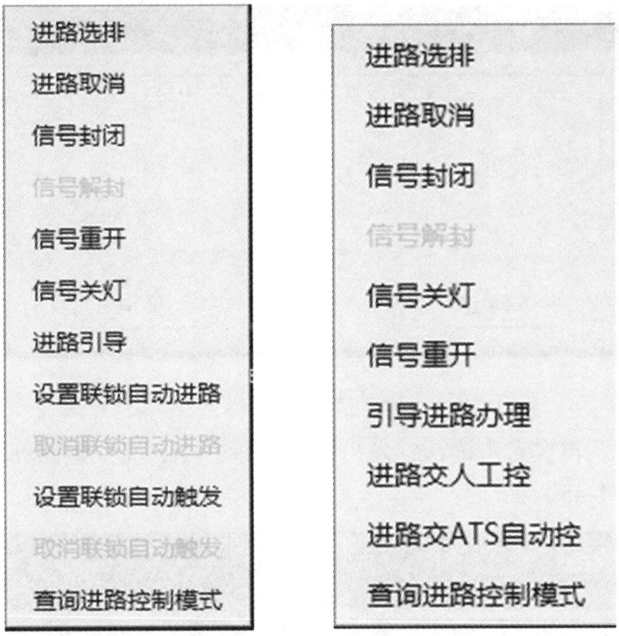

图 2-1-42　信号机操作界面

注：信号机右键菜单（左图：现地工作站，右图：行调工作站）。

（1）进路选排/进路取消。

① 进路选排：通过“进路选排”功能实现排列指定的进路。鼠标右键点击进路始端信号机，在出现的菜单中选择“进路选排”，弹出“进路选排”对话框（见图 2-1-43）。

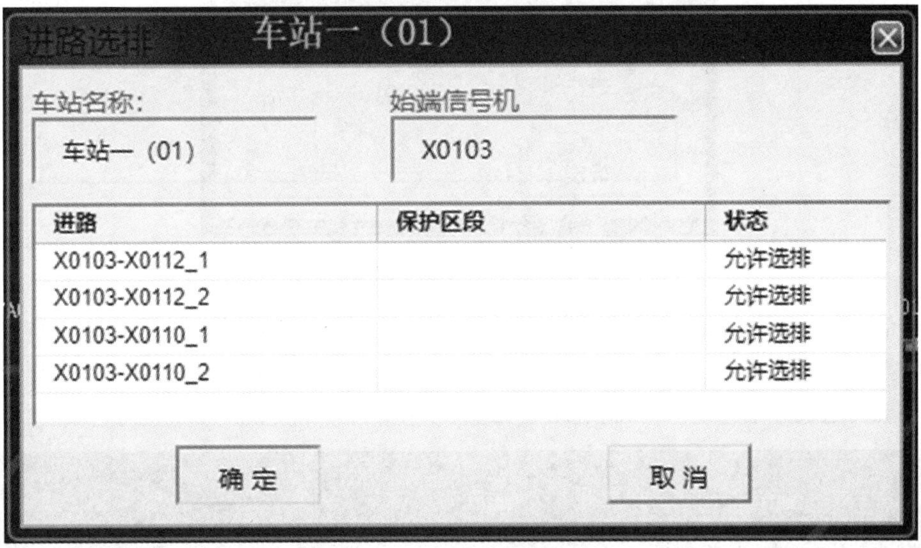

图 2-1-43　进路选排对话框

鼠标选中要办理的进路，选中的进路开始闪烁，“确定”后，弹出“进路设置”对话框（见图 2-1-44）。

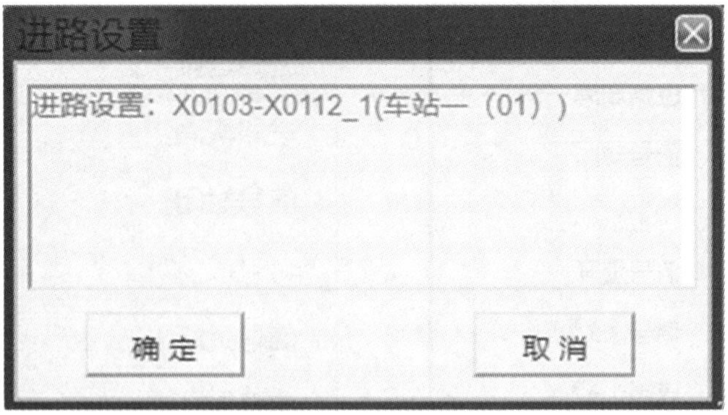

图 2-1-44　进路设置

核对选排进路后，再次点击确认，发出进路选排命令，完成进路办理。办理成功的进路以白色显示（见图 2-1-45）。

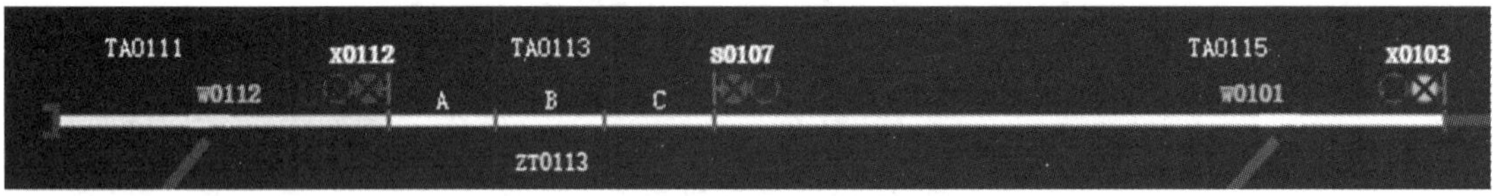

图 2-1-45　完成进路办理

② 进路取消：通过“进路取消”功能可取消一条指定的进路。鼠标右键点击进路始端信号机，在出现的菜单中选择“进路取消”，弹出“取消列车进路”对话框（见图 2-1-46）。

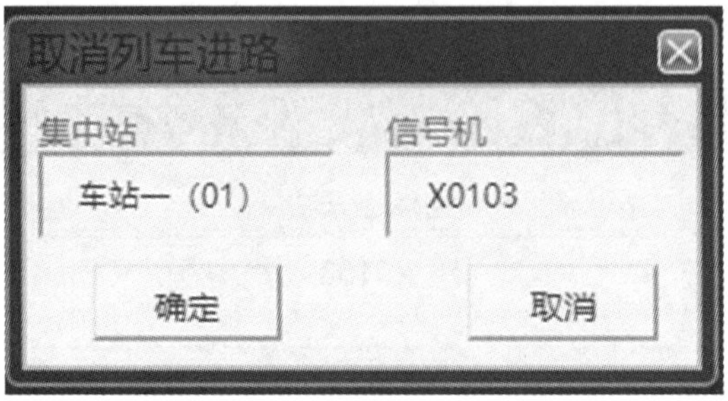

图 2-1-46　进路取消对话框

核对信息无误后，点击确认，发出取消进路命令，完成进路取消。若命令不能下达，会弹出相应报警信息。进路取消后，线路白色消失，信号机旁出现黄色三角，代表以该进路为始端信号机的进路中存在人工控制进路（见图 2-1-47）。

图 2-1-47　存在人工控制进路

（2）信号封闭/信号解封

① 信号封闭：选择这一功能允许用户封锁信号机。鼠标右键单击信号机，在弹出的菜单中选择“信号封闭”，弹出“封锁信号按钮”（见图 2-1-48）。

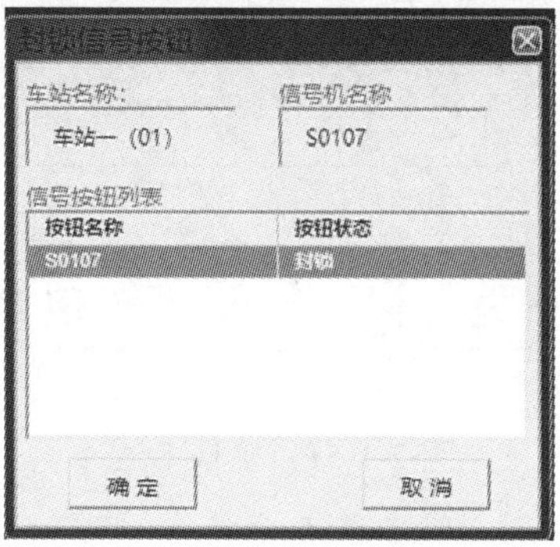

图 2-1-48　信号封闭

鼠标点击确认后，信号机名称被红色边框包围，表示信号已封锁（见图 2-1-49）。

图 2-1-49　信号机封锁

②信号解封：选择这一功能允许用户解除封锁信号机。鼠标右键单击信号机，在弹出的菜单中选择“信号解封”，弹出“信号解封”对话框，如图 2-1-50 所示。

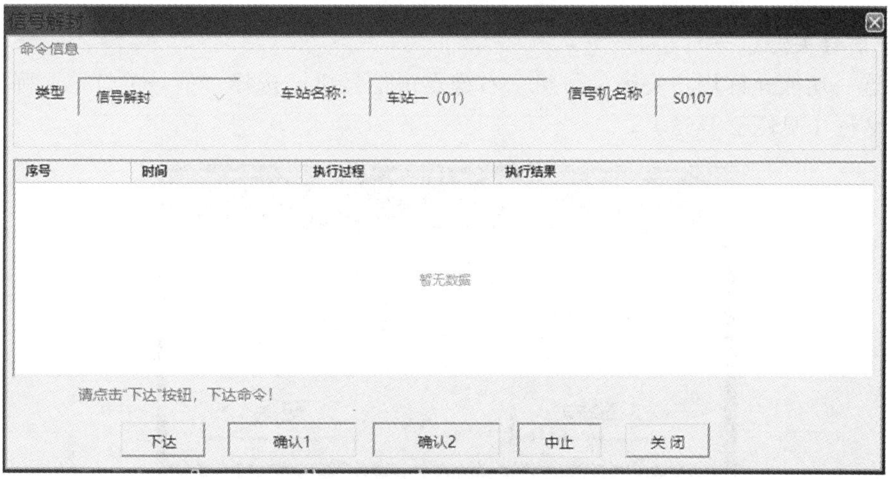

图 2-1-50　信号解封

点击“下达”按钮后，弹出“确认下达”对话框，如图 2-1-51 所示。

图 2-1-51　确认下达

点击“确认 1”并成功执行后，会触发“确认 2”，点击“确认 2”后，显示命令是否下达完成；命令成功下达后，点击“关闭”即可，具体如图 2-1-52 所示。

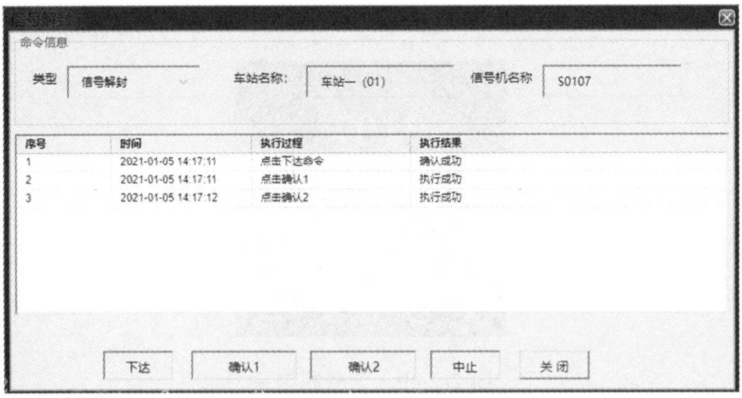

图 2-1-52　命令成功下达

注意：信号解封时，“确认 1”与“确认 2”需在 10 s 内确认，否则会导致命令下达失败。

（3）信号关灯。

选择这一功能允许用户关闭信号机。右键点击信号机，选择“信号关灯”，弹出“信号关灯”对话框（见图 2-1-53）。

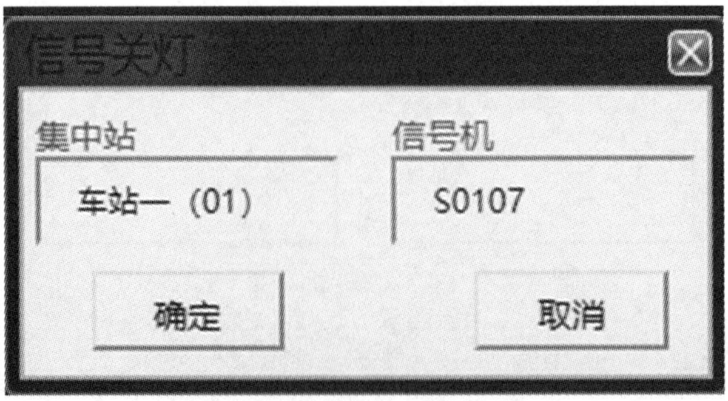

图 2-1-53　信号关灯

点击确定后，弹出信号关灯确认对话框（见图 2-1-54）。

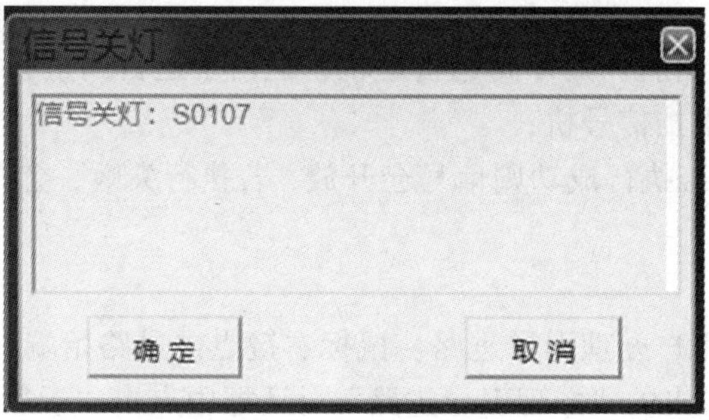

图 2-1-54　信号关灯确认

确认信息无误后，点击确认即可关闭信号。

（4）信号重开。

选择这一功能允许用户向某个未开放信号机发送信号重开命令。右键点击信号机，选择“信号重开”，弹出“重开列车信号”对话框（见图 2-1-55）。

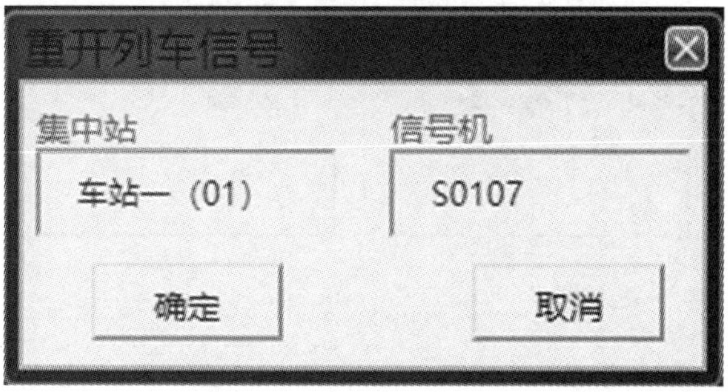

图 2-1-55　信号重开

点击“确定”后，弹出“信号重开”对话框，点击“确认”，即可重开信号（见图 2-1-56）。

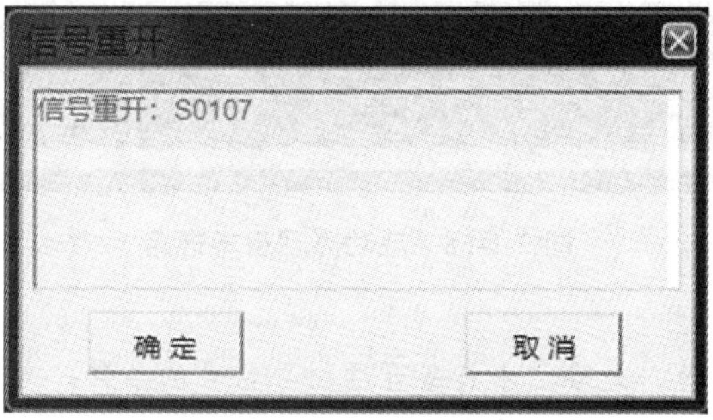

图 2-1-56　信号重开确认

执行信号重开需要注意以下问题：

① 信号系统正常工作时，无须执行此操作；

② 若信号因故障（如锁闭的进路区段故障）或人工干预导致信号关闭，此后调度运营想

再次开放此信号（前提是信号开放的条件具备，如故障区段已恢复），可以执行信号重开使信号重新开放；

③ 若办理了折返进路后，列车到达折返轨，但由于运营调整，需要让列车继续前行时，可执行此命令重开前方阻挡信号机；

④ 执行此操作后，若执行成功则信号会开放，若执行失败，会有相应的提示（命令冲突或命令超时等）。

（5）进路引导。

选择这一功能允许用户办理引导进路。鼠标右键点击进路始端信号机，在出现的菜单中选择“进路引导”，在弹出的“办理引导进路”对话框中点击“下达”，点击“确认 1”，点击“确认 2”，成功办理引导进路后，点击关闭即可（见图 2-1-57）。

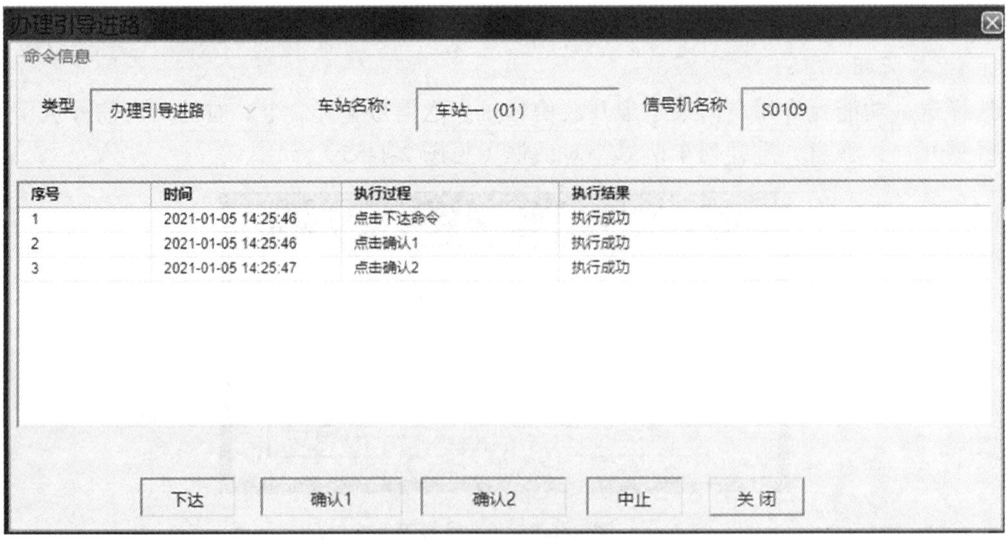

图 2-1-57　进路引导

成功办理引导进路后，进路始端信号机显示为红黄色（见图 2-1-58）。

图 2-1-58　成功办理引导进路

注意：

① 只有已经办理成功的进路，才具备开通引导信号的条件。

② 只有车压入进路接近区段，且进路始端信号机未开放时，才具备开通引导的条件。

（6）设置/取消联锁自动进路。

① 设置联锁自动进路：进行联锁进路排列，为 NRM 驾驶模式及 RM 驾驶模式的列车提供行车的进路。鼠标右键点击进路始端信号机，在出现的菜单中选择“设置联锁自动进路”，弹出“设置联锁自动进路”对话框（见图 2-1-59）。

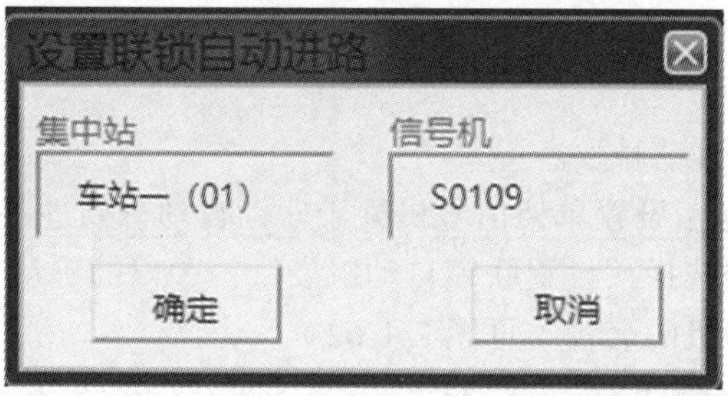

图 2-1-59　设置联锁自动进路

选择“确认”执行命令，或选择“取消”结束操作并退出。设置成功后，信号机后方显示绿色箭头，表示成功设置了联锁自动进路（见图 2-1-60）。

图 2-1-60　成功设置联锁自动进路

注意：

① 不是所有的进路都能设置联锁自动进路。

② 已经办理完毕的进路才能设置联锁自动进路。

③ 对于已设置联锁自动进路模式的进路，ATS 系统不再对其进行自动触发。

④ 已设置联锁自动进路的信号机，右键菜单中“设置自动进路”的选项变灰，不能操作。

⑤ 自动排列进路时，进路始端信号机信号按钮出现并闪烁。

⑥ 设置联锁自动进路模式后，若人工干预已锁闭的进路，则自动解除自动进路状态。人工干预包括：取消进路、人工解锁进路、区段故障解锁进路。

② 取消联锁自动进路：取消联锁进路排列。鼠标右键点击进路始端信号机，在出现的菜单中选择“取消联锁自动进路”，弹出的确认对话框将自动加载车站名称和该通过进路始端信号机的名称（见图 2-1-61）。

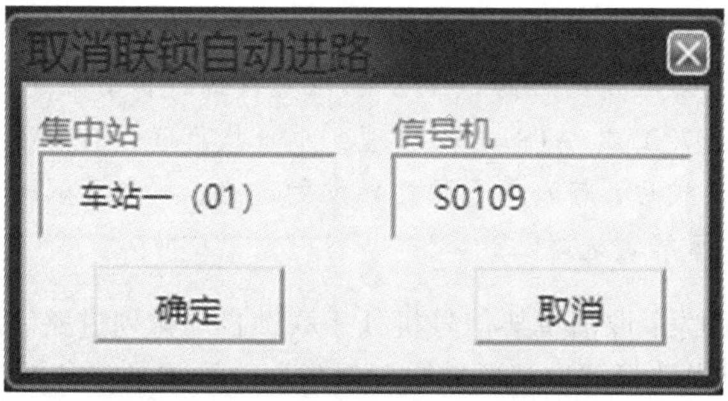

图 2-1-61　取消联锁自动进路

选择“确定”发出命令或选择“取消”结束操作并退出。确定命令下达后，信号机旁的自动进路模式箭头消失。

（7）设置/取消联锁自动触发。

① 设置联锁自动触发：设置单架信号机处于联锁自动排列进路。鼠标右键点击进路始端信号机，在出现的菜单中选择“设置联锁自动触发”，弹出的确认对话框将自动加载车站名称和该通过进路始端信号机的名称（见图 2-1-62）。

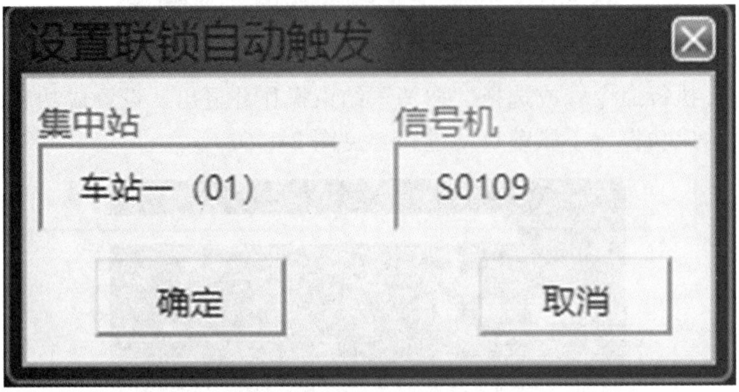

图 2-1-62　设置联锁自动触发

确认无误后，选择“确定”发出命令。对应的信号机后出现黄色箭头，表示成功设置了联锁自触发（见图 2-1-63）。

图 2-1-63　成功设置联锁自触发

注意：

① 不是所有的进路都能办理联锁自动触发。

② 对于已有办理自动触发的进路，ATS 系统不再进行自动触发。

③ 如果此进路已为人工或 ATS 自动办理，也可执行联锁自触发设置操作。

④ 设置自动触发模式后，若人工干预已触发的进路，则自动解除自动触发状态。人工干预包括：取消进路、故障解锁进路。

② 取消联锁自动触发：取消单架信号机处于联锁自动排列进路。鼠标右键点击进路始端信号机，在出现的菜单中选择“取消联锁自动触发”，弹出的确认对话框将自动加载车站名称和该通过进路始端信号机的名称（见图 2-1-64）。

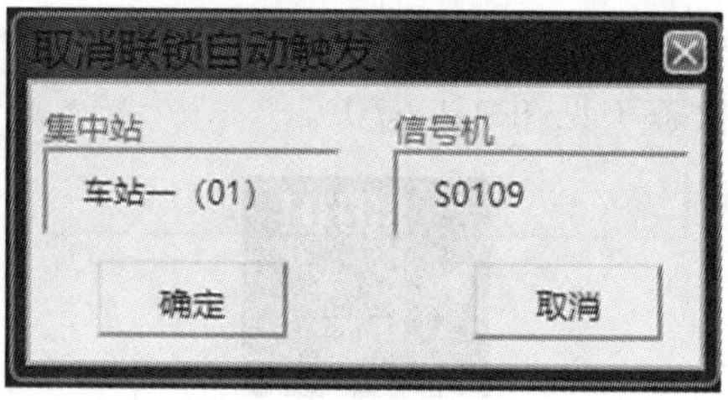

图 2-1-64　取消联锁自动触发

确认无误后，选择“确定”发出命令或选择“取消”结束操作并退出。命令下达后，信号机旁的自动进路模式箭头消失。

（8）查询进路控制模式。

选择这一功能允许用户查看某个信号机为始端的进路是否处于 ATS 自动触发状态。鼠标右键点击进路始端信号机，在出现的菜单中选择“查询进路控制模式”，弹出查询进路控制模式对话框，显示进路控制模式信息（见图 2-1-65）。

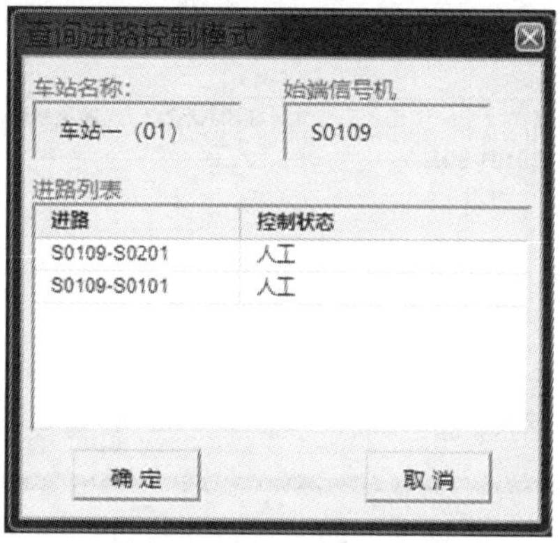

图 2-1-65　查询进路控制模式

（9）进路交人工控/ATS 自动控。

① 进路交人工控：选择这一功能允许用户将某个信号机为始端的进路取消 ATS 自动触发使能转为人工办理。鼠标右键点击一个信号机，在列表中选择“进路交人工控”，弹出“自排关”窗口（见图 2-1-66）。

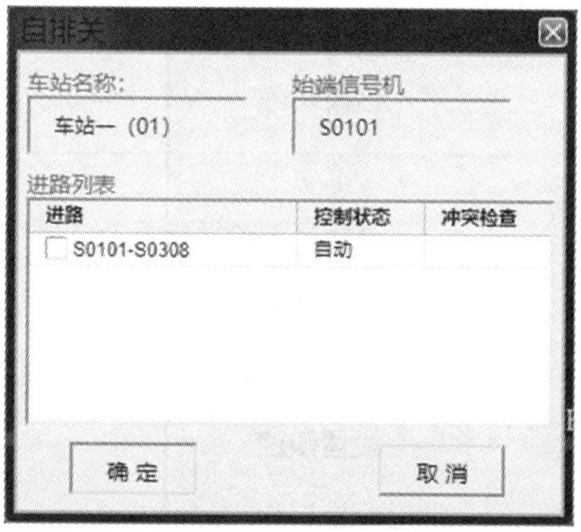

图 2-1-66　自排关窗口

选择需要设置的进路后点击确定按钮，发送自排关命令。命令发送成功后信号机旁显示黄色三角，表示进路人工控状态（见图 2-1-67）。

图 2-1-67　人工控状态

②进路交 ATS 自动控：选择这一功能允许用户将某个信号机为始端的某条进路设置为由 ATS 自动触发使能。鼠标右键点击一个信号机，在列表中选择“进路交 ATS 自动控”，弹出“自排开”窗口（见图 2-1-68）。

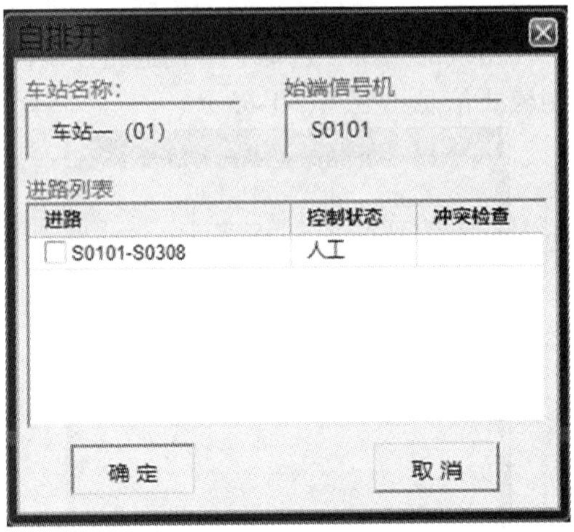

图 2-1-68　自排开窗口

选择需要设置的进路后点击确定按钮，发送自排开命令，命令发送成功后信号机旁黄色三角隐藏。

3）区段的功能操作

对区段进行封锁、解封等操作，鼠标右键单击区段，显示如图 2-1-69 所示。

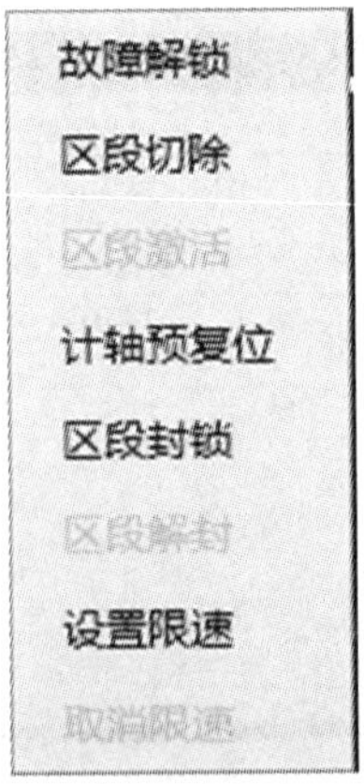

图 2-1-69　区段功能操作

（1）故障解锁。

选择这一功能允许区段故障解锁。鼠标右键单击区段，选择“故障解锁”，弹出的确认对话框会自动加载当前的车站及区段名称；鼠标点击需解锁的轨道区段，系统弹出确认对话框（见图 2-1-70）。

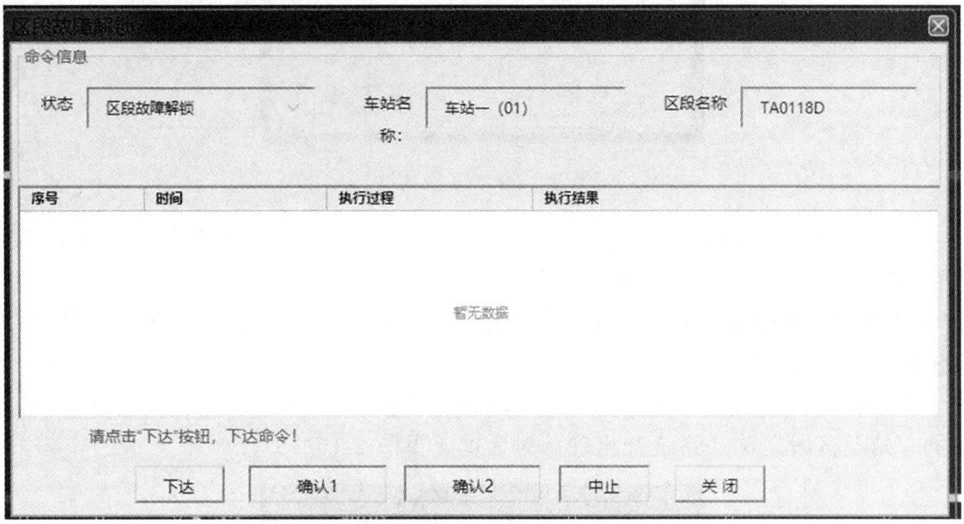

图 2-1-70　故障解锁

故障解锁命令下达成功后，区段锁闭状态解除，区段颜色由白色变为灰色（见图 2-1-71）。

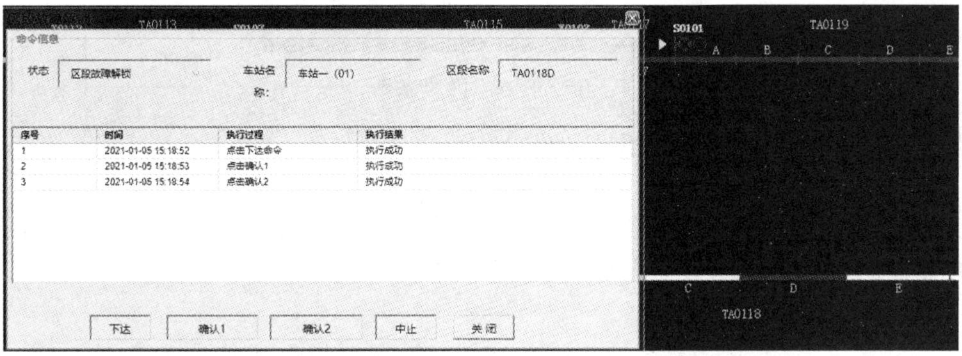

图 2-1-71　区段故障解锁

注意：

① 为安全起见，信号开放且列车接近后，如因故信号故障关闭，自信号故障关闭起，需经过安全延时后，进行区段故障解锁操作方可生效。

② 严禁解锁列车运行前方的故障区段（也称迎面解锁）。

（2）区段切除/激活。

① 区段切除：选择此功能用于对某一计轴设置切除状态，ATS 不再使用该计轴的占用出清状态变化跟踪列车。

鼠标右键单击区段，选择“区段切除”，弹出的确认对话框会自动加载当前的车站及区段名称，系统弹出确认对话框（见图 2-1-72）。

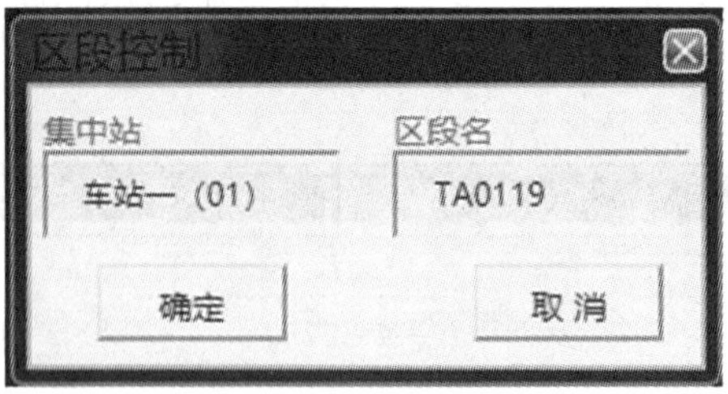

图 2-1-72　区段切除

点击确定，轨道区段以当前颜色闪烁。切除后的区段“区段切除”操作变灰，不可再对区段进行切除操作。

② 区段激活：选择此功能用于取消某一计轴上被设置的切除状态，ATS 重新使用该计轴的占用出清状态变化跟踪列车。

对于切除的区段，鼠标右键单击区段，选择“区段激活”，弹出的确认对话框会自动加载当前的车站及区段名称，系统弹出确认对话框（见图 2-1-73）。

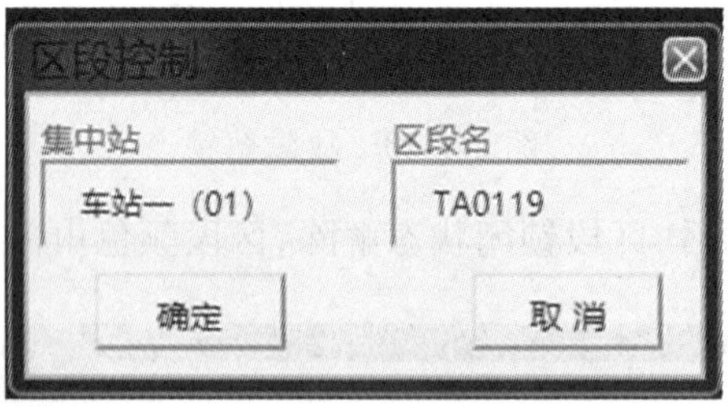

图 2-1-73　区段激活

点击确定，轨道区段激活，不再闪烁。

（3）计轴预复位。

预复位是在计轴故障时预重置计轴区段。在计轴故障时，鼠标右键点击区段，并在系统弹出的菜单中选择“计轴预复位”选项，点击该选项，弹出“区段计轴预复位”窗口（见图 2-1-74）。

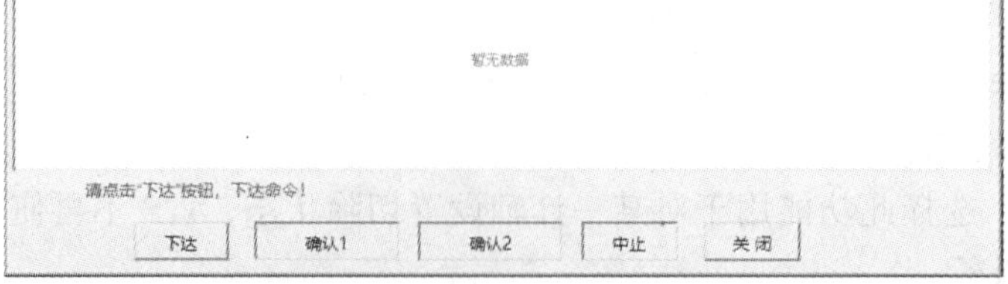

图 2-1-74　区段计轴预复位窗口

对话框中点击“下达”，点击“确认 1”，点击“确认 2”，即可完成计轴区段预复位操作。计轴预复位命令下达成功后，该区段会有短暂的青色 1/3 长光带提示（见图 2-1-75）。

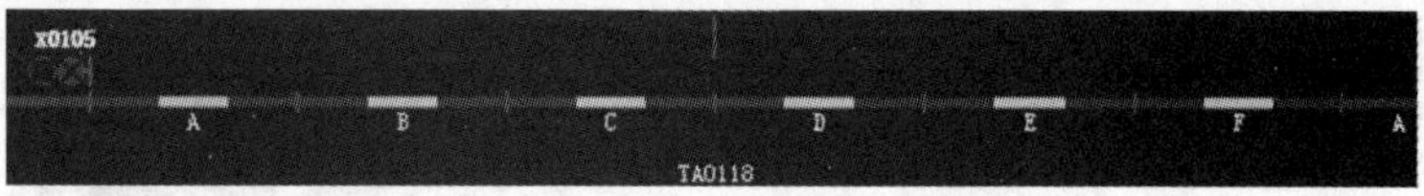

图 2-1-75　区段预复位操作

（4）区段封锁/区段解封

① 区段封锁：选择这一功能允许用户封锁区段。鼠标右键点击需封锁的轨道区段，并在系统弹出的菜单中选择“区段封锁”选项，点击该选项，弹出“区段封锁”对话框（见图 2-1-76）。

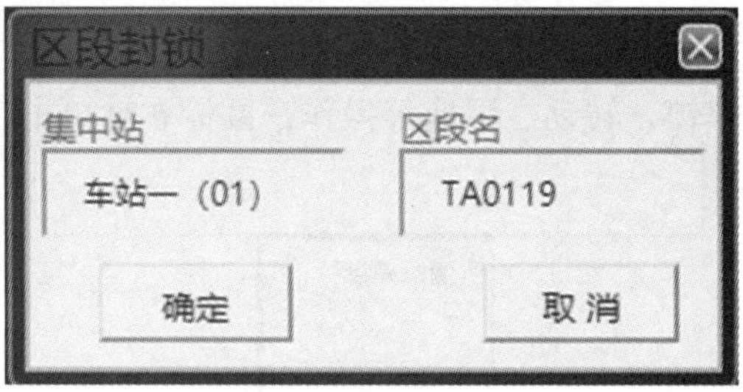

图 2-1-76　区段封锁

点击“确定”后发出轨道区段封锁命令，命令下达成功后，被封锁的区段变为紫色显示（见图 2-1-77）。

图 2-1-77　命令下达成功

② 区段解封：选择这一功能允许用户解除封锁区段。鼠标右键点击被封锁的轨道区段，并在系统弹出的菜单中选择“区段解封”选项，在弹出的确认对话框中，会自动加载对应的车站名和区段名称（见图 2-1-78）。

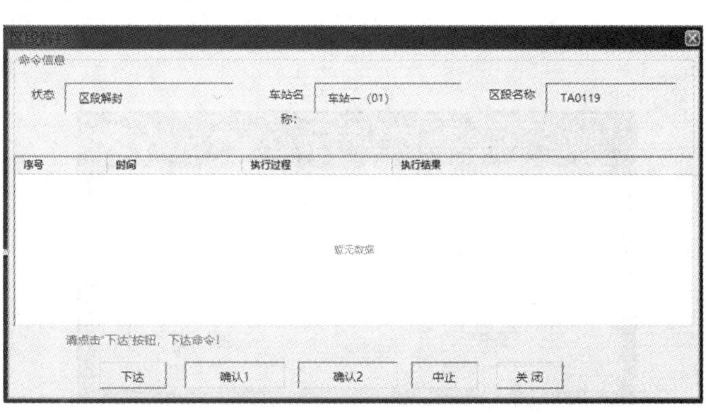

图 2-1-78　区段解封

依次选择“下达”“确认 1”“确认 2”，即可完成区段解封操作。操作完成后，点击关闭，将对话框关闭即可。区段解封后恢复正常状态下的显示（见图 2-1-79）。

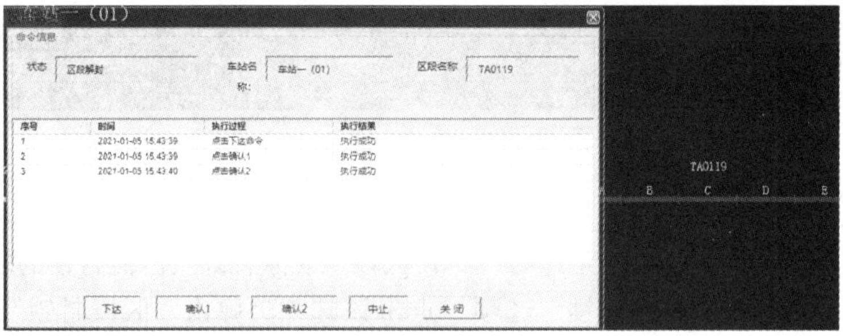

图 2-1-79　恢复正常状态下的显示

4）道岔的功能操作

对道岔可进行封锁、解锁，转动、限速等操作，鼠标右键单击道岔，显示如图 2-1-80 所示。

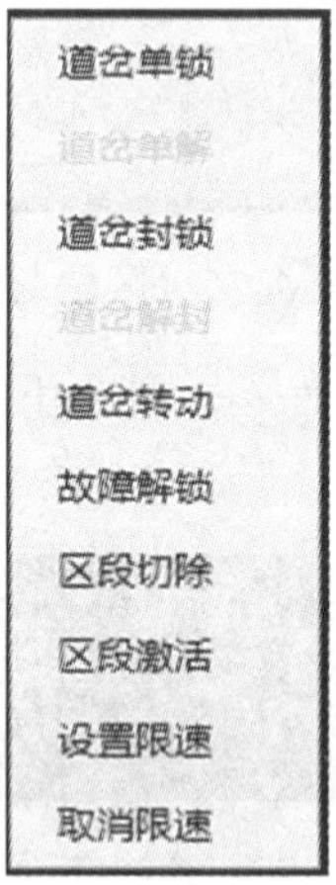

图 2-1-80　道岔的功能操作

（1）道岔单锁/道岔单解。

① 道岔单锁：选择这一功能允许道岔单锁。鼠标右键单击道岔，选择弹出菜单中的“道岔单锁”。选择道岔单锁后，系统弹出确认对话框，对话框中会自动加载车站名称及道岔名称，如图 2-1-81 所示。

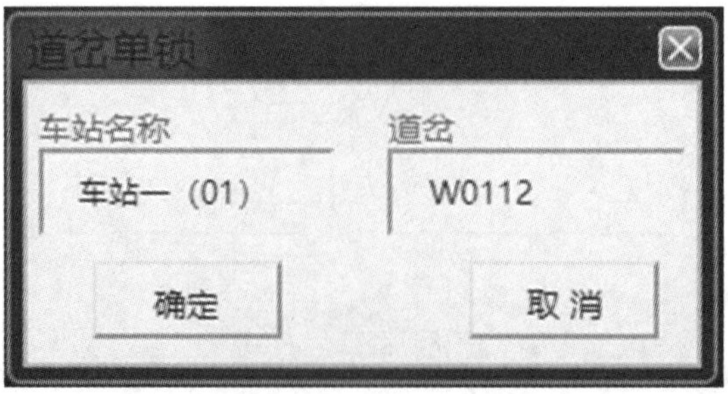

图 2-1-81　道岔单锁

经“确定”后发出操作命令，或选择“取消”结束操作并退出对话框。道岔单锁执行后，道岔名称显示为红色（见图 2-1-82）。

图 2-1-82　道岔名称

② 道岔单解：选择这一功能允许道岔单解。鼠标右键单击单锁的道岔，在弹出的菜单中选择“道岔单解”。在弹出的确认对话框中，会自动加载对应的车站名和道岔名称，依次点击“下达”“确认 1”“确认 2”，即可完成道岔单解操作（见图 2-1-83）。

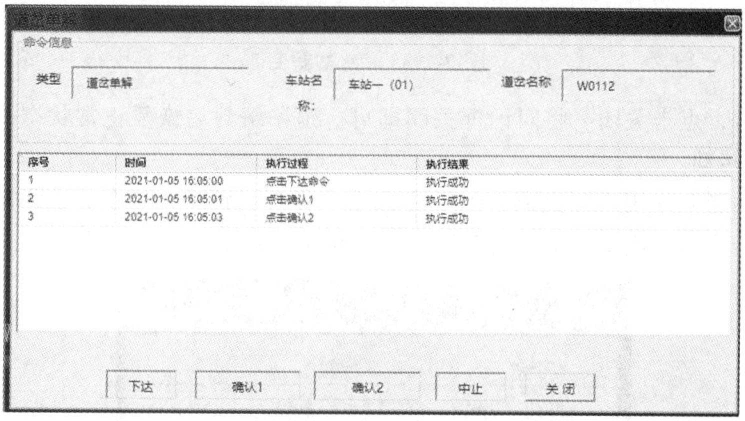

图 2-1-83　道岔单锁

操作命令成功后，道岔单锁状态解除，道岔名称变为绿色。

（2）道岔封锁/解封。

① 道岔封锁：选择这一功能允许用户封锁道岔。鼠标右键单击道岔，在弹出菜单中选择“道岔封锁”。弹出的对话框中会自动加载车站名称和道岔名称，点击确定后，完成命令下达。道岔处于封锁状态时，道岔名称用红色边框包围（见图 2-1-84）。

图 2-1-84　道岔用红色边框包围

② 道岔解封：选择这一功能允许用户解除封锁道岔。鼠标右键单击封锁的道岔，在弹出的菜单中选择“道岔解封”。在弹出的确认对话框中，会自动加载对应的车站名和道岔名称，依次选择“下达”“确认 1”“确认 2”，即可完成道岔解封操作（见图 2-1-85）。

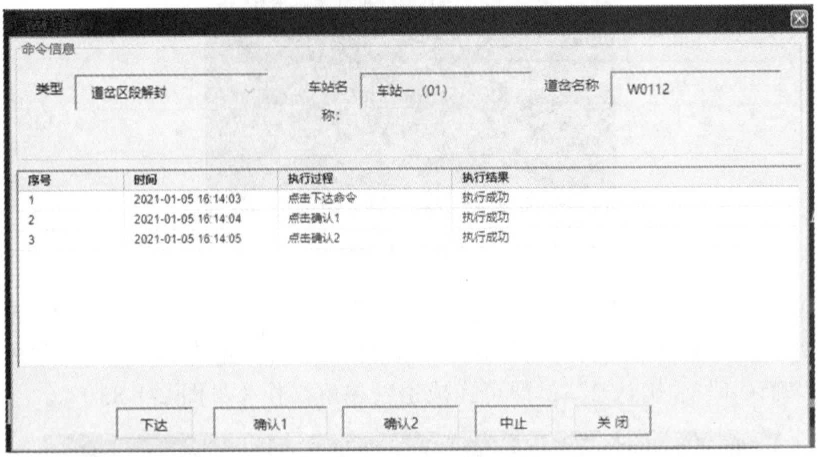

图 2-1-85　道岔解封

操作完成后，点击关闭，将对话框关闭即可。道岔解封后恢复正常状态下的显示。

（3）道岔转动。

选择这一功能允许用户转换道岔到定位/反位。鼠标右键单击道岔，在弹出的菜单中选择“道岔转动”。弹出的确认对话框会自动加载当前的车站名称和道岔名称（见图 2-1-86）。

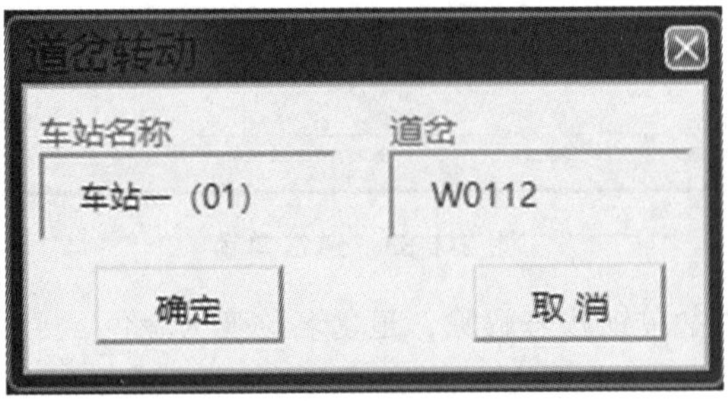

图 2-1-86　道岔转动

点击确定后，系统下达道岔转动命令。道岔转动过程中，状态被判定为四开状态，所以道岔会被红色边框包围并出现短暂闪烁。道岔转动完成后，便会恢复正常的定位或反位显示（见图 2-1-87）。

图 2-1-87　道岔转动完成

（4）故障解锁。

选择这一功能允许道岔故障解锁。鼠标右键单击道岔，选择“故障解锁”，弹出的确认对话框会自动加载当前的车站及道岔名称；鼠标点击需解锁的道岔，系统弹出确认对话框（见图 2-1-88）。

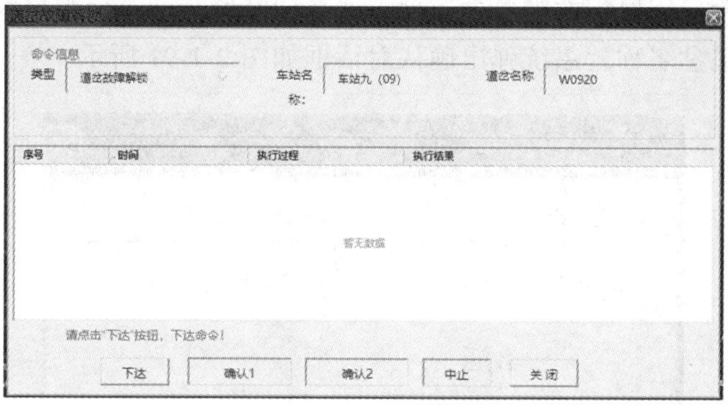

图 2-1-88　故障解锁

故障解锁命令下达成功后，道岔锁闭状态解除，区段颜色由白色变为灰色（见图 2-1-89）。

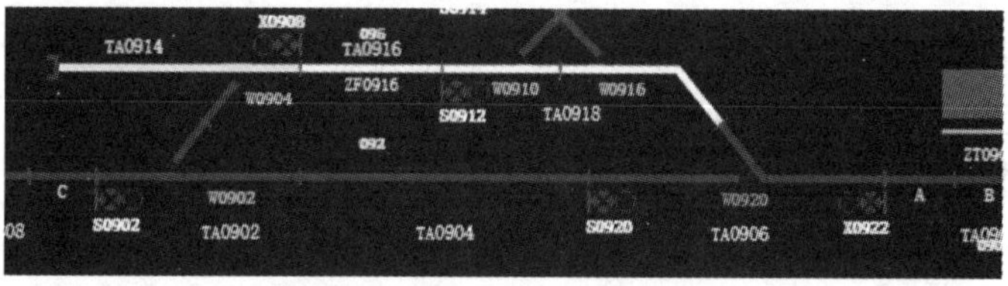

图 2-1-89　道岔锁闭状态解除

注意：

① 为安全起见，信号开放且列车接近后，如因故信号故障关闭，自信号故障关闭起，需经过安全延时后，进行区段故障解锁操作方可生效。

② 严禁解锁列车运行前方的故障区段（也称迎面解锁）。

（5）区段切除/激活。

① 区段切除：选择此功能用于对某一计轴设置切除状态，ATS 不再使用该计轴的占用出清状态变化跟踪列车。

鼠标右键单击道岔，选择“区段切除”，弹出的确认对话框会自动加载当前的车站及道岔名称，系统弹出确认对话框（见图 2-1-90）。

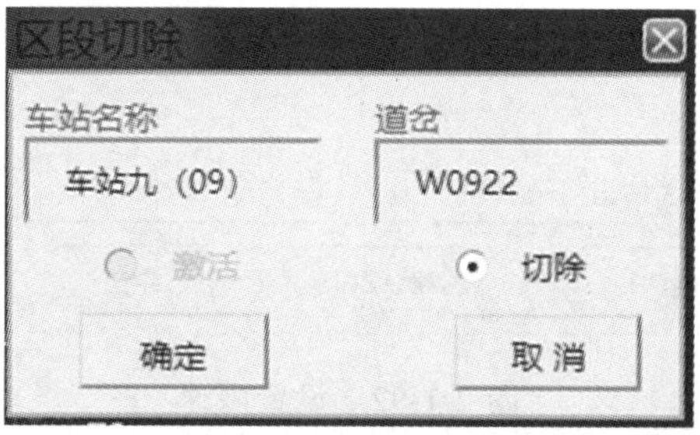

图 2-1-90　区段切除

点击确定，道岔区段以当前颜色闪烁。切除后的道岔“区段切除”操作变灰，不可再对道岔区段进行切除操作。

② 区段激活：选择此功能用于取消某一计轴上被设置的切除状态，ATS 重新使用该计轴的占用出清状态变化跟踪列车。

对于切除的道岔，用鼠标右键单击道岔，选择“区段激活”，弹出的确认对话框会自动加载当前的车站及道岔名称。系统弹出确认对话框如图 2-1-91 所示。

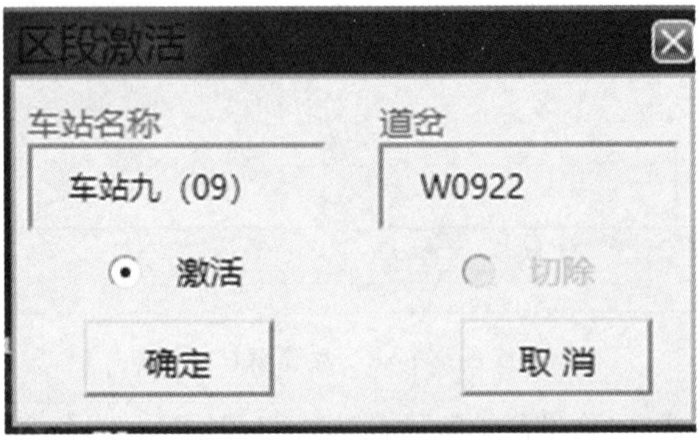

图 2-1-91　区段激活

点击确定，道岔区段激活，不再闪烁。

（6）设置限速/取消限速。

① 设置限速：选择此操作功能用来在线路上设置临时限速。鼠标右键点道岔，并在系统弹出的菜单中选择“设置限速”选项，在弹出的确认对话框中，会自动加载对应的车站名和道岔名称（见图 2-1-92）。

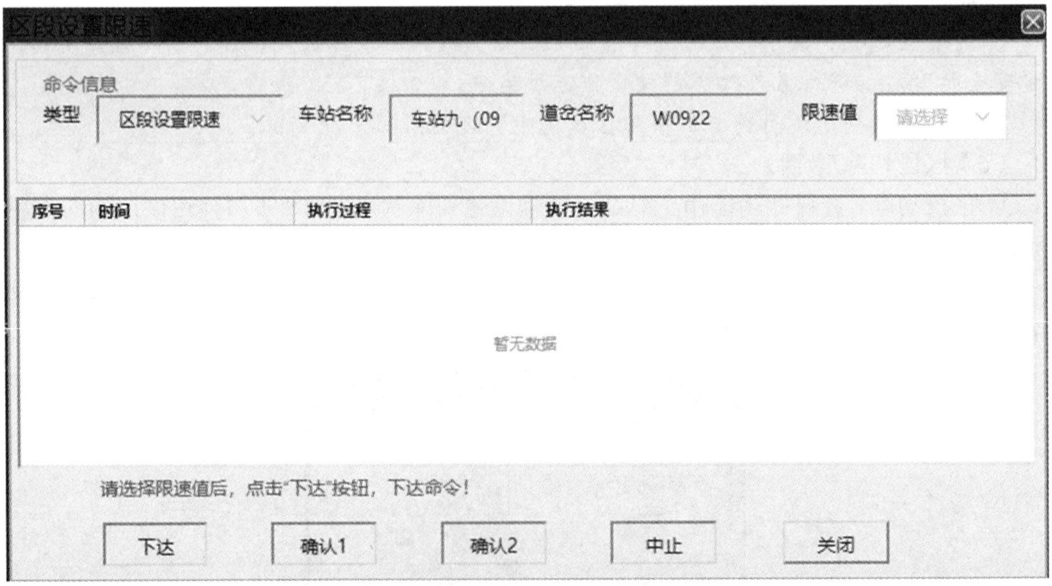

图 2-1-92　设置限速

在对话框的右上角“限速值”下拉菜单中，选择要设置的限速值，然后依次选择“下达”“确认 1”“确认 2”，即可完成道岔限速操作（见图 2-1-93）。操作完成后，点击关闭，将对话框关闭即可。

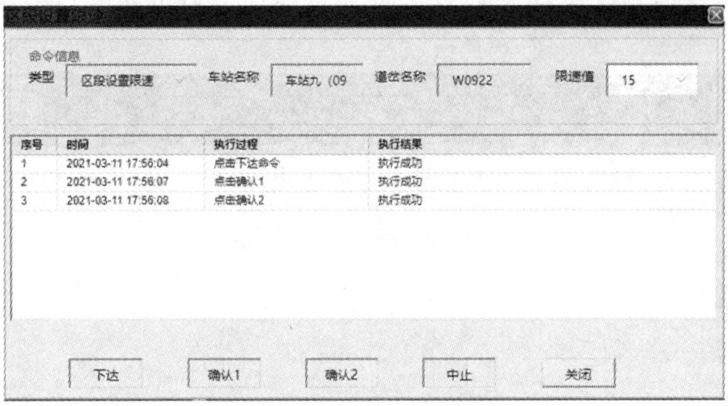

图 2-1-93　操作完成

成功设置限速后，道岔会被黄色线段包围（见图 2-1-94）。

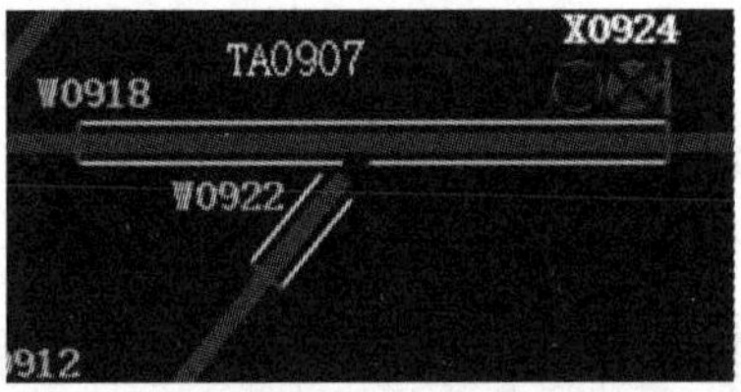

图 2-1-94　道岔被黄色线段包围

② 取消限速：选择此操作功能用来在线路上取消临时限速。鼠标右键点击被限速的道岔，并在系统弹出的菜单中选择“取消限速”选项，在弹出的确认对话框中，会自动加载对应的车站名和道岔名称，依次选择“下达”“确认 1”“确认 2”，即可完成限速取消操作。操作完成后，点击关闭，将对话框关闭即可。限速取消后，道岔恢复正常状态下的显示。

5）站台的功能操作

右键点击一个站台，页面如图 2-1-95 所示。

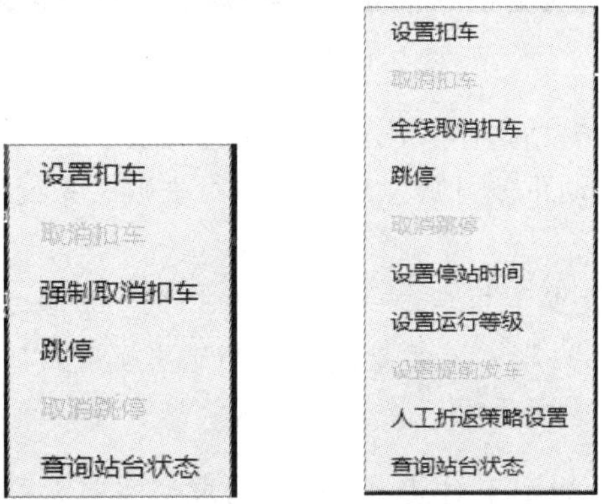

图 2-1-95　站台的功能操作

注：站台右键菜单（左：现地；右：行调）。

（1）设置扣车/取消扣车。

① 扣车：选择此功能用于在某一指定站台设置扣车，设置后当列车运行至该站台时，将会执行扣车，列车不再行驶。鼠标右键点击站台图标，在系统弹出的菜单中选择“设置扣车”选项，被点击站台的名称和所属的车站名称将被自动列入弹出的对话框中（见图 2-1-96）。

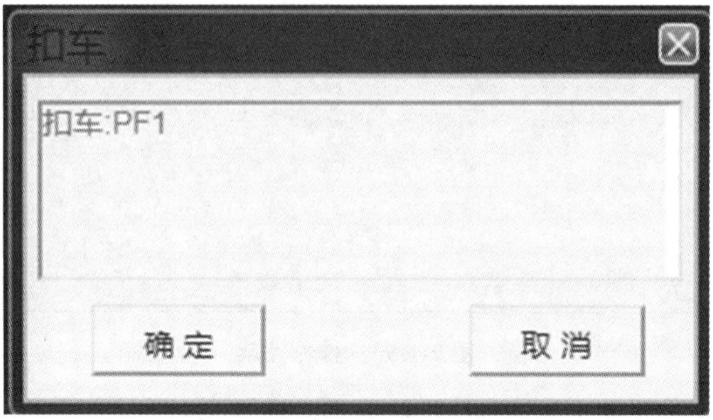

图 2-1-96　扣车设置

选择“确定”将发出该站台扣车命令，选择“取消”将放弃操作。车站扣车命令设置成功后，显示黄色“H”（见图 2-1-97）。

图 2-1-97　设置成功

此时若办理了该方向的出站进路，出站信号机已开放，则关闭该出站信号机。扣车取消后，被关闭的出站信号机自动重复开放。若命令执行失败，系统发出报警提示。

注意：

① 若中心也在该站台设置了扣车命令，扣车命令成功后显示红色“H”。

② 若在扣车生效后，已办理的发车进路出现其他故障如区段故障、道岔无表示，则扣车解除后出站信号机不能自动重复开放，需人工确认故障已经解除后手动办理信号重开。

② 取消扣车：选择此功能用于对某一指定站台取消之前设置的扣车。鼠标右键点击设置扣车的站台图标，在系统弹出的菜单中选择“取消扣车”选项，被点击站台的名称和所属的车站名称将被自动列入弹出的对话框中（见图 2-1-98）。

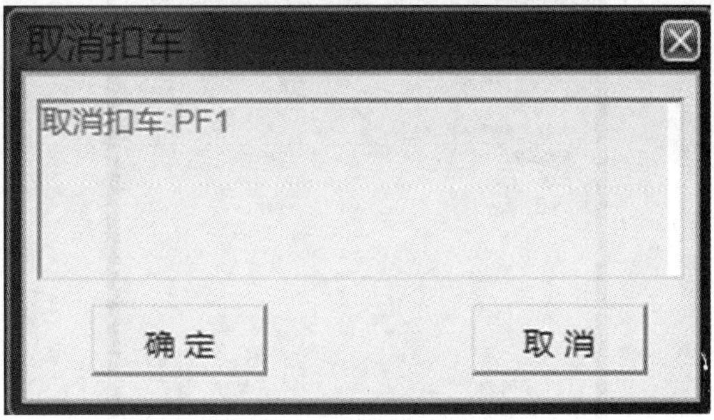

图 2-1-98　取消扣车

选择“确定”将发出该站台取消扣车命令，选择“取消”将放弃操作并关闭对话框。扣车命令取消成功后，黄色“H”字符消失。

注意：

扣车命令取消成功后，若中心也在该站台设置了扣车命令且未取消，则显示白色“H”。

（2）强制取消扣车。

强制取消扣车：选择此功能用于对某一指定站台强制取消之前设置的扣车。鼠标右键点击站台图标，在系统弹出的菜单中选择“强制取消扣车”选项。被点击站台的名称和所属的车站名称将被自动列入弹出的对话框中，如图 2-1-99 所示。

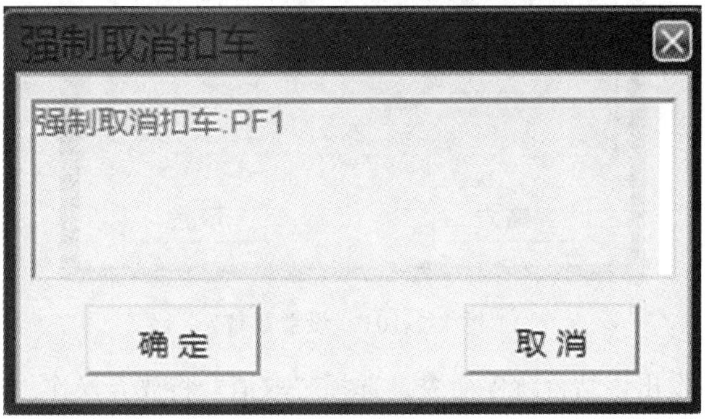

图 2-1-99　强制取消扣车

点击确定即完成强制取消扣车。

注意：

① 中心与车站通信中断时，现地控制工作站在站控模式下可强制取消中心设置的扣车；

② 存在 ATP 扣车但是扣车位置未知时现地控制工作站在站控模式下可强制取消 ATP 扣车。

（3）全线取消扣车。

选择此功能用于对上行全线或下行全线站台取消之前设置的中心扣车。鼠标右键点击一个站台，在列表中选择“全线取消扣车”，弹出“全线取消扣车”窗口（见图 2-1-100）。

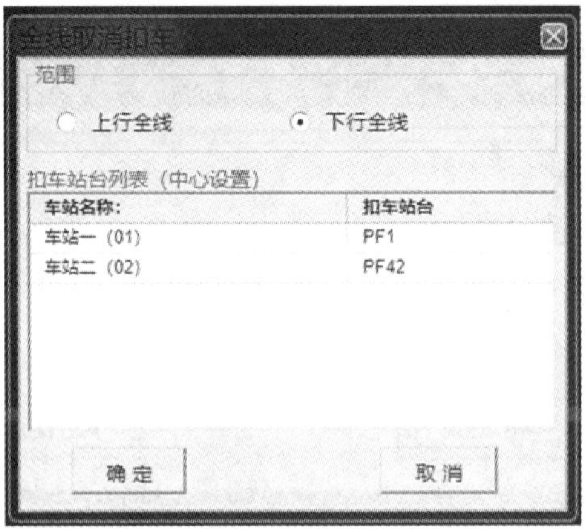

图 2-1-100　全线取消扣车

可以选择上行全线/下行全线，选择后扣车站台列表会显示所有设置了扣车的站台名称，点击确定发出全线取消扣车命令。命令发送成功后，站台旁的扣车标识消失，不再进行扣车。点击取消退出窗口，不执行取消扣车命令。

（4）跳停/取消跳停。

① 跳停：选择此功能用于对某一指定站台设置跳停命令，命令后续列车不停站通过该站台。鼠标右键点击站台图标，在系统弹出的菜单中选择“跳停”选项，被点击站台的名称和所属的车站名称将被自动列入弹出的对话框中（见图 2-1-101）。

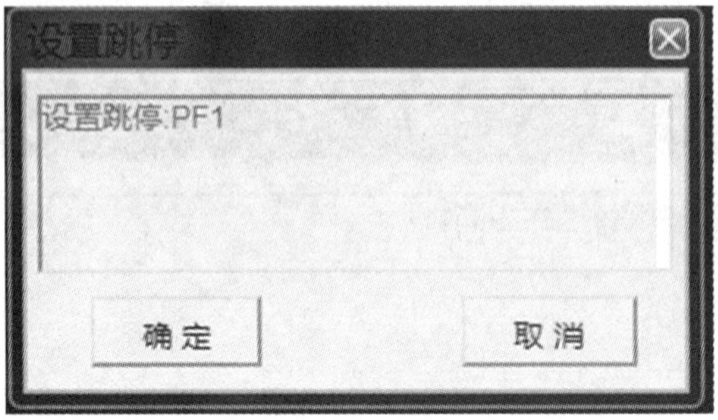

图 2-1-101　设置跳停

选择“确定”将发出该站台跳停命令，选择“取消”将放弃操作。车站跳停命令设置成功后，显示蓝色（见图 2-1-102）。

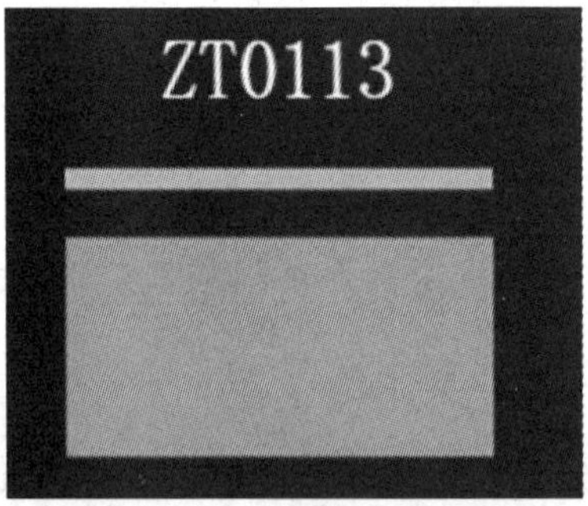

图 2-1-102　跳停设置成功

② 取消跳停：选择此功能用于对某一指定站台取消之前设置的跳停命令。鼠标右键点击设置跳停的站台图标，在系统弹出的菜单中选择“取消跳停”选项，被点击站台的名称和所属的车站名称将被自动列入弹出的对话框中（见图 2-1-103）。

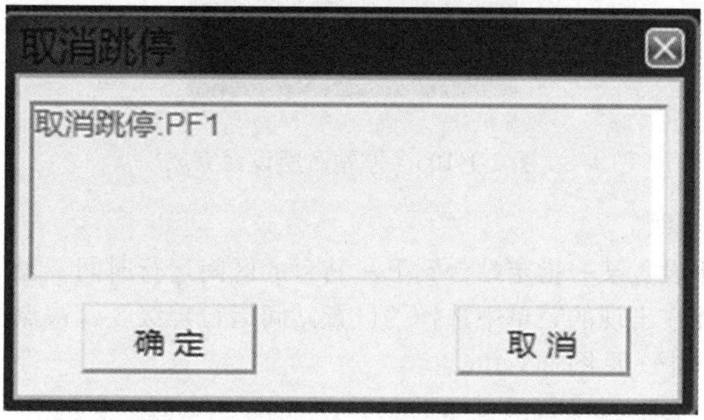

图 2-1-103　取消跳停

选择“确定”将发出该站台取消跳停命令，选择“取消”将放弃操作。车站取消跳停命令设置成功后，站台显示恢复。

（5）设置停站时间。

选择此功能用于对某一指定站台设置列车停站时间。操作方式：鼠标点击站场图上的站台图标并在出现的菜单中选择“设置停站时间”，被点击站台的属性将被自动列入弹出的对话框中（见图 2-1-104）。

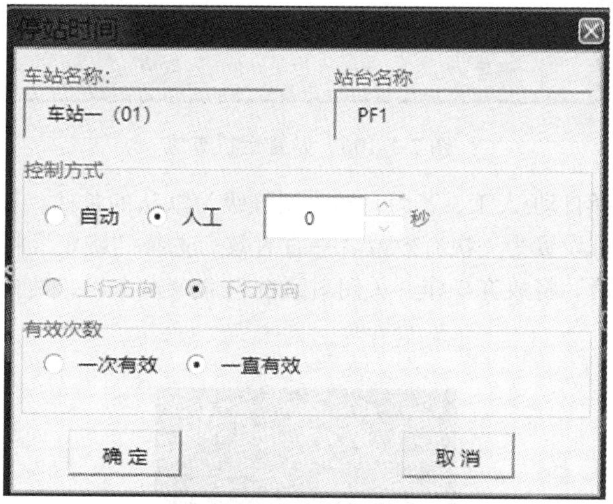

图 2-1-104　设置停站时间

在此界面可设置为自动或人工，自动为默认值 15 s。若设置为人工，则停站时间可设置为 15 s 到 300 s 的任一时间，在有效次数栏可设定停站时间为一次有效或者一直有效。设定完成后，选择“确定”将发出该站台停站时间命令，选择“取消”将放弃操作并关闭对话框。人工停站时间设定成功后，会在站台旁显示停站秒数（见图 2-1-105）。

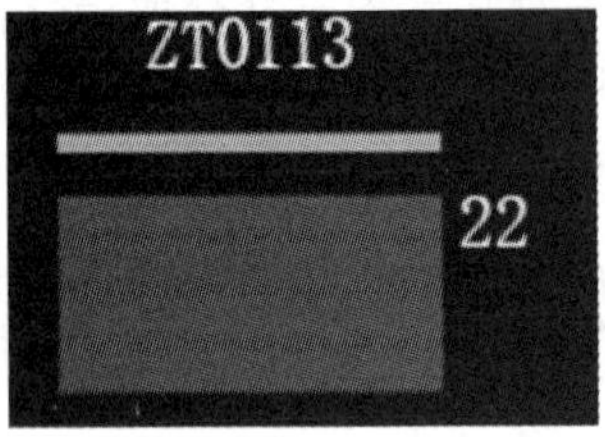

图 2-1-105　停站时间设置完成

（6）设置运行等级。

选择此功能用于设置某一指定站台到下一站台的区间运行时间。操作方式：鼠标点击站场图上的站台图标并在出现的菜单中选择“设置站间运行等级”，被点击站台的属性将被自动列入弹出的对话框中（见图 2-1-106）。

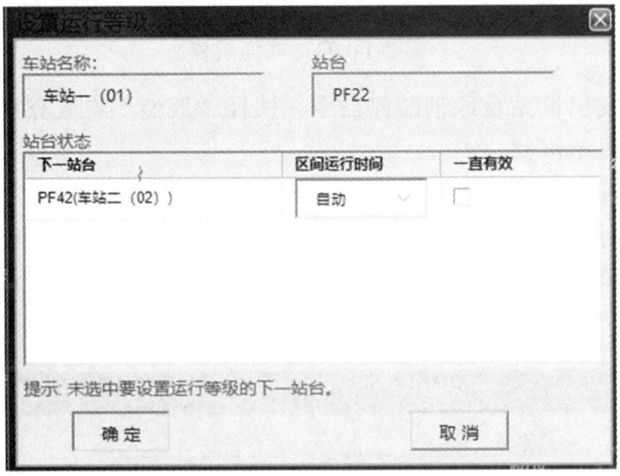

图 2-1-106　设置运行等级

在此界面可以选择自动/人工，若为自动，则等级为默认的常速，若为人工，可设置运行时间为 60~300 s，并可设置为一次有效或者一直有效。选择“确定”将发出该设置站间运行等级命令，选择“取消”将放弃操作并关闭对话框。命令发出后，站台旁对应显示白色数字（见图 2-1-107）。

图 2-1-107　显示白色数字

（7）设置提前发车。

当列车停稳在某一站台时，可对该站台设置提前发车，使列车提前出发。操作方式：右键点击站台，选择“提前发车”，弹出“提前发车”对话框（见图 2-1-108）。

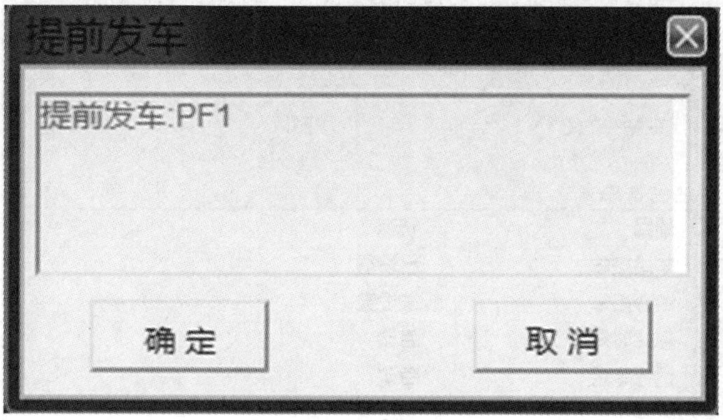

图 2-1-108　提前发车

点击确定发出提前发车指令，发出后列车开始运行，点击取消不执行指令。

（8）人工折返策略设置。

选择这一功能用于设定车辆运行至该站时的折返方式。右键点击站台，选择“人工折返策略设置”，弹出“设置折返策略”对话框（见图 2-1-109）。

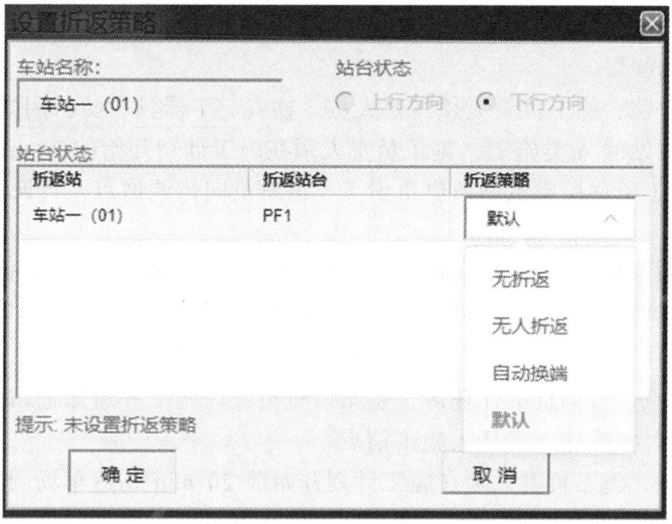

图 2-1-109　设置折返策略

在折返策略选择框可设置需要的折返方式，点击确定即可设置成功，点击取消不设置，关闭窗口。

（9）查询站台状态。

选择此功能用于查看站台上已设置的命令信息，包括人工设置的停站时间、运行等级、扣车命令、跳停命令等。鼠标右键点击站台图标，在系统弹出的菜单中选择“查询站台状态”选项。在“查询站台状态”对话框中，显示站台的扣车、停站时间、运行等级状态（见图 2-1-110）。

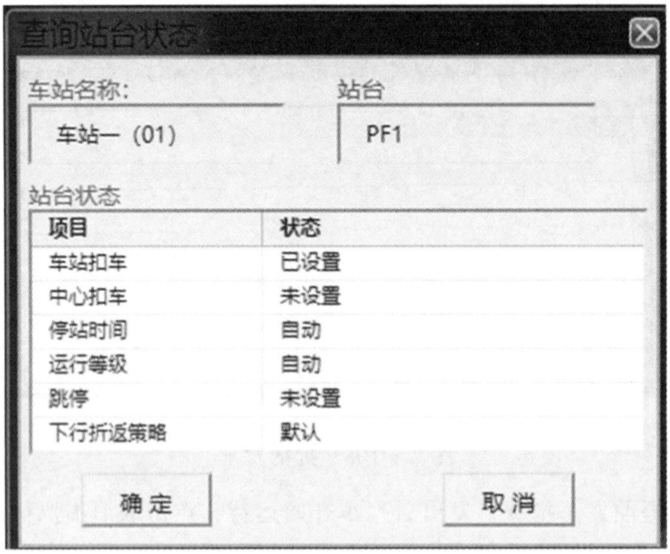

图 2-1-110　查询站台状态

查询站台状态完毕后，点击确定，关闭对话框。

7. 施工作业请销点

1）施工请点的程序

（1）施工作业前，施工负责人须做好人员、物资、工器具、防护用具等施工准备工作。

（2）只涉及主站的 A 类施工，施工负责人须在施工计划开始前 20 min 到达主站，核对施工信息，满足施工条件后向主站值班员请点，值班员向行调请点，行调同意后方可允许施工。

（3）涉及主辅站的 A 类施工，施工负责人须在施工计划开始前 20 min 到达主站，施工责任人须在施工计划开始前 15 min 到达辅站。施工负责人与施工责任人共同核对施工信息，各站均满足施工条件后施工负责人向主站值班员请点，主站值班员与辅站值班员确认满足施工条件后向行调请点，行调批准作业后，主站值班员允许施工并通知辅站值班员，辅站值班员确认行调批准后，组织施工责任人施工请点。

（4）B 类施工，施工负责人须在施工计划开始前 20 min 到达车场调度处，核实施工信息，满足施工条件后向车场调度请点，车场调度确认具备施工条件后批准施工；涉及影响列车出入段、正线范围内设备设施使用的 B 类作业，经车场调度审核满足条件后报行调，行调同意后方可允许施工，并由行调通知相关车站。

（5）C 类施工，施工负责人须及时到达请点站核对施工信息，满足施工条件后请点施工。车站范围内的 C 类作业向车站值班员请点，主变电所范围内的 C 类作业向主变电所值班员请点，OCC 范围内的 C 类作业向行调请点。

（6）施工受理单位须及时与施工负责人确认施工准备情况，满足施工施工条件后即可组织请点；巡道、故障处置等时间紧迫的施工应优先安排。

（7）异地销点的作业，施工负责人须在请点前告知车站值班员，车站值班员确认异地销点站后，向行调请点并经同意后方可实施。

（8）一组人多站作业的施工，施工负责人须在主站请点前告知主站值班员，主站值班员确认满足施工条件及销点站后，向行调办理请点手续，经行调批准后允许施工负责人开始施工；其他作业站的施工，施工负责人向作业站请点。

（9）超过施工计划开始时间 20 min 未到场登记的，视为该项作业擅自取消。

2）施工销点的程序

（1）办理销点时，按照请点审批流程办理销点手续，遵照“向谁请，向谁销”的原则执行。

（2）施工作业完毕后，施工负责人负责施工区域出清、设备恢复正常、检查确认安全防护撤除，设备管理单位确认设备满足运营条件后，施工负责人方可向现场受理单位申请销点。

（3）施工单位须在施工计划或施工作业通知书结束时间前销点，遇特殊情况延时销点时，应在施工计划结束时间前 30 min 通过现场受理单位向批准请点作业的部门提出申请。

（4）A 类作业施工完毕后，施工负责人向销点站值班员销点，销点站值班员向行调销点。

（5）B 类作业施工完毕后，施工负责人后向车场调度申请销点；涉及影响列车出入段、影响正线范围内设备设施使用的 B 类作业施工完毕后，施工负责人向车场调度申请销点，车场调度批准销点后通知行调，行调通知相关车站。

C 类作业施工完毕后，车站范围内的 C 类作业向车站值班员销点，主变电所范围内的 C 类作业向主变电所值班员销点，OCC 范围内的 C 类作业向行调销点。

当含有主站、辅站的施工作业完毕，辅站施工责任人报施工负责人后在辅站销点，辅站值班员确认施工完毕后批准销点；施工负责人确认该项作业区域包含的各辅站施工责任人均已办理销点，本项施工全部完成后方可向主站值班员申请销点，主站值班员向行调销点。

（6）需异地销点的施工作业，施工完成后，施工负责人向销点站销点，销点站值班员向行调销点。

（7）跨越车辆段（停车场）与正线的施工作业、涉及联络线区域的作业严禁异地销点。

（8）一组人多站作业的施工，施工负责人逐站完成作业后向本作业站（含销点站）申请销点，各作业站值班员确认本站施工完成后批准本站作业销点；施工负责人确认本项施工全部完成后向销点站销点，销点站值班员向行调申请销点。

五、实操考核

ATS 操作考核评分表

编号	题目	评分标准	得分
一票否决	排列进路及取消进路	一票否决	
	单操、单锁、单解道岔	一票否决	
1	标准化作业（10 分）	车站信号工作站操作时须严格执行“一人操作、一人监控”“手指口呼”“呼唤应答”标准化作业程序。如单锁道岔，操作员：单锁××号道岔于定位/反位；监控员：单锁××号道岔于定位/反位。未执行该程序每次扣 2 分，扣完为止	
2	ATS 面板图标意义及颜色识别（10 分）	随机抽问 10 个（每个 1 分）	

续表

编号	题目	评分标准	得分
3	控制权转换（10 分）	1. 中央转换到车站（车站请求，本地紧急控制）（5 分）。 （1）下放控制权： 控制权在中央，车站通过请求控制权，经中央同意授权后 ATS 控制权转为车站本地控制。右键点击车站站名，选择“本地控制许可”进行操作。 （2）紧急站控： 控制权在中央，车站操作紧急站控后，无须中央同意，控制权可直接转为车站控制，右键点击车站站名，选择“本地控制许可”进行操作。 2. 车站交权给中央（5 分）。 上交控制权：控制权在车站，车站操作上交控制权后，无须中央确认，控制权可直接转为中央控制。右键点击车站站名，选择“本地控制许可”进行操作	
4	AU/MN 转换（5 分）	如何将 AU 转换成 MN（3 分）； AU 情况下是否可以进行人工手排进路（2 分）	
5	验证请求与取消验证（5 分）	1. 转换操作（3 分）； 2. 两者的区别（2 分）	
6	设置折返模式（10 分）	1. 能够区分各个折返图标代表哪种折返模式（5 分）； 2. 折返模式转换操作（5 分）	
7	开放自动进路及关闭自动进路（10 分）	1. 开放自动进路操作（4 分）； 2. 关闭自动进路操作（4 分）； 3. 自动进路的特点（2 分）	
8	设置本站跳停及关闭一个窗口（5 分）	1. 根据考官设置的题目，正确设置本站跳停（4 分）； 2. 关闭窗口（1 分）	
9	开放引导信号条件及操作（10 分）	1. 考官指定一个信号机，由考生举例说明该信号机开放引导信号的条件（5 分）； 2. 引导信号开放操作（3 分）； 3. 引导信号何时关闭（2 分）	
10	终端信号封锁及终端信号解封（10 分）	1. 说明哪些信号机具有终端信号封锁功能（3 分）； 2. 进行终端信号封锁操作，以及进行该操作后，影响哪些信号机开放（4 分）； 3. 进行终端信号解封操作（3 分）	
11	轨道封锁及轨道解封（10 分）	1. 说出对某一段轨道进行封锁后，会自动封锁至哪两个信号机（4 分）； 2. 进行终端信号封锁并说明该操作后的作用（4 分）； 3. 进行轨道解封操作（2 分）	
12	如何查看电源设备/联锁设备/屏蔽门联锁故障报警信息（5 分）	1. 点击-PF/MF/PSD，通过对话框查看信息（3 分）； 2. 知道故障信息显示（2 分）	

施工请销点作业考核评分表

分值		优（90 分以上）	良（80~89 分）	中（70~79 分）	及格（60~69 分）	不及格（60 分以下）
评价指标	办理施工请点作业流程的完善性及关键点卡控是否到位（35%）					
	办理施工销点作业流程的完善性及关键点卡控是否到位（35%）					
	团队任务分工合理及协作情况（15%）					
	完成任务的态度情况及语言表达流畅及声音洪亮（15%）					
	合计					

项目二　客运值班员一日工作流程

一、实训目的

在城市轨道交通专业课程理论学习的基础上，学生应掌握城市轨道交通车站客运值班员的岗位职责、作业内容及流程，加强对岗位的认知，并能按作业标准来完成客运值班员一日的工作。

二、实训场所及设施设备

（一）实训场所

天府校区城轨实训中心车站模拟实训室、票务室。

（二）实训设施设备

（1）TVM；
（2）AGM；
（3）BOM；
（4）票箱及钱箱；
（5）虚拟仿真 AFC 系统。

三、实训内容

（1）客运值班员开站前为早班售票员及中班接班售票员配票及备用金；

（2）客运值班员开站前为 TVM 补票及补币（TVM 开站作业）及运营期间 TVM 补票及补币；

（3）客运值班员给早班售票员下班后结账及中班售票员下班后结账；

（4）客运值班员运营期间回收 TVM 钱箱并清点及运营结束后回收 TVM 钱箱来为 TVM 结账（TVM 关站作业）；

（5）客运值班员交接班；

（6）客运值班员进行车站一日的运营收入结算（填写相关报表）；

（7）客运值班员进行当日票款封装及解行、兑零。

四、实训步骤

（一）基础知识储备

1. 城市轨道交通车站车票和现金的安全管理原则

1）车票安全管理规定

（1）安全管理区域。

车票应存放在安全区域，即车站 AFC 票务管理室、客服中心、临时票亭、自动售票机、半自动售票机、出闸机等。

（2）车站 AFC 票务管理室的安全管理。

车票应划分不同的区域分类存放，建立台账进行记录，定期由专人盘点。存放车票的票柜、保险柜无人值守时应处于锁闭状态。

（3）客服中心的安全管理。

车票应放在乘客接触不到的地方，随时防盗，且客服中心应随时处于锁闭状态。

（4）运送途中的安全管理。

车票在运送途中一律放在上锁的售票盒、票箱或上锁的手推车中，两名站务人员负责运送途中的安全。

（5）其他安全管理原则。

车票在任何地点存放都要由相应人员负责。车票进行清点、交接时，均需在监控摄像头的有效范围内进行操作。

2）现金安全管理规定

作为城市轨道交通企业现金收益的重要部分，车站备用金和票款收入的安全管理直接影响企业收益的安全。车站具体负责现金的日常安全时，应对现金的使用和保管设立安全区域，对票务管理室、客服中心和现金运送途中易产生安全隐患的地方制定相关的安全管理规定，以保证现金在车站的安全。

（1）现金安全区域。

以保证现金安全为目的，原则上车站现金只能存放在专门的现金安全区域，主要包括票务管理室、客服中心、临时票亭、自动售票机。

车站现金安全区域在操作时必须做好安全保护，在非操作时必须处于安全锁闭状态。

（2）票务管理室的安全管理。

票务管理室应随时保持锁闭状态（票务管理室门和防盗门需同时锁闭），门钥匙由专人保管及使用。

票务管理室内处理完毕的现金，应立即锁入保险柜、钱箱中存放，并且处于监控摄像区域内。

室内应配置闭路电视监控设备，必须24小时开启，要能对所有现金操作环节进行实时监视和实时录像，录影资料未经批准不得删减。票款的清点、交接必须在监控范围内进行，不得随意挪动摄像头的位置。每月定期对车站票务管理室内备用金的库存情况进行盘点，做到账实相符。

（3）客服中心的安全管理。

客服中心应随时保持锁闭状态，门钥匙由专人保管及使用。车站需随时监控临时票亭的安全情况，做好防盗工作。

客服中心营业时，应将现金存放于专门的现金抽屉或器皿，不得放在乘客可触及的地方。

为降低车站票务中心现金保管的风险，客运值班员应根据售票员的票款收入情况向售票员预收票款。

（4）人员进出票务管理室、客服中心实行登记制度。

除当班票务工作人员、站长及以上级别人员外，其他人员必须得到当班值班站长或以上级别人员的许可，并由当班客运值班员陪同方可进入票务管理室和客服中心。车站需设立台账，记录进入人员、进入原因、进入时间及离开时间。

当班客运值班员离开票务管理室或站务员离开客服中心时，票务管理室内、客服中心内所有人员必须随同离开，不得逗留。

在非运营时间，除当班客运值班员、值班站长及站务员需要进行票务的相关工作外，其他任何人员不得进入票务管理室；特殊情况时须经当班值班站长及以上职务人员同意并陪同进入。

（5）运送途中。

现金从一个安全区域转移到另一个安全区域的运送途中必须放入锁闭的钱箱、票盒或上锁的手推车中，由两名车站站务人员负责运送。

2. 车站车票、现金的交接原则

1）车票交接原则

在实际运营中，配发车票、上交车票、车票站间调配等环节都存在车票交接的情况。

（1）交接双方当面清点车票数量，确认车票信息无误后办理签收交接手续。

（2）对加封的车票进行交接时，接班人确认加封正确完好后凭加封数量交接。

（3）交接时若发现车票数量或信息有误，接班人应及时报告站长或当班值班站长到票务管理室确认，并在相关台账或交接本上做好记录，车票按实际数量进行签收。站长或值班站长应及时调查原因，视情况进行处理，同时将事情经过及时上报上级主管部门。

2）现金交接原则

（1）车站进行现金交接时，需建立交接凭证和统计台账，交接人员依据交接凭证办理交接手续并做好书面交接记录。

（2）纸币：在票务管理室监控范围内，双方当面清点金额后签认交接。

（3）硬币：在票务管理室监控范围内，对已加封的硬币交接时，确认加封正确完好后可凭加封金额签认交接；对零散硬币按实点数签认交接。

（4）交接时若发现实点金额与交接凭证有误时，交接双方须及时核查更正。对于不能及时查明原因的，应立即报站长或当班值班站长到票务管理室确认，按实点金额进行签收。短款由交班人补足，长款随当天票款上交。同时在交接记录本上记录相关情况，并立即将情况报告上级组织调查。

（5）严禁信用交接未经清点或未加封的现金。

3. 客运值班员间车票和现金的交接规定

1）车票交接

（1）接班客运值班员应依据客运值班员交接班本上的记录与交班客运值班员当面清点车站票务管理室内所有车票的数量及编号、当日的车票上交单、车票配送单，确认无误后进行签收。

（2）交班时若发现车票数量或信息有误，应及时报当班值班站长，当班值班站长必须到车站票务管理室确认，按实际数量进行签收。由接班值班员在客运值班员交接班本和车站车票库存日报表中记录相关情况，交班客运值班员、接班客运值班员和当班值班站长三方签章确认，并将情况立即上报站长及时组织调查，并在5个工作日内将调查情况报公司票务主管部门。

2）现金交接

车站客运值班员间的现金交接主要是指各班客运值班员在交接班过程中对车站备用金、票款的交接。

交接前，交班客运值班员须根据相关原始报表记录核算交接时的票款收入金额及备用金金额，并记录在客运值班员交接班簿和车站营收日报上，作为交接凭证。

交接时，接班客运值班员应依据客运值班员交接班簿和车站营收日报上的记录在监控范围内与交班客运值班员当面清点票务管理室内所有现金，并核对封包数量及金额等，确认无误后在客运值班员交接班簿上签收，并在票务管理子系统“客值交接模块”中插入新记录，录入现金交接情况。交接时若发现备用金、票款数目有误，须再次进行清点，通过查看录像等方式进行调查，并立即上报站区管理人员，同时按最终确认数量进行签收。站区管理人员应及时上报运营分公司，由运营分公司负责调查处理。若经分公司调查后，差额原因无法查明，则短款由交班人补足，长款随当天票款解行。

（二）基础技能储备

（1）会使用信封加封车票，会使用现金的加封方法加封、清点车站的现金。

（2）能按作业标准进行车票、现金的交接。

（3）能熟练为售票员配票和备用金。
（4）能熟练为 TVM 补票及补币操作。
（5）能熟练操作回收 TVM 钱箱并清点。
（6）会进行客运值班员间交接班。

（三）实训任务操作流程

1. 客运值班员为售票员配票和备用金操作步骤

客运值班员须在售票员到岗前配置一定数量的车票、备用金，填写“售票员结算单”（见图 2-2-1）。

图 2-2-1　领取备用金

待售票员到票务管理室后，监控售票员进行清点，确认所配各类车票和备用金数量与“售票员结算单”上记录的开窗张数、备用金数量一致后，签字确认（见图 2-2-2）。

图 2-2-2　双方当面清点

客运值班员与售票员交接备用金时，双方应当面清点确认后在“售票员结算单”上注明备用金金额，双方盖章确认，然后在票务管理子系统“售票员配票款”模块中录入交接数据。

2. 客运值班员开站前为 TVM 补票及补币操作步骤

1）自动售票机补充找零硬币操作

（1）在 AFC 票务室将一定金额的找零硬币通过点币机清点入硬币补币钱箱（见图 2-2-3）。

图 2-3-3　点币机清点

（2）将硬币补币钱箱运送至站厅，打开 TVM 维修门（见图 2-2-4）。

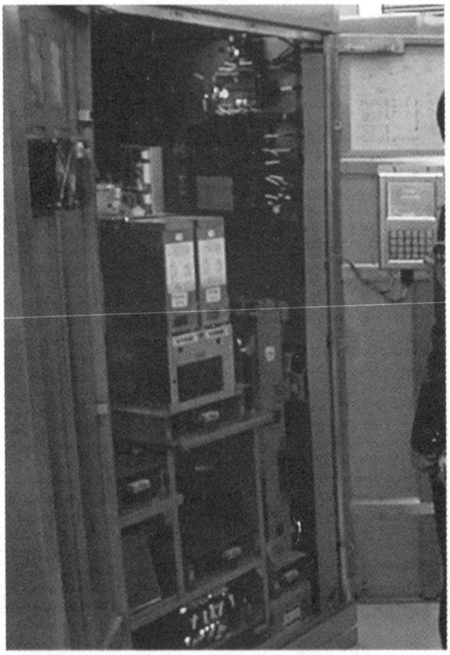

图 2-2-4　补币钱箱及站厅

（3）在维修面板上按面板显示要求输入正确的操作员号（ID）和密码进行登录（见图2-2-5）。

图 2-2-5　登录

（4）验证成功登录后，以补币钱箱 1 为例，在运营服务中选择“更换硬币钱箱”→“卸下补币钱箱 1”（见图 2-2-6）。

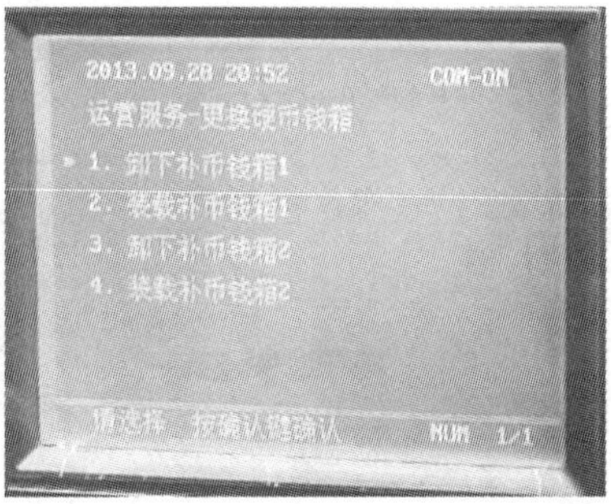

图 2-2-6　更换硬币钱箱

（5）打开硬币补币钱箱锁，双手取下原有钱箱。将装满硬币的补币钱箱 1 插入硬币模块，锁上钱箱锁（见图 2-2-7）。

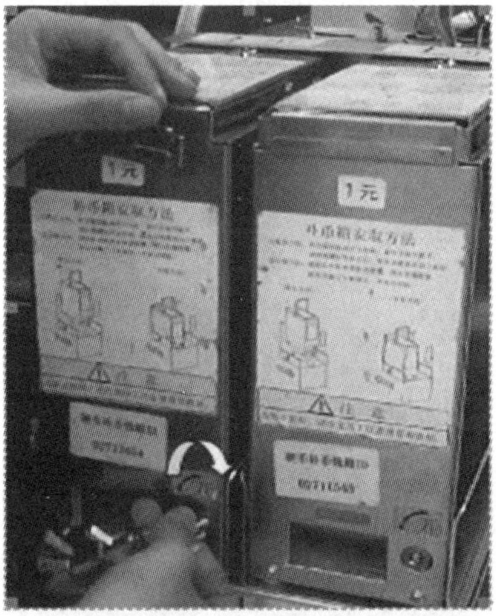

图 2-2-7　插入硬币模块

（6）在维修面板上选择“装载补币钱箱 1”，输入硬币补币钱箱中所补币数，如补币钱箱 1 的补币数为 200，完成补币操作（见图 2-2-8）。

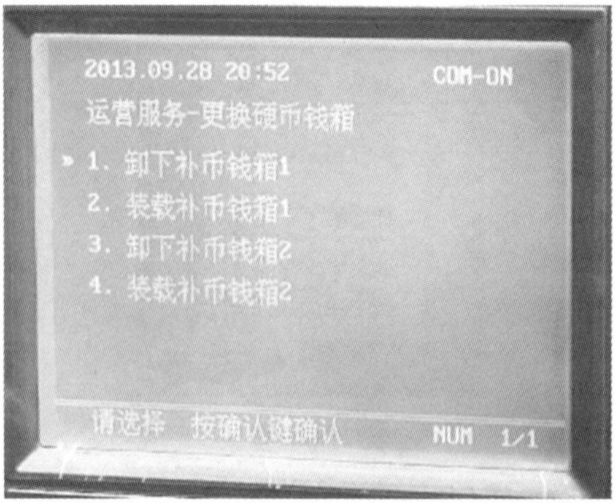

图 2-2-8　完成补币操作

2）自动售票机补充单程票操作

（1）在 AFC 票务室将一定数量的单程票通过点票机清点，然后装入票箱（见图 2-2-9）。

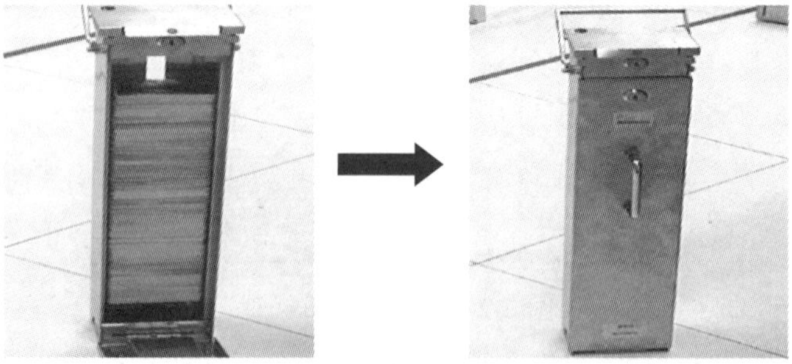

图 2-2-9　清点并装入票箱

（2）将票箱运送至站厅，打开 TVM 维修门（见图 2-2-10）。

图 2-2-10　票箱送至站厅

（3）在维修面板上，按面板显示要求输入正确的操作员号（ID）和密码进行登录（见图 2-2-11）。

图 2-2-11　登录

（4）成功登录后，以 A 票箱为例，在运营服务中选择“更换票箱”→“卸下 A 票箱”（见图 2-2-12）。

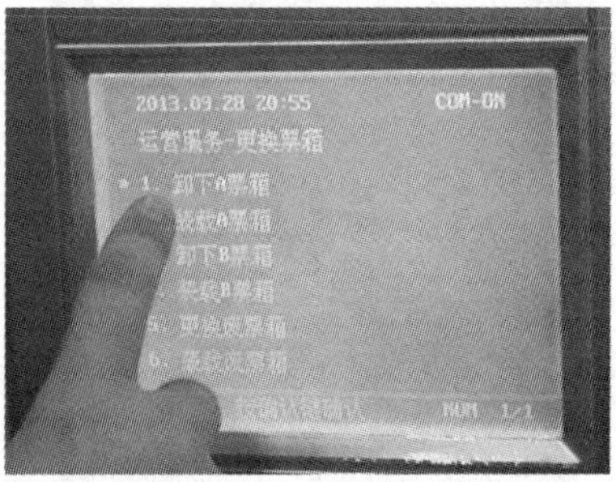

图 2-2-12　卸下 A 票箱

（5）卸载票箱。用力向下压票箱升降手柄，一直压到底部，直到听到“咔”一声锁定为止（见图 2-2-13）。

图 2-2-13　下压手柄

将票箱上盖按箭头所示方向旋转拉起，并按水平位置往里推到位（见图 2-2-14）。

图 2-2-14　旋转拉起

按箭头所示方向旋转钥匙，打开固定票箱的锁销，此时票箱锁会同时锁住票箱上盖（见图 2-2-15）。

图 2-2-15　旋转钥匙

一只手提起票箱提手，另一只手挟持住票箱，取出票箱（见图 2-2-16）。

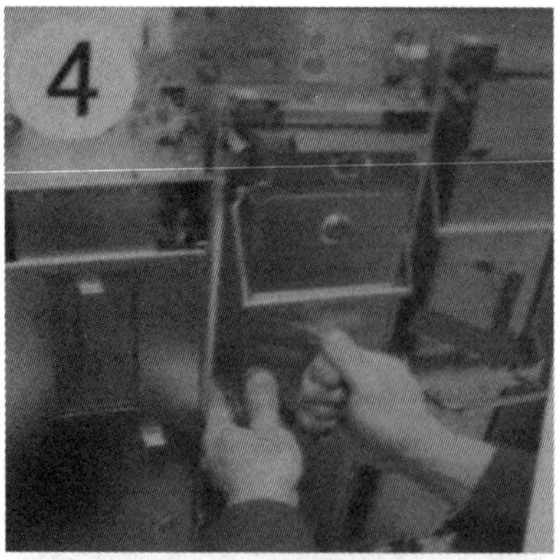

图 2-2-16　提起票箱

（6）装载票箱。一只手提起票箱提手，另一只手扶住票箱，然后按票箱所示方向装入票箱（见图 2-2-17）。

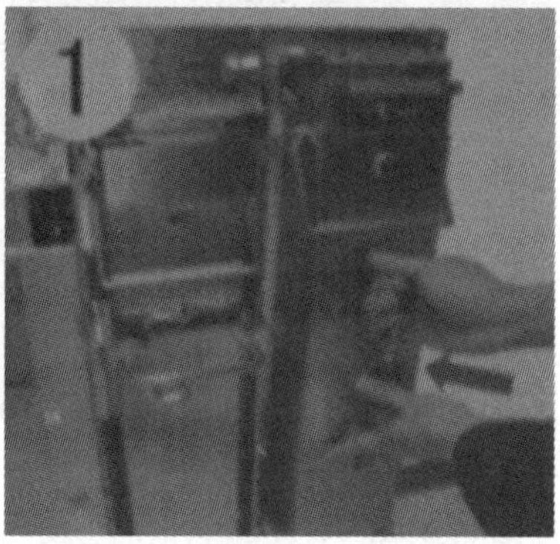

图 2-2-17　装入票箱

按箭头所示方向转动钥匙将票箱锁定（见图 2-2-18）。

图 2-2-18　锁定票箱

按水平箭头所示方向将票箱上盖门完全拉出并竖直垂下，确认指示灯状态正常（见图 2-2-19）。

图 2-2-19　拉出上盖门

按箭头所示方向将票箱前门把手旋转 90°，紧贴票箱前门（见图 2-2-20）。

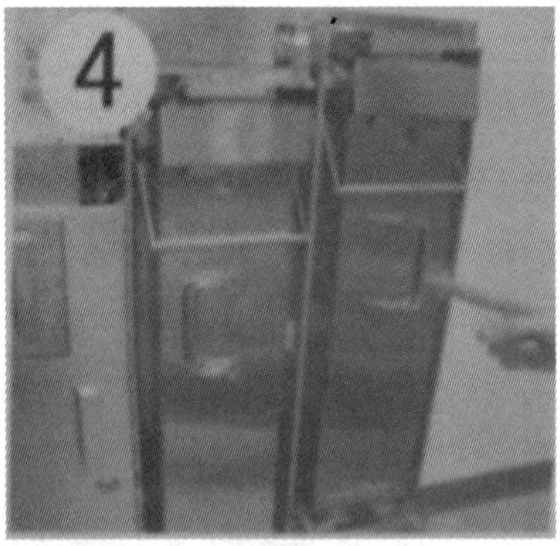

图 2-2-20　旋转票箱前门把手

用力向下压住票箱升降手柄，按箭头所示方向向里压锁钩以松脱升降手柄的机构锁，慢慢将升降手柄升起来（见图 2-2-21）。

图 2-2-21　下压升降手柄

确认固定锁销升高，并锁定票箱（见图 2-2-22）。

图 2-2-22　锁定票箱

（7）在维修面板上选择相应的“装载 A 票箱”，输入 A 票箱中所补票卡的数量，如 A 票箱的补票数量为 200，完成补票操作（见图 2-2-23）。

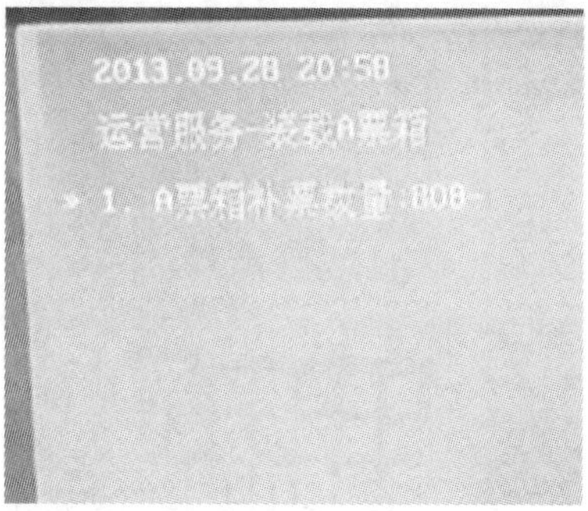

图 2-2-23　完成补票操作

3. 客运值班员与早班售票员下班后结账操作步骤

（1）售票员售票结束后，须将本班所有现金、车票放在上锁的售票盒中，回票务管理室，在监控区域内，先由售票员清点所有实点现金，即为实点金额，再加上预收款，扣除所有备用金就是该售票员的票款收入（即实收总金额）。再将确认的实收总金额交由客运值班员清点，双方确认后，填写售票员结算单实收金额栏。

（2）双方共同清点确认回收的各类车票数量，并填写售票员结算单关窗张数栏，完成结账。在结账过程中，因实收总金额栏记录直接影响售票员结算，所以原则上不得更改。当需更改实收金额栏时，当事售票员、客运值班员需报值班站长，由当班值班站长调查核实后更改，并由当事售票员、客运值班员、值班站长三方共同盖章确认。

（3）客运值班员与售票员在监控范围内当面清点所收款项后，以实点数填写售票员结算单，双方签章确认，将现金交由客运值班员保管，完成后在票务管理子系统“售票员上交票款”模块中录入交接数据。

4. 客运值班员运营期间回收 TVM 钱箱并清点操作步骤

1）自动售票机的更换硬币钱箱操作

（1）打开维修门（见图 2-2-24）。

图 2-2-24　打开维修门

（2）在维修面板上按面板显示要求输入正确的操作员号（ID）和密码进行登录（见图 2-2-25）。

图 2-2-25　登录

（3）成功登录后，选择运营服务中的盘点硬币操作设备就会自动清币（见图 2-2-26）。清币完成后，设备内所有的硬币都会被清到硬币回收箱里。

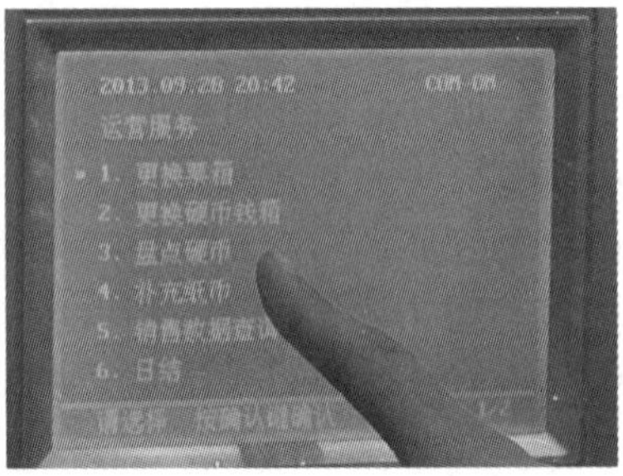

图 2-2-26　盘点硬币

（4）将待更换硬币钱箱翻板推回至支架到位状态（见图 2-2-27）。

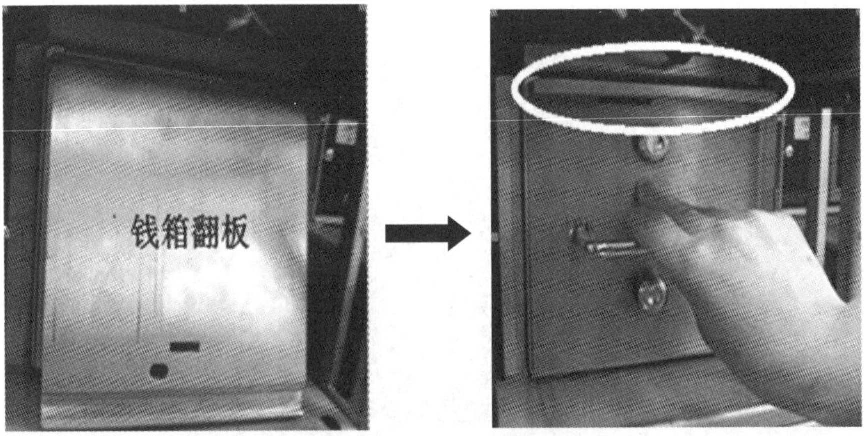

图 2-2-27　推回至支架到位状态

（5）插入钥匙，逆时针旋转，打开支架锁，将待更换硬币钱箱从支架拉出、取下，然后更换上空的硬币钱箱（见图 2-2-28）。

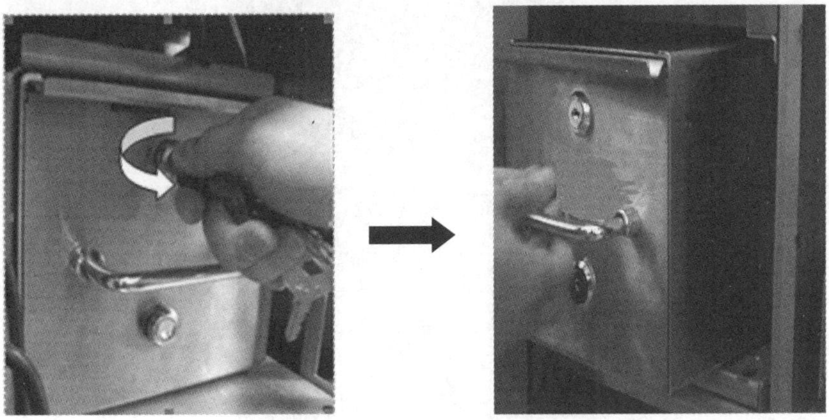

图 2-2-28 打开支架锁

（6）双手将空的硬币钱箱插入支架到位后，顺时针旋转，锁上支架锁（见图 2-2-29）。

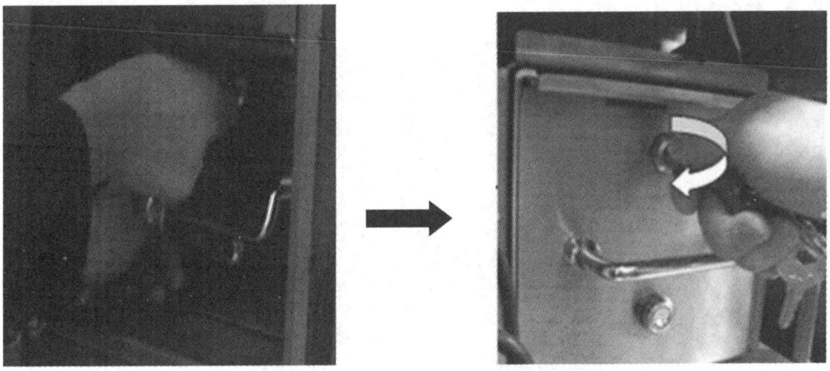

图 2-2-29 锁上支架锁

（7）将空的硬币钱箱翻板拉出至到位状态（见图 2-2-30）。

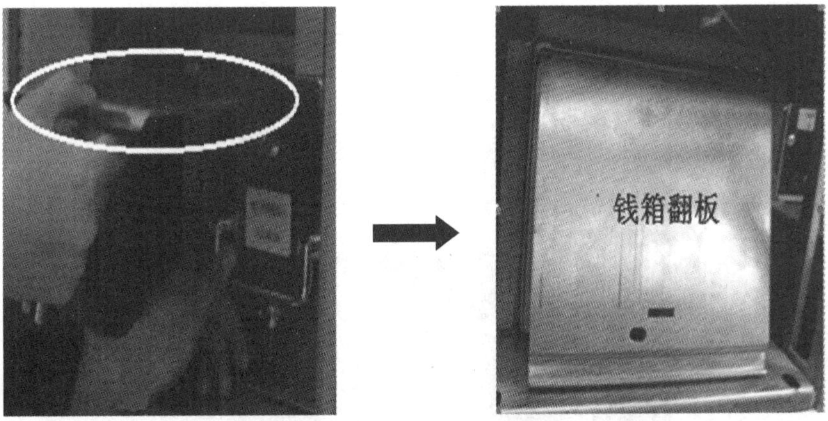

图 2-2-30 拉出钱箱翻板

（8）在控制面板上选择“签退”键进行签退（见图 2-2-31）。

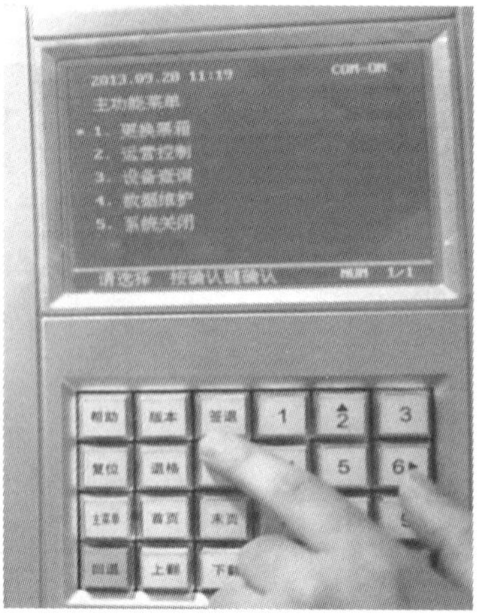

图 2-2-31　签退

（9）推进并关好维修门完成硬币钱箱更换操作，将换出的硬币钱箱运回到 AFC 票务室进行清点（见图 2-2-32）。

图 2-2-32　关好维修门

（10）回收硬币钱箱清点。

① 客运值班员将回收的硬币钱箱打开（见图 2-2-33）。

图 2-2-33　打开钱箱

② 将硬币倒入点币机（见图 2-2-34）。

图 2-2-34　将硬币倒入点币机

③ 记录实点数并与系统自动统计数据核对（见图 2-2-35）。

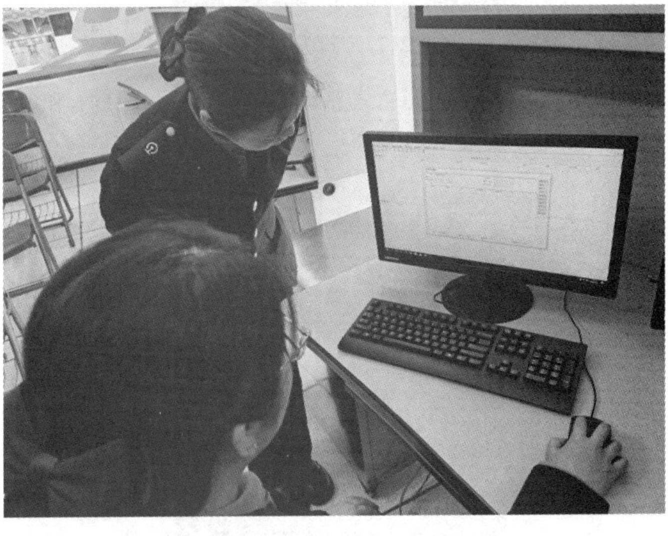

图 2-2-35　核实数据

④ 每清点完一个硬币钱箱，须确保硬币钱箱已倒空（见图 2-2-36）。

图 2-2-36　检查钱箱

2）自动售票机更换纸币钱箱操作

（1）打开维修门（见图 2-2-37）。

图 2-2-37　打开维修门

（2）在维修面板上按面板显示要求输入正确的操作员号（ID）和密码进行登录（见图 2-2-38）。

图 2-2-38　登录

（3）拉动纸币模块下端的“拉出把手”，将纸币模块拖出（见图 2-2-39）。

图 2-2-39　拉出把手

（4）拉开推杆（见图 2-2-40）。

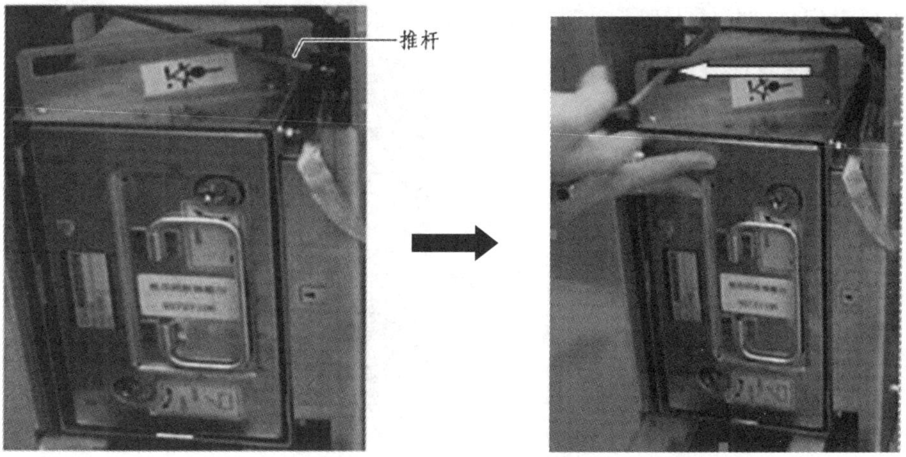

图 2-2-40　拉开推杆

（5）用手向内压住待更换纸币钱箱，打开支架锁，取下待更换纸币钱箱（见图 2-2-41）。

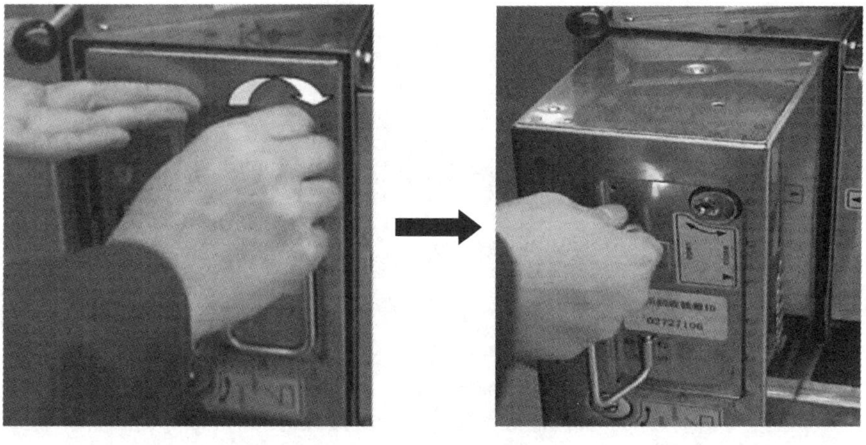

图 2-2-41　更换钱箱

（6）用双手将空的纸币钱箱插入支架到位后，锁上支架锁。锁上后，钱箱自动弹出到位（见图 2-2-42）。

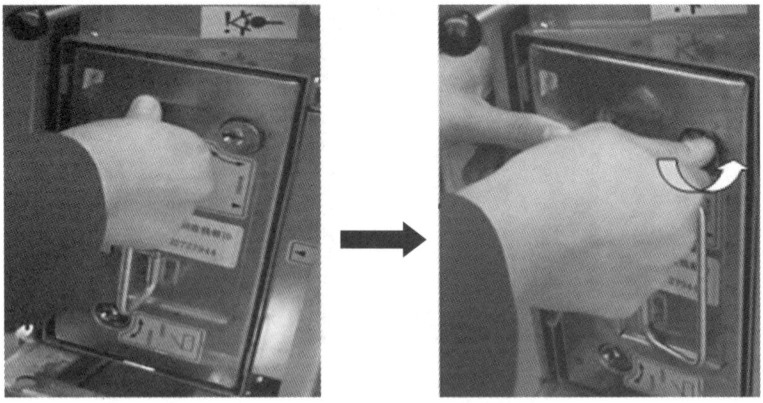

图 2-2-42　锁上支架

（7）压上定位推杆，支架马达进行复位动作，纸币钱箱安装完成（见图 2-2-43）。

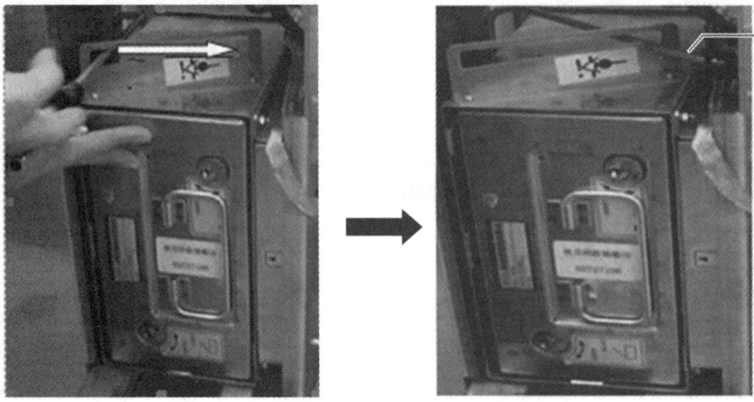

图 2-2-43　安装完成

（8）在控制面板上选择“签退”键进行签退（见图 2-2-44）。

图 2-2-44　签退

（9）推进并关好维修门完成纸币钱箱更换工作，将换出的纸币钱箱运回到 AFC 票务室进行清点。

（10）回收纸币钱箱清点。

① 客运值班员将回收的纸币钱箱打开（见图 2-2-45）。

图 2-2-45　打开钱箱

② 客运值班员与值班站长两人将纸币按不同金额单价分类整理（见图 2-2-46）。

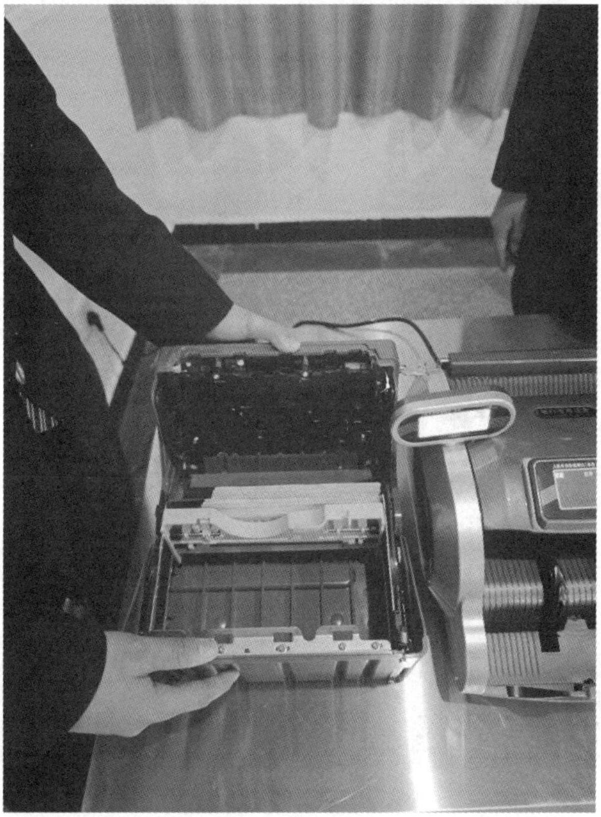

图 2-2-46　分类整理纸币

③ 分类将纸币放入点钞机（见图 2-2-47）。

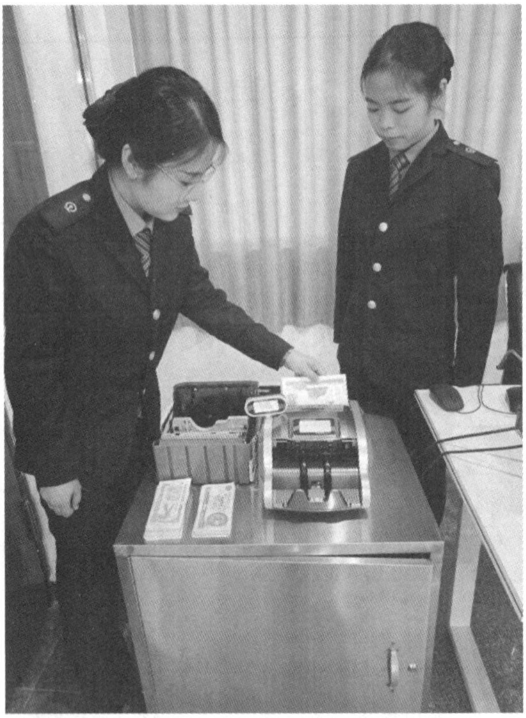

图 2-2-47　放入点钞机

④ 记录实点数并与系统自动统计数据核对（见图 2-2-48）

图 2-2-48　核对数据

5. 客运值班员交接班操作步骤

（1）接班客运值班员应依据客运值班员交接班本上的记录与交班客运值班员当面清点车站票务管理室内所有车票的数量及编号、当日的车票上交单、车票配送单，确认无误后进行签收（见图 2-2-49）。整个过程必须由当班值班站长进行监控。接班客运值班员与值班站长在客运交接班管理模块分别录入相关数据，保存确认后在客运值班员交接班本上签字确认。

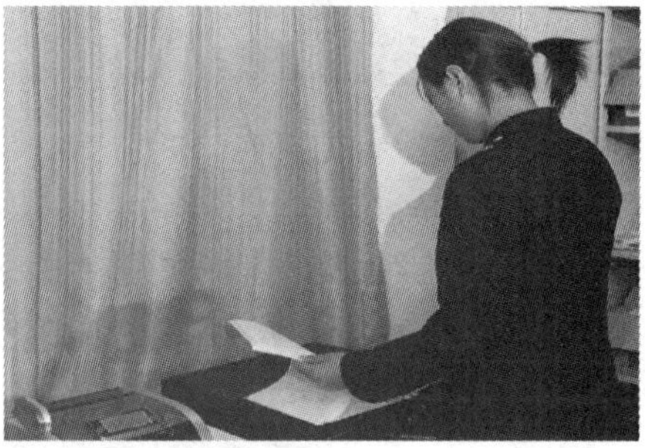

图 2-2-49　车站客运值班员之间进行车票交接

（2）交班时若发现车票数量或信息有误，应及时报当班值班站长。当班值班站长必须到车站票务管理室确认，按实际数量进行签收（见图 2-2-50）。由接班值班员在客运值班员交接班本和车站车票库存日报表中记录相关情况，交班客运值班员、接班客运值班员和当班值班站长三方签章确认，并将情况立即上报站长及时组织调查，并在 5 个工作日内将调查情况报公司票务主管部门。

图 2-2-50　接班客运值班员确认

（3）交接前，交班客运值班员须根据相关原始报表记录核算交接时的票款收入金额及备用金金额，并记录在客运值班员交接班簿和车站营收日报上，作为交接凭证（见图 2-2-51）。

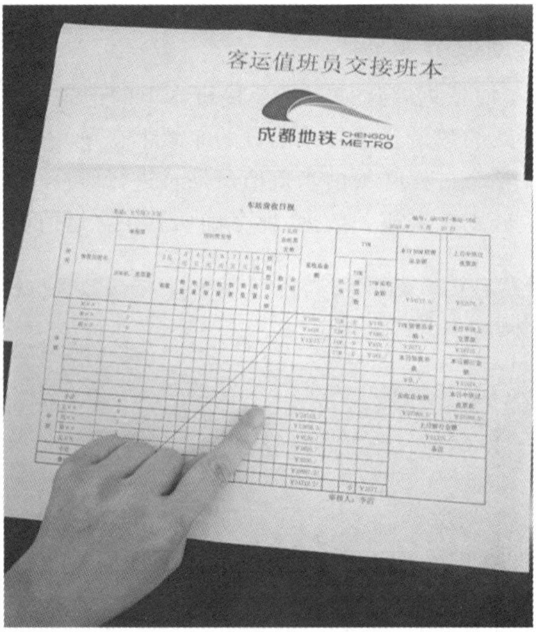

图 2-2-51　交接凭证

（4）交接时，接班客运值班员应依据客运值班员交接班簿和车站营收日报中的记录在监控范围内与交班客运值班员当面清点票务管理室内所有现金，并核对封包数量及金额等，确认无误后在客运值班员交接班簿上签收，并在票务管理子系统“客值交接模块”中插入新记录，录入现金交接情况（见图 2-2-52）。

图 2-2-52　录入交接车票数量

（5）交接时若发现备用金、票款数目有误，须再次进行清点，通过查看录像等方式进行调查，并立即上报站区管理人员，同时按最终确认数量进行签收（见图 2-2-53）。站区管理人员应及时上报运营分公司，由运营分公司负责调查处理。若经分公司调查后，差额原因无法查明，则短款由交班人补足，长款随当天票款解行。

图 2-2-53　当面清点备用金

五、实操考核

（1）梳理客运值班员及行车值班员一日（即不分白班和夜班，24 小时的工作内容）工作流程。

（2）根据所梳理的岗位工作流程，小组讨论假定为某一车站的岗位，并根据车站的开关站时间，设计及编写两个不同岗位一日工作情景，根据本组设定的情境模拟各岗位的工作流程。

（3）各小组按照情境及工作流程先进行桌面推演，然后再进行情境模拟及实操训练。

（4）教师按现场抽签确定角色及其考核的关键任务，并进行现场考核。考核的评判结果作为本小组全体成员的实训成绩。

客运值班员实训考核评分表

组别：　　　　　　组长：　　　　　　成员：

序号	岗位角色	考核项目	考核内容	分值	得分
1	上一班夜班客值	TVM 补币补票	确定补币金额及补票数量，录入 SC，填写交接班台账	15	
			操作 TVM 补充纸币及硬币		
			操作 TVM 补充单程票		
		给早班售票员配票及备用金	准备备用金及车票（单程票和乘次票）	20	
			与售票员双人当面清点交接，并录入 SC		
			填写售票员结算单		
		陪同上岗	陪同早班售票员上岗	5	
		与白班客值交班	清点票务管理室票务设备、车票及现金，与白班客值按交接台账内容进行交班	10	
2	白班客值	接班	清点票务管理室票务设备、车票及现金，与夜班客值按交接台账内容进行接班	10	
		给中班售票员配票及备用金	准备备用金及车票（单程票和乘次票）	10	选做
			与售票员双人当面清点交接，并录入 SC		
			填写售票员结算单		
		与早班售票员结账	清点售票员上交票、款及乘客事务处理单	20	
			计算客服中心票款收入，填写售票员结算单，录入 SC		
		与夜班客值交班	清点票务管理室票务设备、车票及现金，与夜班客值按交接台账内容进行交班	10	
合计				100	
3	夜班客值	接班	清点票务管理室票务设备、车票及现金，与白班客值按交接台账内容进行接班	10	
		回收 TVM 钱箱	回收纸币回收钱箱，回收硬币回收钱箱	25	
			填写钱箱清点报告		
		与中班售票员结账	清点售票员上交票、款及乘客事务处理单	25	
			计算客服中心票款收入，填写售票员结算单，录入 SC		
		结算车站票款日营收入	根据钱箱清点报告及售票员结算单计算车站一日的票款收入，填写车站营收日报	30	

续表

序号	岗位角色	考核项目	考核内容	分值	得分
3	夜班客值	车站一日票款打包、封装、解行，及备用金兑零	根据营收日报，进行票款打包及封装，填写缴款单	10 分	选做
			根据客流状况准备兑零备用金，填写兑零单		
			与银行工作人员进行现金交接		
合计				100 分	

模块三

值班站长一日工作流程

项目一　客流组织方案编制

一、实训目的

在城市轨道交通专业课程理论学习的基础上，学生应掌握城市轨道交通车站值班站长关于客流组织方案编制流程及方法，加强学生对岗位典型工作任务的认知，并能按要求和标准完成值班站长编写客流组织方案的工作任务。

二、实训场所及设施设备

（一）实训场所

（1）实训中心车站模拟实训室；

（2）合作式教室。

（二）实训设施设备

（1）站厅（非付费区与付费区）；

（2）站台（有轨行区）；

（3）AFC终端设备（TVM、BOM、AGM）。

三、实训内容

（1）根据给定地铁车站的资料计算AFC车站终端设备及乘降设备的需求数量。

（2）根据车站站厅公共区布局原则布置AFC车站终端设备及乘降设备，对比分析AGM及TVM不同布设方式，择优确定布设方式，并画出站厅公共区平面布局图及用不同类型的线条或不同颜色的线条标识出进、出站流线。

（3）根据给定车站的客流特点，及车站平面布局特点，编制车站日常客流组织方案。

四、实训步骤

（一）基础知识储备

1. 客流组织的内容及客流组织的原则

客流组织包括日常客流组织及特殊客流组织。车站客流组织工作的主要内容是合理配置客运服务设备设施、合理配备客运服务人员、合理制定管理制度和应急预案。客运服务设备设施的合理配置是指服务设备设施的数量要满足车站规模大小的需求，设置的位置要满足乘客流动的需要；车站的客运服务人员要求专业技能高、服务技巧好、应变能力强；同时，还应制定符合车站特点的管理制度、作业标准及作业流程、突发事件应急处理预案等。

进行客运组织时应遵循以下原则：

（1）合理安排售检票位置、出入口、楼梯，使乘客流动路线简单、明确，尽量减少流线交叉、对流、迂回。

（2）与乘客换乘的其他交通工具之间能顺利连接，人流与车流的行驶路线严格分开，以保证行人的安全和车辆行驶不受干扰。

（3）完善诱导系统，快速分流，减少客流集聚和过分拥挤现象。

（4）满足换乘客流的方便性、安全性、舒适性等一些基本要求。如：适宜的换乘步行距离、恶劣天气下的保护、针对残疾人设计无障碍通道；照明、开阔的视野以及突发事件应急系统等。

2. 客流流线的设计要求

流线是指人或物流动的路线。城市轨道交通车站的流线主要指乘客流线。乘客流线按流动方向不同，分为进站流线、出站流线和换乘乘客流线；按性质不同，分为普通乘客流线和特殊乘客流线。车站日常流线设计包括进站流线设计、出站流线设计，换乘站还包括换乘流线设计。车站的流线设计要求流线最短，尽量避免迂回。

3. 车站平面布局的要求

（1）以车站上下行远期超高峰小时设计客流量来确定车站的建筑规模，根据线路走向及换乘要求确定站台的形式。

（2）依据站内的空间结构及设施的情况进行合理布局，力求减少乘客走行距离，避免流线交叉干扰，避免流线迂回，同时应考虑紧急疏散的需求。

（3）站内设备的设置应以乘客流动顺畅为原则，方便乘客办理乘车手续及满足乘客其他出行需求，力求经济合理，节约用地。

4. 车站客运服务设备的类型及其作用

1）乘降设备

根据乘降形式不同，乘降设备可分为楼梯、电梯（自动扶梯、垂直电梯）和轮椅升降机（见图 3-1-1）。

楼梯

自动扶梯

轮椅升降机

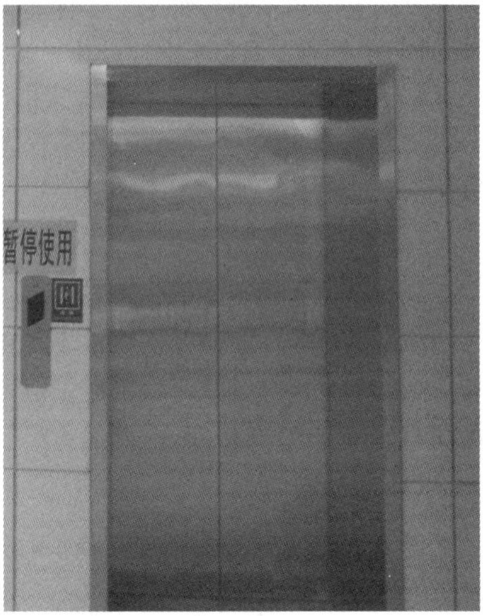

垂直电梯

图 3-1-1　乘降设备

楼梯是最简单易建的乘降设备，投资低、施工简单、管理方便，但易造成人流交叉干扰，导致乘客不便。在车站发生紧急情况时，楼梯主要用于向外疏散乘客，所以车站楼梯平时应保持畅通：任何物品不得堆放在楼梯处，任何人员不得滞留在楼梯处。

自动扶梯是为减轻乘客疲劳，减少人流交叉干扰，增强车站吸引力。所以在条件许可（如提升高度不受限制等）的情况下，在出入口与站厅、站厅与站台间，均应设置自动扶梯。当发生火灾时，车站的自动扶梯须停止运行，作为固定楼梯来疏散乘客。

垂直电梯和轮椅升降机均属于无障碍设计，是供特殊人群使用的乘降设施。车站垂直电梯设置在出入口、站厅层和站台层；轮椅升降机设置在楼梯旁。乘坐轮椅的残疾人可通过轮椅升降台下到站厅层，再经站厅的垂直电梯下到站台层。升降机的上端和下端均设有对讲设备，只要按下对讲机上的按钮即可与车站控制室对话，要求工作人员开梯使用。

2）车站 AFC 终端设备

车站 AFC 终端设备通常有验票机、自动售票机、半自动售票机、自动检票机（又称闸机，主要有进闸机、出闸机、双向闸机）、车站计算机等组成（见图 3-1-2）。

AFC 终端设备是轨道交通自动售检票系统面向乘客的操作应用设备，将自动根据票务处理规则对售、检车票进行处理，并生成和保存车票处理的结果及其他管理信息。

自动售票机

自动检票机（闸机）

半自动售票机（票务处理机）

自动验票机

图 3-1-2　AFC 车站终端设备

自动售票机（TVM）位于车站的非付费区。乘客可以选择用现金（纸币、硬币）或有足够余值的储值票（一卡通）在自动售票机上购买不同票价的单程车票。有些自动售票机有充值功能。

半自动售票机（BOM）（也称票务处理机）位于车站的客服中心（设置在站厅层付费区与非付费区之间，为乘客提供售票、兑零、充值及乘客事务处理），由站务员操作，可以发售单程票、储值票，同时还可以完成车票的有效性分析、补票和给储值票（一卡通）加值等操作。

自动检票闸机（AGM）和车站的隔离设施将车站的站厅隔为非付费和付费区，主要检验车票的有效性、储值卡扣费、单程票回收、收集统计并上传数据等。

验票机（TCM）（自动查询机）分为固定式验票机和手持式验票机两种。固定式验票机安装在非付费区，用于给乘客检查车票的余值、有效使用时间。手持式验票机是一种移动设备，由车站工作人员随身携带，用来对乘客所持车票进行核查，能方便地在付费区内对有关票卡的有效性进行检验并显示检验结果，能及时为解决票务纠纷提供帮助。

3）导乘系统

导乘系统由导向标志及乘客信息系统组成。

导向标志能够无声地给乘客提供方向指示、警告指示及公共信息指示。尤其是在几条线路交会的换乘车站以及实现自动售检票、使用屏蔽门、不设站台乘务员的车站，导向标志尤为重要。乘客可按导向标志顺利快捷地完成进站、购票、检票、乘车、换乘、出站等一系列程序，减少站台的拥挤和混乱，减少乘客在站台的停留时间（见图 3-1-3）。

乘客信息系统（PIS）具有信息发布和信息查询的功能。在正常情况下，播放列车运行信息、政府公告、出行参数、广告及其他交通工具的运行信息，在紧急情况下，中断其他信息，发布各种救援和疏散指示（见图 3-1-4）。PIS 信息发布一般包括文本信息和多媒体信息，其中文本信息包括常规信息、即时信息和紧急信息；多媒体信息包括图像、影音信息。

图 3-1-3　指路牌

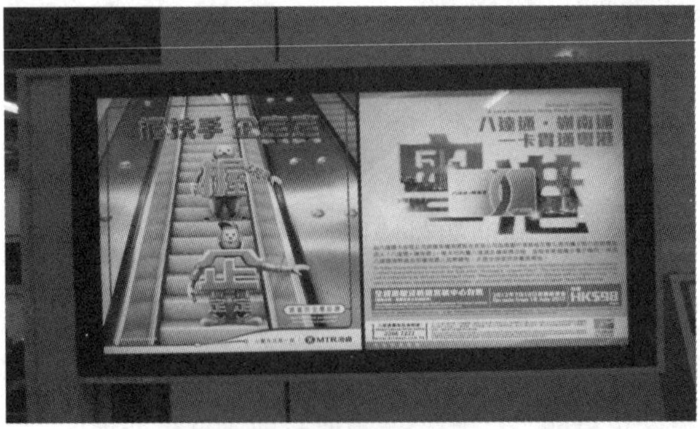

图 3-1-4　LED 显示屏

4）广播系统

正常情况下，车站广播可在通道、站厅层和站台层等公共区对乘客进行导向服务，如报告列车进站离站的实时预告信息，报告相关的安全事项，传播服务信息，或播放音乐、广告等；在列车运行发生紧急情况时，通过该系统及时向旅客通报，可以起到安抚、组织、疏导乘客的作用。同时，为组织好行车应及时将运行信息告知相关工作人员，车站广播还可在设备区向工作人员发布信息。车站广播根据广播的方式，分为自动广播和人工广播，其中自动广播还有集中广播和分区广播的功能。为了实现集中管理，车站广播设备应由控制中心集中播音。控制中心可对所有车站的所有区域播音，也可对某一个车站的某个区域有选择地播音。

5）环控系统

环控系统是指对站台、隧道、设备及管理用房等处所的环境进行空气处理的系统。环控系统由风系统、车站空调水系统、集中供冷系统及防噪系统组成。

风系统又分为隧道通风系统、空调大系统、空调小系统。隧道通风系统分为区间隧道机械通风（兼排烟）系统和车站隧道通风系统两部分。空调大系统是指车站站厅、站台公共区制冷空调及通风（兼排烟）系统。空调小系统是指车站管理及设备用房空调通风（兼排烟）系统。地面站、高架站散热散湿条件好，因此无空调大系统，只有小系统。

车站空调水系统是指各站为供给车站大、小系统空调用水所设置的制冷系统。

集中供冷系统是指将相邻 3~5 个车站的空调用冷冻水汇集到某一处，集中处理。冷冻水再由二次冷冻水泵和管路长距离输送到各车站，以满足车站所需的冷量。

防噪系统主要有安装在站台顶部、车站范围的隧道侧墙，站台下部轨道旁的吸声板，站台屏蔽门，高架轨道交通主要是在线路沿线布置防噪墙。

6）站台门系统

站台门将车站站台公共区与轨行区隔离，能降低车站空调系统的运行能耗，减少列车运行噪声及活塞风对车站站台候车乘客的影响，为乘客提供一个更加舒适、安全的候车环境；同时能防止人员跌落轨道产生意外事故，为车辆的无人驾驶创造条件（见图 3-1-5）。

图 2-1-5　站台屏蔽门

7）照明系统组成及功能

照明设备由正常照明、应急照明和广告照明组成。正常照明分为运营照明及夜间照明。

运营照明是保证车站正常运营时的照明，有公共区域的一般照明、标志照明、广告照明、诱导照明及设备管理用房照明；夜间照明（节电照明）是指运营结束后，为了保证车站的夜间作业能够正常进行，对公共区域执行的节电照明（如关闭广告照明及标志照明等）和设备管理用房的照明。照明设备要求亮度差别不能太大；有安全和舒适的感觉；光色和安装位置不能与信号图上的混淆。

应急照明是车站正常照明发生故障时，为疏散乘客而提供的必要照明，通常由蓄电池提供。当正常照明停电时，应急照明立即启用，一般可维持半小时左右。

车站照明控制可分为车站控制室遥控和就地控制两种方式。车站控制室一般设有一般照明控制盘，通过按钮控制降压站内照明柜可以实现对站台、站厅一般照明、节电照明和区间隧道照明的集中控制。就地控制又分为集中控制和分散控制。集中控制是指在降压站内可对各类照明根据需要进行集中控制；分散控制是指各设备及管理用房进门处设有就地开关箱或盒，可控制相应的设备及管理用房的一般照明。

8）闭路电视监控系统

闭路电视监控系统由车站电视监控系统及控制中心集中监控系统两大部分组成。闭路电视监控系统能够及时向有关人员提供车站各部位的安全情况和客流动态，列车停站、启动，列车门开启、关闭等信息，以实时监视列车的运行情况及乘客的安全。

9）火灾报警系统（FAS）

车站级 FAS 由控制盘、车站级图行命令中心图形及各种外围设备组成。火灾报警系统主要是在第一时间内，将探测器监测到的火灾情况及时传输给报警系统和自动灭火系统。自动报警系统将灯光信号和报警铃声及时反映到控制面板，提示值班人员。而自动灭火系统在得到信号后，切断所有可能有助于燃烧的工作设备，如空调、通风机组的电气线路。同时，接通消防专用设备的工作电路，启动消防设备，如排烟风机、防烟垂壁、管道排烟阀。关闭电动防火门、防火卷帘门，接通火灾事故照明灯、疏散标志灯等。

（二）基础技能储备

（1）查找规范及相关资料，了解地铁车站 AFC 终端设备、乘降设备设置标准。

（2）根据给定的资料，及规范设计要求和平面布局原则，设计车站站厅公共区平面布局。

（3）根据计算的设备数量及设计好的平面布局，铺画车站站厅的平面布局图及进出流线。

（4）根据站厅层平面布局及客流特点，设计车站导向标识布置，并撰写车站日常客流组织方案。

（5）根据实训时间，在小组内任意抽一名成员进行方案汇报。

（三）实训任务操作流程

客流组织方案的编制应依据《城市轨道交通客运组织与服务管理办法》（交运规〔2019〕15 号）、《城市轨道交通运营管理规定》《国家城市轨道交通运营突发事件应急预案》等相关行业法规及企业相关法规、车站规模及客流特点、车站设备设施布局及岗位设置等进行编制，做到“一站一方案”，并根据车站实际客流变化情况及时修订完善。

1. 客流组织方案编制原则

1）内容清晰易懂

（1）结构逻辑清晰，语言表述简单易懂，避免出现口语；

（2）能用图形示意的尽量不用文字。

2）考虑充分，深入挖掘

（1）客流组织预案，应从客流、设备设施及运营组织方法等方面全面考虑；

（2）深入挖掘组织方法和措施，保证客流运送安全畅通。

2. 客流组织方案编制步骤

（1）分析车站周边环境。分析车站周边环境应选取社区、学校、写字楼、商圈、休闲场所等具有代表性的建筑物进行调查了解。

（2）分析车站客流的特点。

①客流成分特点。根据车站周边环境特点，采取乘客情况抽样调查方式，调查客流成分特点。

②客流量变化特点。运用站点调查法，进行车站不同时段及不同区域客流量调查，统计调查数据，分析客流时间分布特征及空间分布特征。

（3）分析车站平面布局设备设施能力：

①分析出入口通过能力；

②分析乘降设备通过能力；

③分析 AFC 终端设备通过能力。

（4）分析行车组织方案。

（5）分析车站客运组织关键点或瓶颈。

（6）分析正常情况下的客流组织措施。

（7）编制日常客流组织方案。

3. 车站 AFC 终端设备的配置要求

车站 AFC 终端设备的配置应满足车站高峰小时客流量的需求，因此其他配置的数量与车站高峰小时客流量及设备的通行能力有关。

1）自动售检票终端设备的通行能力

自动检票机、自动售票机及半自动售票机的最大通过能力如表 3-1-1 所示。

表 3-1-1　自动售检票终端设备最大通过能力

部位名称			最大通过能力（人次 / h）
人工售票口			1 200
自动售票机			300
人工检票口			2 500
自动检票机	三杆式	非接触式 IC 卡	1 200
	门扇式	非接触式 IC 卡	1 800
	双向门扇式	非接触式 IC 卡	1 500

2）确定进/出闸机通道数、自动售票机的理论配置数量

自动检票闸机、自动售票机的设计能力应当满足城市轨道交通车站高峰小时客流量的需求，数量应按照规划年高峰小时客流量计算确定，并为车站运营远期高峰小时客流量预留相应空间及安装条件。

（1）自动检票闸机。

进闸机通道数（理论计算值）＝（上车总人数×超高峰系数÷进闸机每分每通道通过能力÷60）

出闸机通道数（理论计算值、60 秒出站）=（下车总人数×超高峰系数÷列车小时行车对数÷出闸机每分每通道通过能力）

（2）自动售票（充值）机。

自动售票（充值）机台数（理论计算值）＝（上车总人数×超高峰系数÷自动售票机每分售票（充值）的能力）÷60

以上进闸机通道数的计算公式仅用于非换乘站进闸机通道数的计算。换乘车站进闸机通道数的计算应做相应的调整，计算公式如下：

进闸机通道数（理论计算值）=[（上车总人数—该车站在与之换乘线路下车总人数）×该车站在与之换乘线路的换乘系数×超高峰系数÷进闸机每分每通道通过能力]÷60

该公式计算出来的进闸机通道数仅为该换乘站一条线路的进闸机通道数，可用同样的公式计算出该换乘站另一条线路的进闸机通道数。将该换乘站在两条线上计算出的进闸机通道数相加才是该车站总的进闸机通道数。

3）其他终端设备

一般来说双向闸机、自动检票机、票房售票机、便携式验票机的数量无须经过复杂的计算公式计算，可根据每条线路的实际情况进行配置。

在时段客流方向明显的车站，如果站厅面积狭窄，可根据实际情况在靠近客服中心处设置双向闸机；自动验票机根据自动售票机现场安装组数确定，一组自动售票机设一台自动验票机。例如：广州市轨道交通各条线路一个站一般设两台自动验票机；票房售票机是根据客服中心的多少设置的。一般情况下，客服中心的设置应根据出入口客流情况，对应出入口的位置设置一个客服中心同时为付费区和非付费区服务，一个客服中心至少应设一台票房售票机；便携式验票机则视情况配置，每条线根据需要配置。

4. 车站 AFC 终端设备的布置原则及布设方式

1）车站 AFC 终端设备的布置原则

车站 AFC 终端设备的布置原则这里不再赘述，详见教材。

2）进出站自动检票机的布设方式

（1）进站自动检票机的布设方式。

按照进站自动检票机布设位置与进站客流流线方向之间的位置关系，主要分为平行行人流线布设和垂直行人流线布设两类。

平行行人流线布置，即自动检票闸机的通道平行于行人流线，乘客从车站出入口进入通道后可以直行到达自动检票闸机处，乘客购买车票后也可较快达到进站自动检票机处，如图3-1-6（1）所示。平行行人流线的布设方式在我国轨道交通车站自动检票机布设方案中有着广泛应用。因为这种布设方式可以方便乘客找到进站自动检票机的位置，避免不必要的绕行。但为了使进站闸机的每一台闸机都能够得到最充分利用，采用此种布设方式时，应注重考虑进站闸机与进站客流流线行走路径的关系。

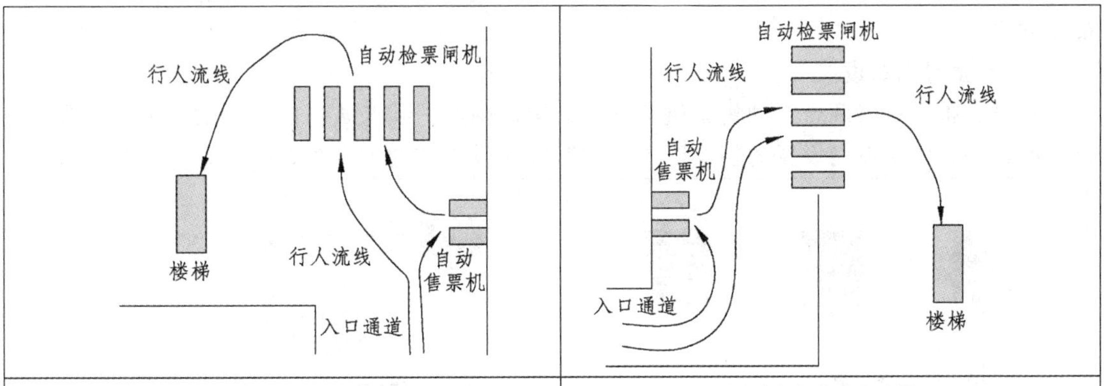

(1)平行行人流线布置　(2)垂直行人流线布置

图 3-1-6　自动检票机的布设方式示意图

垂直行人流线布设，即自动检票闸机的通道垂直于行人流线，乘客从车站出入口进入通道后需要转弯后方可到达自动检票闸机处，如图 3-1-6（2）所示。采用这种布设方式可以保证各自动检票闸机能够得到比较充分的利用。这种布设方式使乘客易受到其他流线干扰，但压缩了乘客的排队空间。

（2）出站自动检票机的布设方式。

出站客流具有明显的周期循环性，短时间内会在出站自动检票机前聚集大量乘客，这对自动检票闸机带来了更大的冲击。换乘站、与铁路枢纽衔接的站点一般有着较大的出站客流，出站自动检票机需要及时将出站客流疏散，避免相邻两车次下车乘客重叠。因此，出站检票闸机配置数量一般要多于进站检票闸机数量，出站自动检票闸机的布设位置一般远离楼梯通道口，避免短时间内的排队乘客影响楼梯处乘客的通行。

3）自动售票机的布设方式

地铁站的规模直接制约售票机数目和售票区大小。当自动售票区域的空间大小一定时，区域内配置的自动售票设备可以根据需要选择不同的布设形式，因而又形成了自动售票机操作界面与乘客流线的相互位置关系。

（1）直线型布设。

直线型布设是将自动售票机的人机交互界面位于同一直线上，此种方式主要考虑自动售票终端之间的距离。若距离过短，则相邻队列内乘客之间易相互干扰，进而影响售票区域的整体服务水平，同时自动售票机的能力也得不到充分利用。若距离过大，则会造成车站空间配备售票机的数目减少，使售票系统的服务能力受到限制。该种形式主要应用于站厅面积大、乘客流动性不强的车站空间构架，典型范例是铁路车站内单独设置的售票大厅。直线型布设方式如图 3-1-7（1）所示。

（2）错位型布设。

错位布设是将自动售票机的横向和纵向平面均保持一定的水平位移。这种形式主要应用于车站规模较小、售票空间不足的情况，如图 3-1-7（2）。

（3）背对背布设。

背对背布设是将背向设置的两台自动售票机在中间将购票乘客队列分隔开，如图 3-1-7（3）所示。该种布设形式一般应用于售票厅中央，成都地铁 2 号线的行政学院站即采用此种布设方式。

（4）面对面布设。

面对面布设是将两台自动售票机分列于售票区两侧，乘客队列位于售票区中央位置。该布置形式一般用于专门设置的售票厅内，面对面布设方式的示意图如图 3-1-7（4）所示。

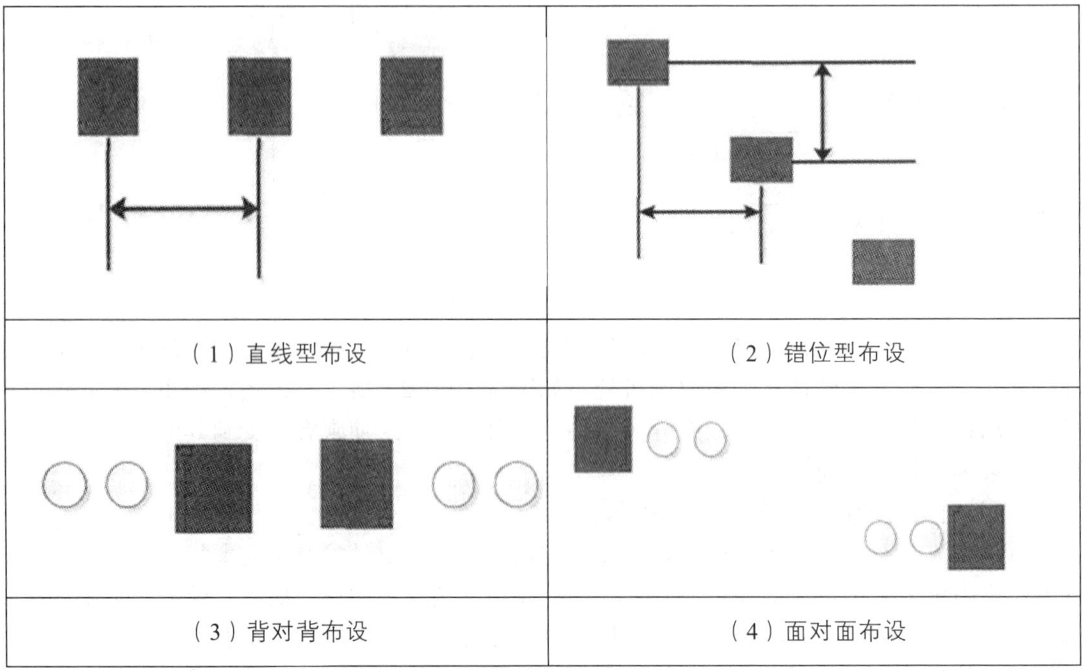

（1）直线型布设　（2）错位型布设　（3）背对背布设　（4）面对面布设

图 3-1-7　自动售票机的布设方式

4）半自动售票机（票房处理机）的布设方式

半自动售票机（票房处理机）布设在客服中心内，应根据客服中心的设置来确定其布设方式，要求能同时面向付费区和非付费区服务。

5. 车站基础资料

以成都 AAA 站为例，来合理布置站厅 AFC 终端设备。本站为中间站，北接金桥医院站，南接益州大道站，位于 AAA 军用机场范围以外西南侧，武侯大道以北，AAA 军用机场专用路以东。该地块地铁线路开通后交通便捷，对周边影响大，具有突出的居住和商业投资价值。项目规划总体以地铁车站为核心，将该区域建设成为具有核心影响力和辐射效应的示范小区，多层与高层住宅相结合，配置多层裙房作为商业部分满足周边市民生活需求。地铁上盖及风亭出入口部分与商业出入口、中心绿化带巧妙结合，合理统筹商业流线、居住区人行车行流线、地铁出入口流线，相互提升，以最大限度地满足人们便利的生活条件。

1）车站外部情况简介

AAA 站位于规划地块内，周边道路均未拓宽，仅有部分道路宽 7~8 m。车站站位东北方向为 AAA 军用机场，其余方向均为厂房，站位示意图如图 3-1-8（1），车站周边情况如图 3-1-8（2）所示。

（1）AAA 站位示意图

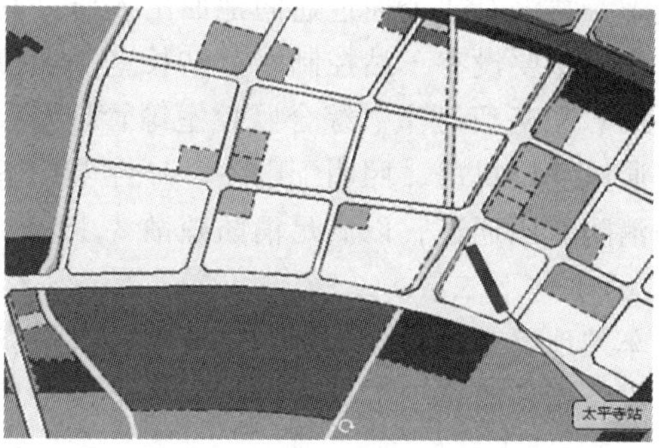

（2）AAA 站周边规划用地图

图 3-1-8　AAA 站周边情况

AAA 车站共设置 3 个出入口（其中 2 个预留出入口）、2 组风亭、1 个无障碍电梯、2 个消防专用出入口。

2）车站的客流资料

车站客流量预测如表 3-1-2 和表 3-1-3 所示。

表 3-1-2　AAA 站早高峰小时客流量统计表

车站名称	年份	早高峰						超高峰系数
		上行			下行			
		上车	下车		上车	下车		
AAA站	2023	1 575	1 365		450	953		1.25
	2030	1 939	1 762		674	1 178		
	2045	4 277	3 678		1 348	2 052		

表 3-1-3　AAA 站晚高峰小时客流量统计表

车站名称	年份	晚高峰						超高峰系数
		上行			下行			
		上车	下车	断面	上车	下车	断面	
AAA站	2023	1 083	861		731	1 197		1.25
	2030	1 306	1 005		1 004	1 349		
	2045	2 370	1 263		1 379	2 124		

3）车站建筑布置

（1）地下一层。

车站地下一层为站厅层，由中部公共区及两端设备及管理用房区（设备区）3部分组成。

公共区划分为付费区和非付费区，由进、出闸机和固定栅栏分隔。付费区位于车站中部，车站通过4组楼梯、扶梯和一台电梯与站台层联系，无障碍电梯设置在中部付费区内。非付费区位于付费区周围，在非付费区内设有足够的乘客集散空间，布置有自动售票机等公共服务设施，共设有4个通道通向地面出入口，其中有2个通道为预留。

车站主要设有车站控制室、站长室、环控电控室、站务室、公安值班室、公安通信设备室、AFC票务管理室、综合监控室等管理及设备房间，布置在车站大里程端。车站小里程端设有通风空调机房、照明配电室、环控电控室等少量设备用房。站厅层共设有2个直接出地面的消防专用通道，以满足消防疏散要求。

（2）地下二层。

车站地下二层为设备层，主要布置大量设备管理用房，两端均设有楼梯与站厅设备区联系。设备用房含牵引混合变电所、弱电设备房间、环控机房等。

（3）地下三层。

车站地下三层为站台层，采用13m宽双柱三跨岛式站台，有效站台长度为186m。中部为公共区，均匀布置4组楼梯、扶梯、一台电梯与站厅层联系。公共区两端为设备用房区，主要设有污水泵房、照明配电室、等设备用房。

（4）通道、出入口。

车站共设置4个出入口。A出入口设置在主体东南侧，宽度为6.5m，设置一部楼梯，两部自动扶梯；B出入口设置在主体东北侧，宽度为6.5m，为预留出入口；C出入口设置在车站西北侧，宽度为6.5m，设置一部楼梯，两部自动扶梯，一部垂直电梯；D出入口设置在主体西南侧，宽度为6.5m，为预留出入口。A出入口为战时主要出入口，C出入口为战时次要出入口，B、D出入口临战封堵。

（5）风亭、冷却塔。

车站共设两组风亭，均为矮风亭。1号风亭组布置在35m宽规划道路与30m规划道路交叉路口西北侧规划地块内。2号风亭组布置在30m宽规划道路与20m规划道路交叉路口西南侧规划地块内。

（6）其他。

车站共设置2个消防安全出入口，其中，1号安全出口与1号风亭组内的新风亭合建，2号安全出口与2号风亭组的新风亭合建。

车站列车开行对数如表3-1-4所示。

表3-1-4　列车开行对数

序号	年份	列车开行对数/h
1	2025	18
2	2030	24
3	2045	27

五、实训考核表

本项目的考核成绩由平时训练出勤和纪律考核与提交的设计方案两部分组成，分别占考核成绩的50%。

客流组织方案实训考核评分表

小组名称及成员：

考核内容	评分标准	自评（30%）	师评（70%）		合计
设备数量计算（20%）	有计算公式，有结果				
设计方案比选（20%）	有方案比选过程，有结论				
站厅公共区域平面布局图（20%）	布局图完整、清晰、整洁干净				
岗位设置情况（10%）	有岗位数量及职责认定				
客流组织方案（30%）	层次清楚、内容完整、方法合理				

项目二　车站投诉处理

一、实训目的

在城市轨道交通专业课程理论学习的基础上，学生应掌握城市轨道交通车站值班站长关于客运方面的工作内容（车站投诉处理的方法和流程），加强学生对岗位的认知，并能按作业标准来完成值班站长的工作。

二、实训场所及设施设备

（一）实训场所

（1）实训中心车站模拟实训室；
（2）合作式教室。

（二）实训设施设备

（1）站厅（非付费区与付费区）；

（2）站台（有轨行区）；

（3）AFC 终端设备（TVM、BOM、AGM）。

三、实训任务

根据情境模拟的内容和实例，有效处理车站现场的投诉，培养以人为本的服务意识。

（1）梳理值班站长处理车站投诉的工作流程。

（2）根据所梳理的岗位工作流程，小组根据给定案例或者情境，也可以自创车站投诉情境进行讨论，根据本组设定的情境模拟投诉处理中各岗位的工作流程。

（3）各小组按照情境及工作流程先进行桌面推演，然后再进行情境模拟及实操训练。

（4）教师按现场抽签确定角色及其考核的关键任务，进行现场考核。考核的评判结果（包括小组互评和教师评分）作为本小组全体成员的实训成绩。

四、实训步骤

（一）基础知识储备

1. 投诉的概念及分类

乘客事务，分为乘客服务事务及乘客票务事务。

乘客服务事务有乘客咨询、乘客建议、乘客表扬及乘客投诉。当乘客提出咨询时，员工应停止手中的工作驻足仔细聆听，如果咨询事项比较复杂，应做好记录；如乘客咨询的事务属于站务人员职责范围内的问题，员工应立即答复乘客；如乘客咨询的事务属于站务人员职责范围外的问题时，员工应告知乘客咨询的处所，必要时，员工可以引导乘客前往该处进行咨询；对于属于地铁客运服务之外的合理问题，也应尽量回复乘客，或告知乘客可以获取相关信息的方式，以最大限度地满足乘客需求。

当乘客对站务人员的服务很满意时，则会提出表扬。对于乘客提出的表扬员工应当场表示感谢；如乘客以小费、现金、礼品等财物表示感谢则不得随意接受，如确实无法推脱，应当在车站日常乘客事务处理表中记录并将财物上交公司；当乘客赠送锦旗等以表扬时，锦旗等物应由所表扬的集体或个人妥善保存。

乘客建议是指乘客对轨道交通系统中提供的服务活动等客观存在的人或事提出自己的见解或意见，使其具备一定的改革和改良的条件，使其向着更加良好的、积极的方面去完善和发展。当乘客提出建议时，员工应仔细聆听，做好记录，并对乘客的热心建议表示感谢。对于曾经提出过建议的乘客，客服热线应定期回访，以体现对乘客意见的重视。

当乘客在乘坐轨道交通过程中实际感知到服务质量与自身的期望存在差距（或良好的愿望不能得到满足）时，就会产生不满意或抱怨，把这种情绪通过口头或书面的方式表达出来，即乘客投诉。乘客投诉可以采取电话、信函、面谈、互联网形式进行。

按责任是否属于城市轨道交通单位，可分为有责乘客投诉和无责乘客投诉两大类。有责投诉按事件的性质及产生后果的轻重，又可以分为一类有责乘客投诉、二类有责乘客投诉和三类有责乘客投诉。不同地铁对投诉的归类有所不同。

2. 投诉处理的流程

投诉的处理一般要经过投诉受理、投诉调查、投诉化解及服务持续改进 4 个阶段。

1）投诉受理

投诉受理是企业收到来自乘客的投诉对与投诉有关的内容及信息进行收集整理的过程，是解决乘客投诉的基础环节。受理投诉作为投诉处理过程之一，主要是记录投诉者的详细信息、乘客对服务不满的描述及乘客的要求，即谁投诉、投诉什么、为什么投诉及有何投诉等 4 方面的内容。投诉记录的形式可以多种多样，可以是表格形式、文字报告形式，也可以是照片、录音、录像、光盘等媒介形式。

受理乘客投诉时要学会聆听。首先，聆听可以让乘客宣泄不满，可以了解乘客的需求，为处理投诉奠定基础。其次，聆听可以听到乘客的弦外之音，耐心引导乘客将他真正的不满讲出来，从而对症下药。当乘客发泄不满时，不要急于打断他，也不要急于辩解，应微笑而视，表现出对他的问题很重视、很关注。对于乘客的问题不要有先入为主的判断，不要以一个专业人士的眼光看待、判断乘客的问题，要站在“门外汉”的角度聆听、理解乘客的问题。

受理乘客投诉时要学会提问。提问的过程中，行之有效的是“漏斗式”的提问，通过提问可以将乘客的不满一步步锁定在更小的范围。但在这个过程中需要提问者思路清晰，逻辑性强，如毫无逻辑地发问，会始终问不到重点，耽误时间，以致更加让乘客不满。提问分为开放式的问题和封闭式的问题。在提问初期，适合用开放式的问题，之后为了控制时间和锁定问题关键，适宜用封闭的问句。

2）投诉调查

投诉调查是处理投诉的关键环节，只有核查清楚投诉事件的真实情况，分清责任，才能公正地解决乘客投诉。企业对投诉进行调查时要做好准备工作，即确定参与调查的人员、调查的范围及调查的内容和方式。

3）投诉化解

投诉化解是指投诉调查完成之后，企业根据调查结果给投诉乘客回复，把企业的处理投诉意见告诉乘客，努力化解投诉，争取与投诉者达成共识。投诉化解包括两部分的内容：一是企业经过调查后对乘客的回复；二是如回复不被乘客接受，则应立即制定更为有效的处理方案，直到乘客满意。

化解乘客投诉时要学会管理乘客的期望。首先，企业要明确乘客的期望值，告诉他哪些可以满足，哪些不能满足，目的是与乘客达成共识。其次，要正确处理不合理的乘客期望。以行业标准来确定乘客的期望就不合理，如果整个行业都没有满足乘客某种需求的先例，那乘客的这个期望值就不合理。再就是从影响乘客期望的可控因素着手，适当降低乘客的期望值，将乘客期望控制在一个相对较低的水平，则更容易让乘客满意。

化解乘客投诉要学会表达企业整改的诚意。首先，企业要对给乘客造成的不便和损失真诚道歉，道歉的人可以是处理投诉的人员，或是被投诉者，也可以是企业的相关负责人，甚至是最高管理者亲自出面。其次，向投诉者赠送礼物、纪念品也是对投诉乘客做出的一种积极回复，特别是那些给企业带来建设性意见的投诉者，企业应给予相应的鼓励和感谢。此举可有效调动乘客为企业出谋划策的积极性。最后，可向乘客说明由于投诉带来服务或设备等方面的变化，这是使投诉乘客产生成就感的好方法。

4）服务持续改进

服务持续改进是增强处理投诉过程能力的循环活动，以满足投诉乘客不断增长的投诉要求。持续改进的核心目的是改善服务产品的特性和提高处理投诉过程的有效性，其重点是企业积极采取相应的纠正措施以及创新性改进，消除导致投诉发生的现有和潜在的原因，防止问题发生或重复发生，保持处理投诉程序有效且高效运行。

（二）基础能力储备

（1）能够根据实际的投诉情境案例，分析投诉产生的原因，并能正确地叙述。

（2）能够运用投诉处理技巧理论根据实际发生的投诉进行处理。

（三）实训任务操作流程（投诉案例情境）举例

事件经过：2022 年 4 月，某站早班厅巡站在站厅 B 端闸机处引导乘客出闸，这时一名女乘客正准备抱着一个女孩出站。由于女孩看起来已经较高，厅巡走过去说："女士，您的小孩已经很高了，麻烦你带小孩过来量一下身高是否超过 1.2 m，如果超过需要补票。"女乘客带小孩出闸后在 1.2 m 身高度量标尺前测量后发现小孩已超过 1.2 m。于是厅巡带着乘客到票亭补票，但当乘客听到需要补票 8 元时非常生气，厅巡又再次向乘客解释了票务政策，乘客还是很气恼，拉起小孩就往出入口走。厅巡追出去，并用对讲机报车控室。值班站长听到报告后立即赶到现场，看到乘客正十分生气地与厅巡理论。值班站长立即上前询问乘客有什么需要帮助处理的，并向乘客解释规定。乘客表示同意去量身高，经度量，该名乘客的女儿脱鞋后的身高刚好 1.2 m。此时厅巡又再次走过来说："小孩乘坐地铁是穿着鞋子的，那现在就要穿着鞋子量。"乘客激动地向值班站长说："你的员工是什么态度啊？这分明是有意刁难我，浪费我的时间，她的员工号是多少？我马上去投诉她。"值班站长听乘客说要投诉，连忙向乘客解释，希望乘客将此事交由车站处理，但乘客以赶时间为由拒绝了，随即离开。之后，乘客电话致服务热线投诉。

思考：

（1）写出投诉处理的流程及其原则。

（2）分析此案例中乘客投诉的原因。

（3）如何去发现乘客投诉的心理？此案例中，乘客投诉的心理是什么？

（4）总结值班站长岗位避免投诉产生的服务技巧。

五、实训考核表

车站投诉处理实训考核评分表

学生姓名：　　　　所在小组：　　　　总分：

考核名称	考核内容	分值	小组互评（40%）	教师评价（60%）	合计（100%）
仪容仪态 语言手势（10 分）	仪容仪态	5			
	语言手势	5			

续表

考核名称	考核内容	分值	小组互评（40%）	教师评价（60%）	合计（100%）
投诉情境设置合理，有创新意识（30分）	情境设置合理，结构完整	15			
	情境具有典型性，结合现场，有创新性	15			
模拟处理投诉流程（30分）	各岗位设置完整	8			
	模拟流程是否完整	15			
	模拟过程有无失误	7			
处理投诉正确与否（30分）	处理投诉步骤正确	10			
	处理过程中值班站长处置妥善，各岗位配合协调	20			

项目三 电话闭塞法组织行车

一、实训目的

通过本实训项目，学生应掌握电话闭塞法组织行车的流程，能够对列车进行定位并填写列车定位卡，能够正确接收行调命令并填写调度命令登记簿，能够按照电话闭塞法接发列车、填写并递交路票、报点并填写行车日志；能够根据线路情况人工办理进路；能够强化岗位责任意识、团队协作精神、规范操作习惯。

二、实训场所及设施设备

（一）实训场所

天府校区城轨实训中心车控室模拟实训室。

（二）实训设施设备

（1）IBP 盘、综合监控系统；
（2）车站车控室仿真实训室、调度电话、对讲机等设备。

三、实训内容

（1）根据列车定位信息，判断列车进站方式，并正确填写列车定位板。
（2）根据列车定位信息，对列车位置进行核对。
（3）根据行调发布调令正确复诵并填写调度命令登记簿。
（4）分组梳理两站间电话闭塞法岗位流程（联锁站—非联锁站）；编写电话闭塞法接发

列车岗位流程脚本，并进行桌面推演。

（5）正确填写并递交路票、正确报点并填写行车日志。

（6）正确人工办理进路。

四、实训步骤

（一）基础知识储备

1. 电话闭塞法的概念

电话闭塞法没有机械、电气设备控制，全凭制度约束来保证闭塞作用，因此办理手续必须严格。为保证同一区间在同一时间内不会用两种闭塞方法，避免一个区间同时放入两趟列车，在停用基本闭塞法改按电话闭塞法或恢复基本闭塞法时，都必须确认区间空闲，并须根据调度命令办理。遇列车调度电话不通时，闭塞法的变更或恢复，应由该区间两端站的车站值班员确认区间空闲后，直接根据电话记录办理。

2. 电话闭塞法的启用条件

（1）遇 OCC 中央工作站及车站工作站上均无法对一个或多个联锁区内运行车辆进行监控时。

（2）遇折返站采用站前折返方式且折返进路上的道岔故障需人工扳动时。

（3）车场与正线联锁失效或信号接口故障时。

3. 列车定位

1）列车所在位置前方空闲且无道岔

如故障区段区间内停有列车，行调确认列车停车位置至前方站线空闲且无道岔后，应及时组织区间内列车以 RM（限速 25 km/h）模式运行至前方车站停车待命。

2）列车所在位置空闲，有道岔

如列车停车位置至前方站线空闲，但列车停车位置前有道岔，行调应通知相关车站对道岔进行单锁或采用钩锁器锁定，方可通知司机运行至前方站。

3）列车所在位置压在道岔上

行调应先通知司机降弓后，再通知车站对道岔进行单锁或采用钩锁器锁定，下线路人员无须摇动被轧道岔的转辙机，对该转辙机的遮断器断电操作后，直接在第一牵引点规定位置进行钩锁器安装（只钩不锁），钩锁器安装完毕后向行调报告。

行调收到报告后方可通知司机升弓运行至前方站，待此列车限速通过道岔后再对钩锁器进行加锁。

4. 电话闭塞法的流程

电话闭塞法的流程如图 3-3-1 所示。

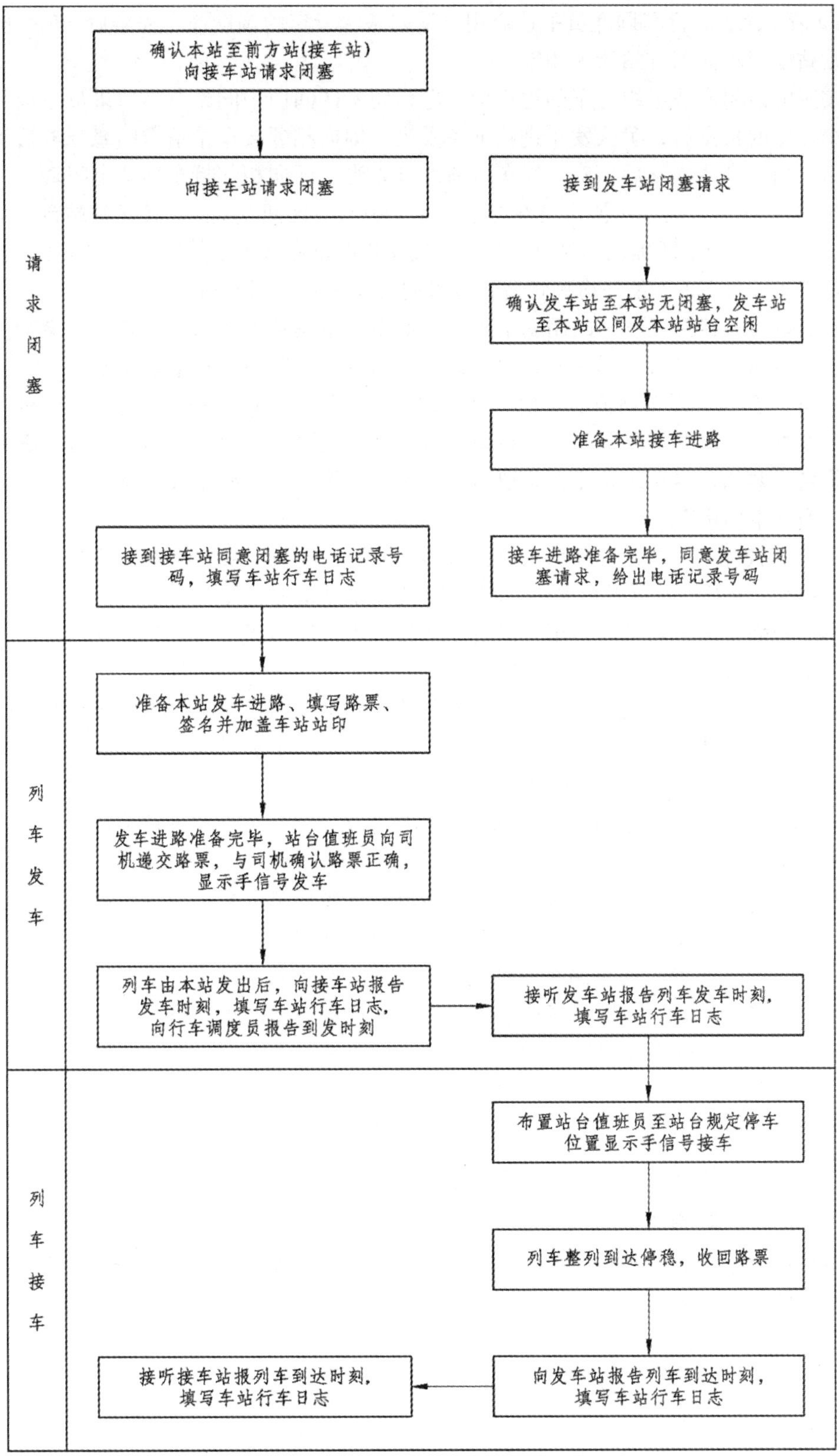

图 3-3-1　电话闭塞法流程

（1）请求闭塞。行车调度员下达启用电话闭塞法行车的调度命令完毕后，车站值班员即可为本站站停列车向前方站请求闭塞。

在按照电话闭塞法组织行车的过程中，电话闭塞区间内中间站车站值班员在接到相邻发车站列车发出的报点后，确认发车进路准备妥当，即向相邻接车站请求闭塞。电话闭塞区间始发车站在列车到达本站后，确认发车进路准备妥当，即向相邻接车站请求闭塞。

（2）承认闭塞。接车站值班员在检查满足“一站一区间”空闲（接车站站台、发车站与接车站的区间空闲），即确认本站站台空闲、接车进路准备妥当、前次列车的路票已注销（电话闭塞首趟车除外）3 个条件均具备后，方可同意发车站的闭塞请求。

车站值班员在接到发车站的闭塞请求时，如本站不具备接车条件，要立即给予不同意闭塞的回复；本站一旦具备接车条件，要立即主动与发车站联系办理电话闭塞。

（3）填写路票。发车站值班员要将接车站同意闭塞的电话记录进行登记，即写入车站行车日志后方可填写路票。路票可由站台值班员在站台按照车站值班员指示填写。值班员要在路票上签名，并加盖本车站站印。路票填写要求字迹清楚，不得涂改。路票一式两份，正联交司机，副联本站留存。

（4）交换路票。车站递交路票人员在将路票交付给司机前要再次对路票的书写内容逐项核查，确保路票的书写内容正确无误。除始发站外，车站值班员将司机手中的路票收回以后，方可将本站的路票交给司机。列车发出后，站台值班员应向车站值班员报告列车发出及收回路票的信息。对收回的路票要画“×”注销，由车站留存。

（5）阅读路票。路票是司机驾驶地铁车辆进入区间的唯一凭证，司机接到路票以后要认真阅读路票，与车站值班员核对路票的车次、区间、站印正确无误，并确认站台值班员给出的发车信号正确后，方可驾驶车辆进入区间。

（6）列车发车。站台值班员在确认路票交接作业、列车关门作业已完成后，才可向本次列车发出发车手信号。

（7）出发报点。列车由本站发出后，车站值班员将列车从本站出发的时间点记录在车站行车日志上，然后立即向接车站报告发车时刻，向行车调度员报告到发时刻。

（8）列车接车。前方接车站在得到发车站的发车报点后，迅速安排车站行车人员至站台规定停车位置接车，向列车显示停车手信号；列车司机根据停车手信号显示停车，如无行车人员显示停车手信号则按规定停车位置停车并向行车调度员汇报；列车整列到达后，接车站向司机收取路票，并向发车站报点，发车站进行复诵。

（9）解除闭塞。在列车整列出清本站，确认闭塞解除条件满足后，接车站向发车站解除闭塞，发出闭塞解除的时分及电话记录号码，后方站进行复诵；双方填记车站行车日志。

5. 路票使用的相关规定

路票是在使用电话闭塞法行车时，根据区间空闲相邻两站所承认闭塞的电话记录号码而填发的行车凭证（见图 3-3-2）。

路　　票

电话记录第______号

第______次列车

自____________站　至____________站

____

____

____

______站（站印）　　　车站值班员（签名）______

20　年　月　日填发

注：一式两份，司机一份，车站存根一份

图 3-3-2　路票样式

（1）在确认闭塞区间空闲，并取得接车站承认闭塞的电话记录号码，发车进路准备完毕后方可填发路票。路票原则上由车站值班员填记后递交车站行车人员，在特殊情况下可由车站行车人员代为填记。车站行车人员必须与车站值班员进行复核，无误后，方可将路票递交给列车司机。

（2）路票必须具备电话记录号码、车次号、方向、行车专用章、值班员签名、日期、调令号码。所有要素都要填写完整。

（3）路票填写不得擅自增添字句或涂改，否则应视为废票，须重新填写。车站值班员须在路票正面对角画“×”、反面手写“作废”字样，并注明作废原因，从上部撕口后按上、下行分开整理保存。

（4）采用电话闭塞法反向运行时，除按电话闭塞流程办理外，还需在备注栏中注明“反向运行”，并在路票左上角加盖反向章。

（5）办妥电话记录手续后，临时变更列车车次时，应重新办理电话记录手续，如已填发路票，应将原路票回收并作废，另行填发路票。

（6）列车司机在接到路票后须对路票进行确认，确认准确无误后按规定行车。

（7）列车到达接车站后，车站值班员应及时收回路票，在路票正面对角画“×”以示注销，从上部撕口后按上、下行分开整理保存。

（8）路票填写的日期以接车站承认闭塞的时间为准，零时前办理的闭塞，列车司机如在零时后收到路票，仍视为有效。

6. 发现错误路票及行车凭证丢失的处理

（1）列车司机在车站发车前发现错误路票时，严禁动车，并应将错误路票退还车站。车站收回错误的路票，重新填写正确的路票。

（2）列车司机在发车后发现错误路票时，应立即停车并报告行车调度后按行车调度指令运行，将错误路票交至接车站。

（3）接车站发现回收的路票错误时，应在相关行车报表中记录，并报告行车调度。

（4）列车司机取得路票并确认正确后，遇在途中丢失时可继续运行至接车站，将情况报告接车站值班员和行车调度员。车站值班员应在相关行车报表中记录说明。

7. 取消闭塞的办理要求

（1）闭塞办妥后，因故不能接车或发车时，立即发出停车手信号进行防护并报行车调度。列车退回发车站后，由提出车站发出的电话记录号码作为闭塞取消的依据。

（2）列车出发后途中退回发车站时，由发车站发出电话记录号码作为取消闭塞的依据，取消闭塞应及时向行车调度员报告。

8. 人工办理进路

1）进路道岔处于正确位置

当进路道岔处于正确位置时，只需要确定道岔开通位置，然后安装钩锁器并加锁。

2）进路道岔开通位置不正确

当进路道岔位置不正确时，按照手摇道岔六步曲完成对道岔的操作，值班站长进行安全防护。

（二）基础能力储备

（1）能根据行调命令对列车位置的通报，正确填写列车定位板；

（2）能根据行调命令，正确填写调度命令登记簿；

（3）能根据线路情况，正确办理进路。

（三）实训任务操作流程

（1）接收行调列车定位信息，并填写列车定位板。

以成都地铁一号线人民北路至高线段为例。行车值班员填写行车定位板后，再与站台岗站务员核对列车信息。

（2）接收行调命令，填写调度命令登记簿（见表 3-3-1）。

表 3-3-1 调度命令登记簿

日期	命令发出或接受时刻	命令			复诵人姓名	受令人姓名
		命令号码	受令处所	命令内容		

（3）根据电话闭塞法接发列车（各站接车两列，发车两列）。

（4）填写路票并递交路票。

（5）报点并填写行车日志（见表 3-3-2）。

表 3-3-2　行车日志（　　　　　　站）

年　　月　　日　　值班员：　　当班时间：																										
上行														下行												
到达							出发							到达							出发					
	时分			电话记录号			时分			电话记录号					时分			电话记录号			时分			电话记录号		
车次	同意后站发车	后站出清	本站到达	承认闭塞	本站出清	取消闭塞	前站同意发车	本站出清	前站出清	前站承认闭塞	前站出清	取消闭塞		车次	同意后站发车	后站出清	本站到达	承认闭塞	本站出清	取消闭塞	前站同意发车	本站出清	前站出清	前站承认闭塞	前站出清	取消闭塞

五、实训考核

（1）小组联合演练，完成 4~6 站间电话闭塞法接发列车流程。表现突出的同学获得小组额外加分。

（2）小组考核：教师按现场抽签的形式确定角色及其考核的关键任务，进行现场考核。考核的评判结果作为本小组全体成员的实训成绩。

电话闭塞法组织行车实训考核评分表

项目	考核内容（100 分）	得分	备注
列车定位（15 分）	1. 正确填写列车定位板（10 分）		
	2. 列车位置核对（5 分）		
接收调令（15 分）	1. 复诵调令（5 分）		
	2. 正确填写调度命令登记簿（10 分）		
电话闭塞法接发列车（70 分）	1. 请求闭塞（联动用语正确）（5 分）		
	2. 同意闭塞：确认区间空闲，联锁站办理进路（10 分）		
	3. 人工办理进路流程正确（15 分）		
	4. 同意闭塞，给出电话记录号，行车日志填写正确（10 分）		
	5. 正确填写路票，复诵及用语正确（10 分）		
	6. 递交并核对路票（10 分）		
	7. 手信号发车并报告列车出清（5 分）		
	8. 正确填写行车日志并向邻站报点（5 分）		

项目四 突发事件应急处理

一、实训目的

检验值班站长及各岗位在突发大客流、车站发生火灾、突发雨水浸入等各类事件中的车站指挥调度、监控及信息通报、客流组织和协调、事故抢险和救援能力，提高学生处理各类突发事件的能力以及动手能力和实践中分析问题、解决问题的能力，提升学生应急处理的心理素质。

二、实训场所及设施设备

（一）实训场所

天府校区城轨实训中心应急仿真实训室。

（二）实训设施设备

（1）应急处理实训室，配合应急虚拟仿真系统操作系统；
（2）合作式教室；
（3）车站车控室仿真实训室、调度电话、对讲机等设备。

三、实训内容

（1）分组分岗位，团队协作在仿真系统中完成车站公共区火灾的应急处理，梳理火灾的应急处理流程，完成应急预案；

（2）分组分岗位，团队协作在仿真系统中完成车站屏蔽门故障的应急处理，并梳理屏蔽门故障的应急处理流程，完成应急预案；

（3）分组分岗位，团队协作在仿真系统中完成车站水害的应急处理，梳理车站发生水害的应急处理流程，完成应急预案。

四、实训步骤

（一）基础知识储备

1. 城市轨道交通安全影响因素

城市轨道交通系统是一个在时间、空间上分布很广、开放、动态的系统，城市轨道交通运营安全影响因素包括人、机、环境和管理 4 个要素。

1）人的因素

影响城市轨道交通安全的人有两类：城市轨道交通工作人员和运营系统以外的人员。

（1）工作人员。

工作人员影响安全的因素有 4 个方面：安全意识、精神状态、遵守规章制度的习惯和应急能力。

（2）运营系统以外的人员。

运营系统以外的人员不直接从事运输活动，因此，对他们的安全素质要求主要体现为要严格遵守城市轨道交通运营安全法规等有关规定，具备城市轨道交通安全法规常识，具有较强的安全意识和一定的安全技能等。

2）设备因素

城市轨道交通的设备主要包括车辆设备、信号设备、客运机电设备、线路设备、供电与变电设备、消防设备、环控设备和监控设备等，任何一个设备的故障都可能导致安全事故的发生。同时，这些设备中绝大多数是电气设备，一旦发生电气火灾事故，后果不堪设想。要保证设备安全，城市轨道交通应做好以下工作：一是优化设备设施配置，采用技术先进的设备，并保证设备有一定的冗余量，在设备出现故障时能提供备用设备；二是加强设备安全隐患的排查，采取班检、日检、周检、月检、年检和不定期检查等方式对设备安全隐患进行排查，保证设备能保持良好的运行状态；三是加强设备的养护维修，给维修人员提供学习培训机会，提升员工的维修技术技能，减少设备故障对运营的影响。

3）环境因素

环境因素的影响是指系统所处的自然环境和社会环境异常（如暴雨带来的洪水泛滥，暴雨雪引起的停电，社会不稳定引起的罢工或怠工，以及恐怖分子造成的爆炸等）时对城市轨道交通安全的影响。一般来说，环境因素是影响安全的间接原因，而且短时间内不易解决。环境因素包括运营环境、社会环境和自然环境。

（1）运营环境。

运营环境是指由城市轨道交通系统硬件组成的环境，包括车站、线路的建成环境和设备设施的配置环境等。城市轨道交通的运营环境非常特殊，地下车站和隧道区间这些密闭的空间环境，加上人员密集、流线交叉，会对乘客、工作人员的心理和情绪造成不良影响，从而带来一些安全隐患。又如单轨列车在高架区间出现故障时的救援难题，使城市轨道交通的安全管理工作十分被动。为此，城市轨道交通应严格按照建设标准做好工程建设，同时努力改善运营硬件环境，不断思考并进行技术创新，给运营安全增添保障。

（2）社会环境。

社会环境包括系统内部安全文化氛围环境和外部社会大环境。内部安全文化氛围环境主要与员工的知识文化水平、社会经济地位以及家庭环境有关；而外部社会大环境与整个国家的政治环境、经济环境、技术环境、管理环境、法律环境以及社会风气有关。

（3）自然环境。

自然环境是指由自然界提供的、非人工加工的大自然环境，它包括天气（暴雨、大风、浓雾、冰雪天气等）、季节（春、夏、秋、冬）、时间（白天、黑夜）、自然灾害（地震、台风、瘟疫）和地形、地质条件等。

4）管理因素

管理方面的安全因素来自 3 个方面：一是领导层面对企业的违章管理和管理不到位；二是运营企业对工作人员、设备设施、运营环境等方面的管理不到位；三是运营企业对乘客或其他运营系统外部人员的管理不到位。为此，城市轨道交通应建立健全管理机构，制定完善的管理制度和条例，划清各管理单位的职责，落实安全生产管理措施，把安全管理工作贯穿于生产活动的各个环节。

2. 应急处置原则

（1）统一指挥，逐级负责。参与应急救援的单位在应急指挥机构的统一领导下，各司其职、逐级负责。

（2）以人为本，科学决策。遇突发事件，要贯彻“安全第一，生命至上”的要求，把保障乘客生命财产安全作为应急处置工作的出发点，采取有效措施将人员伤亡和经济损失降到最低限度。

（3）先通后复，有效应对。在应对突发事件的过程中，要以最快的速度设法先行通车、疏通线路，尽量缩短行车中断时间。

（4）常备不懈，预防为主。城市轨道交通企业对突发事件要有充分的思想准备，把应对突发事件落实在日常工作中，增强预警分析，提高防范意识。

3. 应急响应

一般地，应急响应行动可以按照事件的可控性、严重程度和影响范围，由高到低划分为Ⅰ级（特别严重）、Ⅱ级（严重）、Ⅲ级（较重）、Ⅳ级（一般）4个级别。

Ⅰ级响应行动，由城市轨道交通公司应急指挥部组织实施，运营总部应急抢险领导小组（以下简称“抢险领导小组”）及现场指挥部配合，相关单位执行应急预案。

Ⅱ级响应行动，由运营总部抢险领导小组组织实施，处置方案必要时需报总公司领导决策，现场指挥部配合，相关单位执行应急预案。

Ⅲ级响应行动，由运营总部事发中心抢险领导小组组织实施，现场指挥部配合，相关单位执行应急预案。

Ⅳ级响应行动，由运营总部运营中心下属单位收到应急信息报告后执行应急预案。超出本级应急处理能力时，报请上一级应急机构启动上一级应急预案。

4. 安全事故等级划分

一般事故，死亡1～2人，重伤1～9人（包括急性工业中毒，下同），直接经济损失100万元～900万元，上报市级，县级处理。

较大事故，死亡3～9人，重伤10～49人，直接经济损失1 000万元～5 000万元，上报省级，市级处理。

重大事故，死亡10～29人，重伤50～99人，直接经济损失5 000万元～1亿元，上报国务院，省级处理。

特别重大事故，死亡30人以上，重伤100人以上，直接经济损失1亿元以上，上报国务院，国务院处理。

以上各条件为或的关系，符合一项即可定性。

（二）基础能力储备

（1）能够判断突发应急事件的类型；

（2）能够根据车站不同岗位的岗位职责，对火灾、水灾、设备故障等进行应急处理。

（三）实训任务操作流程

1. 车站火灾现场公共区域处置

（1）发生火灾时，行车值班员查看FAS工作站确认火灾处。

（2）查看CCTV监控火灾现场（见图3-4-1）。

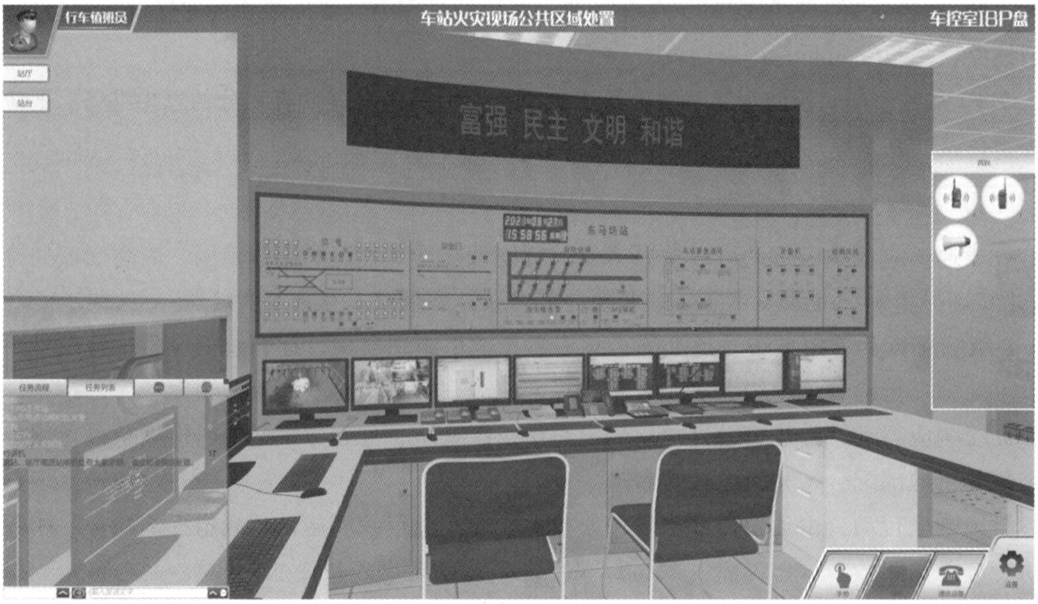

图 3-4-1　查看监控火灾现场

（3）用对讲机通知票亭引导乘客。
（4）用环调电话通知站厅发现浓烟。
（5）用公务电话通知客运调度和站长站厅发现浓烟。
（6）值班站长用对讲机通知站务员穿好消防服到现场支援。
（7）值班站长拿灭火器、防烟面具，并移动至站厅（见图 3-4-2）。

图 3-4-2　移动站厅

（8）站务员拾取消防手套、消防战斗靴、消防服、消防帽、消防腰带、消防斧、空气呼吸器，穿上消防服后前往火灾现场（见图 3-4-3）。

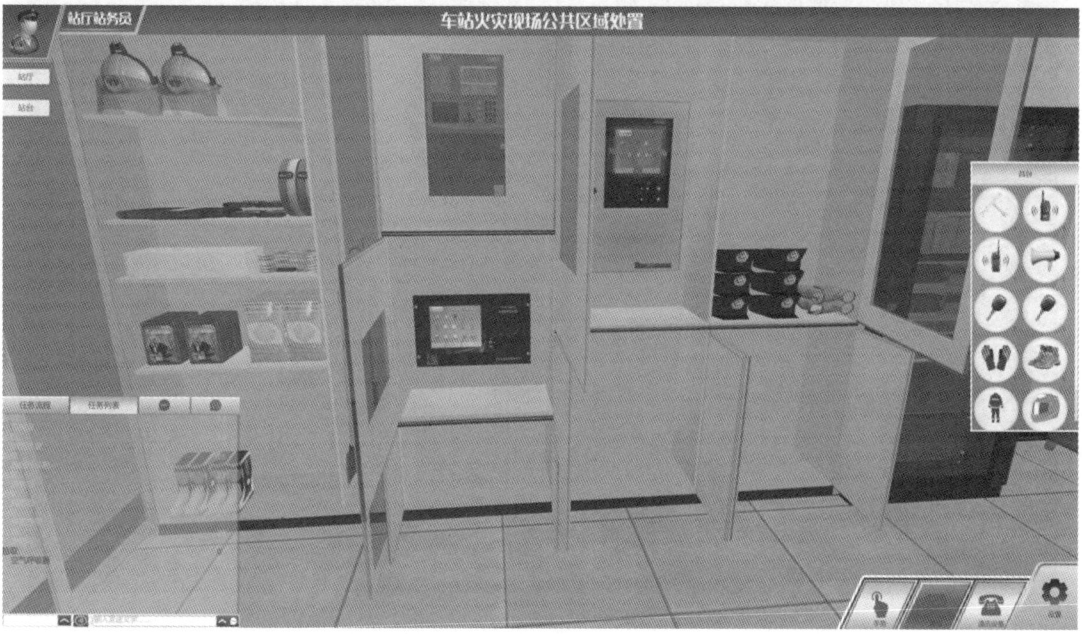

图 3-4-3 穿戴消防护具

（9）值班站长和站务员用灭火器对准火源根部灭火（见图 3-4-4）。

图 3-4-4 灭火

（10）客运值班员前往车控室拿取关站告示。然后前往关闭 a 出入口 b 出入口上下行电扶梯和直梯（见图 3-4-5）。

图 3-4-5　关闭电梯

（11）火势变大，值班站长通过对讲机向行调申请列车越站并告知各岗位启动应急处置程序，有序引导乘客出车站（见图 3-4-6）。

图 3-4-6　火势变大

（12）检查中部直梯有无遗留乘客。检查完后关闭直梯，并用喊话器通知乘客有序撤离车站。行车值班员接到通知后按下确认火灾按钮，转换 AFS 开关至自动位（见图 3-4-7）。

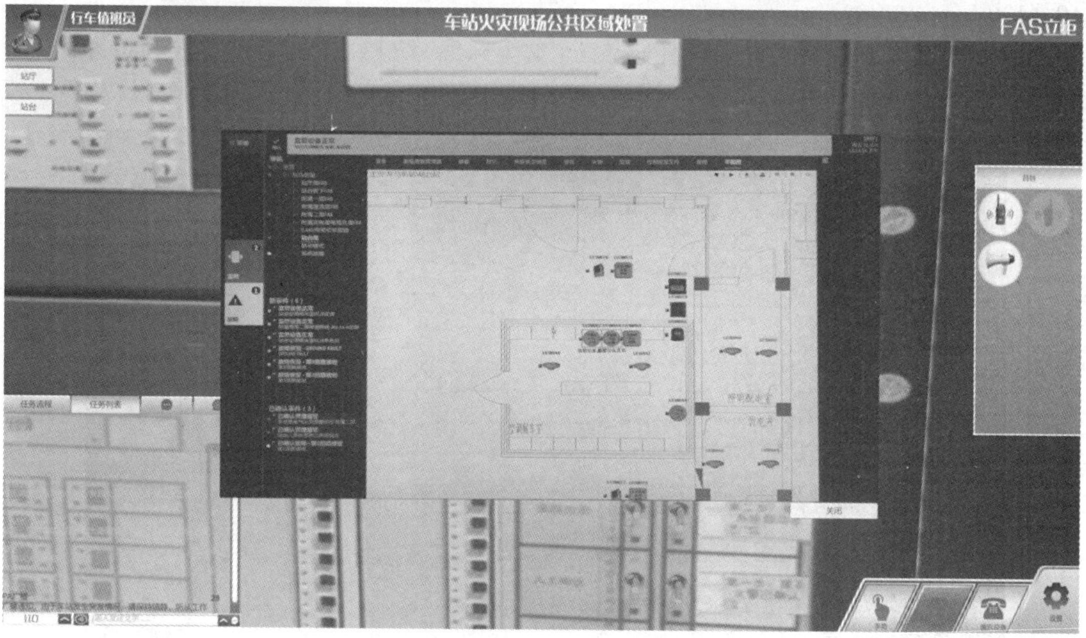

图 3-4-7　按下确认火灾按钮

（13）用 PA 广播：车站发生突发情况，保持冷静，听从指挥。用行调电话通知行调申请越站，关站。用对讲机通知行调，值站同意关站。按下 IBP 盘 AFC 紧急释放按钮（见图 3-4-8）。

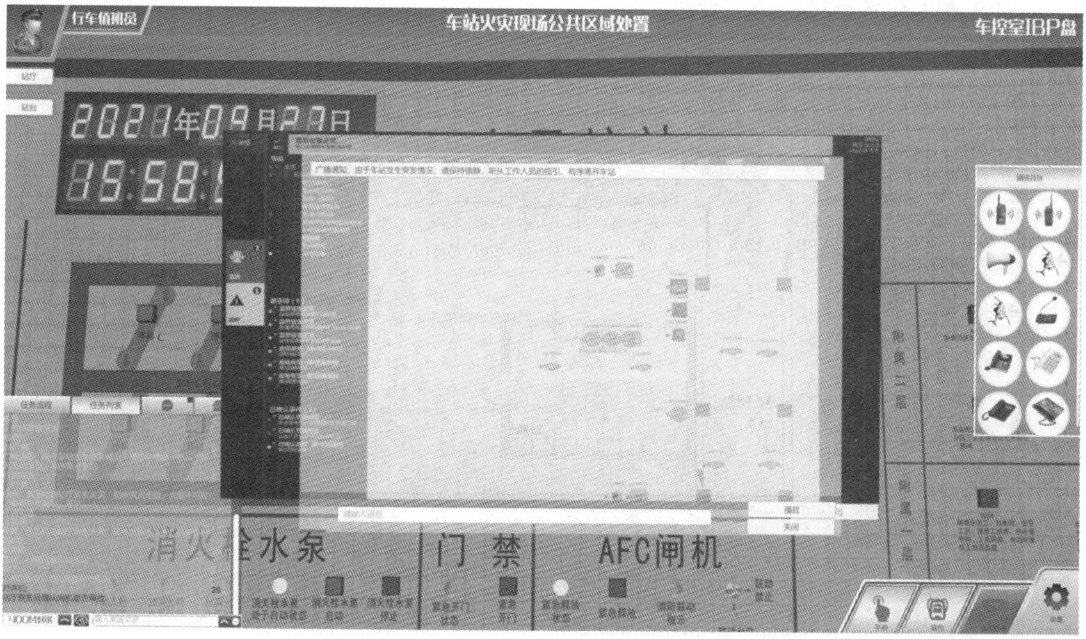

图 3-4-8　按下紧急释放按钮

（14）用对讲机向站务员确认是否释放。释放后用公务电话通知 119、120，火灾形势不可控，请求支援。用对讲机通知保洁员接应 120、119。通知信息调度火势不可控关站并通知 119、120。

关站工作完成后使用对讲机联系车控。车站全部乘客疏散完毕，除应急出口以外，其他出口全部关闭（见图 3-4-9）。

图 3-4-9　关闭出口

行车值班员告知行调、信息调度、客运调度、站长、环调乘客疏散完毕，现场交给 119 处理。

（15）火灾扑灭后口呼通知各岗位检查设备，准备恢复运营。行车值班员前往车控室 FAS 和 IBP 盘，做好重新开站工作（见图 3-4-10）。

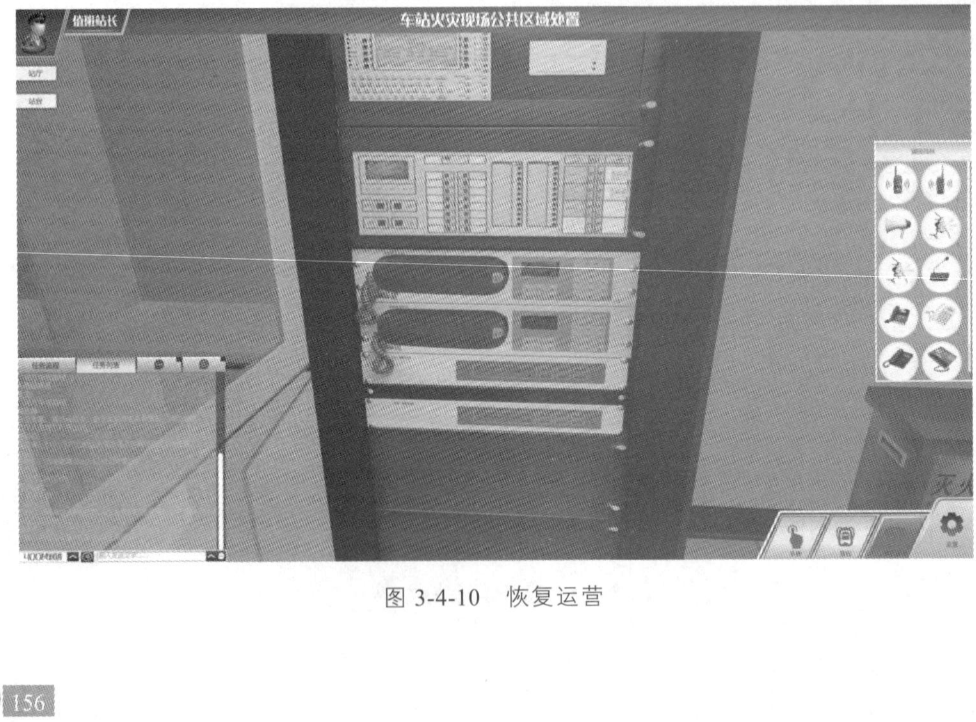

图 3-4-10　恢复运营

2. 整侧屏蔽门无法正常开启应急处置

列车到站后，站台门未自动打开，司机手动开门失败，站台安全员发现后汇报行值“XX站上（下）行整侧站台门不能打开，手动开门失败”（见图 3-4-11）。

图 3-4-11　站台门无法开启

行值接报后，确认无乘客倚靠站台门后，执行 IBP 盘紧急开门，开门失败后立即通知值站，并及时汇报给行调、工长、站长，向环调、综调报修（见图 3-4-12）。

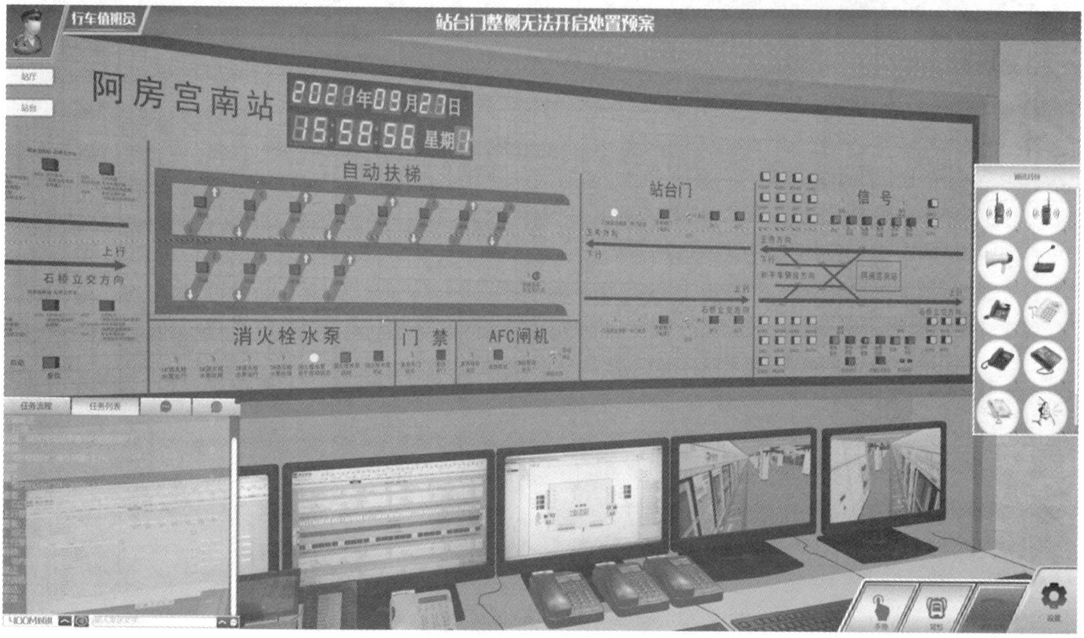

图 3-4-12　保修

值站接报后立即启动应急处置程序，组织车站员工携带钥匙等备品立即赶赴现场（见图 3-4-13）。

图 3-4-13　携带钥匙赶赴现场

行值听取行调本次列车越站的指令（折返站带客折返），通知站台安全员执行互锁解除，播放广播并通知现场人员做好乘客务解释工作（见图 3-4-14）。

图 3-4-14　播放广播

值站进入站台门控制室，对故障侧站台门实施断电。行值命令站台人员“故障侧站台门退出服务，所有滑动门手动解锁开门，加强安全巡视”（见图 3-4-15）。

图 3-4-15　加强安全巡视

值站组织车站员工手动解锁打开滑动门。

开门应跳跃进行，先期按“隔 2 开 1”的方式解锁开门，再打开其他滑动门，以保证后续列车进站时每节车厢都有打开的滑动门（见图 3-4-16）。

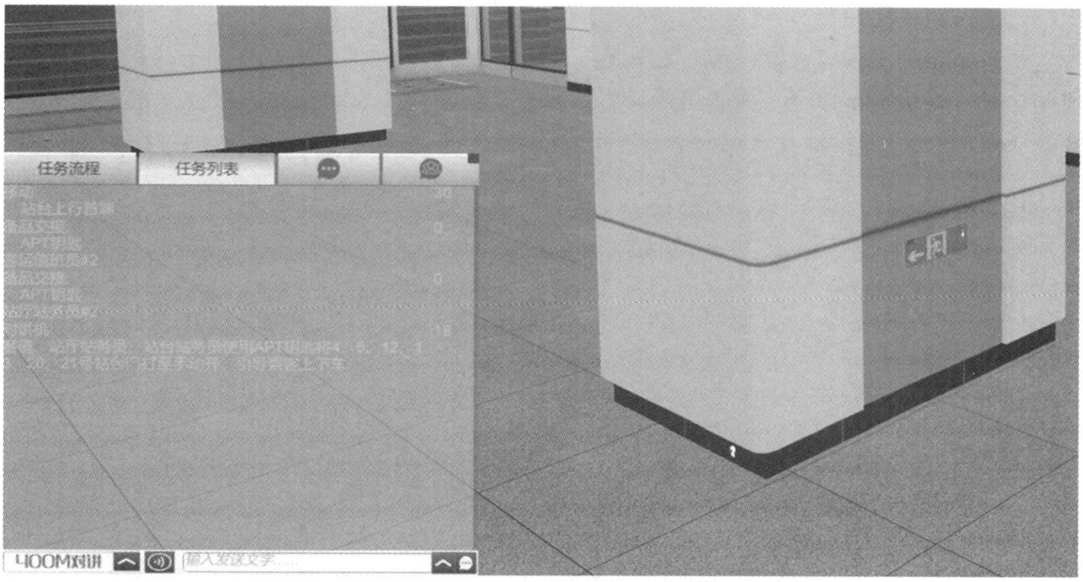

图 3-4-16　解锁打开滑动门

故障侧的所有滑动门打开后，值站指示站台人员加强站台安全巡视，引导乘客有序候车，并向行值报告“故障侧所有滑动门已手动解锁打开”。

专业抢修人员到达后，经行调同意后，配合专业故障抢修。故障修复后，行值通知站台人员及时执行互锁恢复，并汇报行调。

在接到车站已执行互锁恢复的汇报前，行调通知后续列车司机该站站台门已执行互锁解除，注意安全（见图 3-4-17）。

图 3-4-17　恢复行车

3. 地铁车站水害（降雨水害）应急处置

行值接到暴雨预警，各部门启动应急响应。

值班站长到出入口查看雨情（见图 3-4-18）。广播提醒乘客：地面楼梯易滑，注意安全。值站通过对讲机报车控室，关闭出入口电扶梯，各岗位分工应对车站灾害性降水。

图 3-4-18　查看雨情

行值通知值站，发布暴雨橙色预警，各部门启动暴雨橙色应急响应（见图 3-4-19）。

图 3-4-19　启动暴雨应急响应

行值接行调通知，B 口需搭建防洪墙。

值站报车控室，B 口搭建防洪墙，引导乘客至其他出入口进出站。

值站移动到 B 口应急备品箱（见图 3-4-20）。

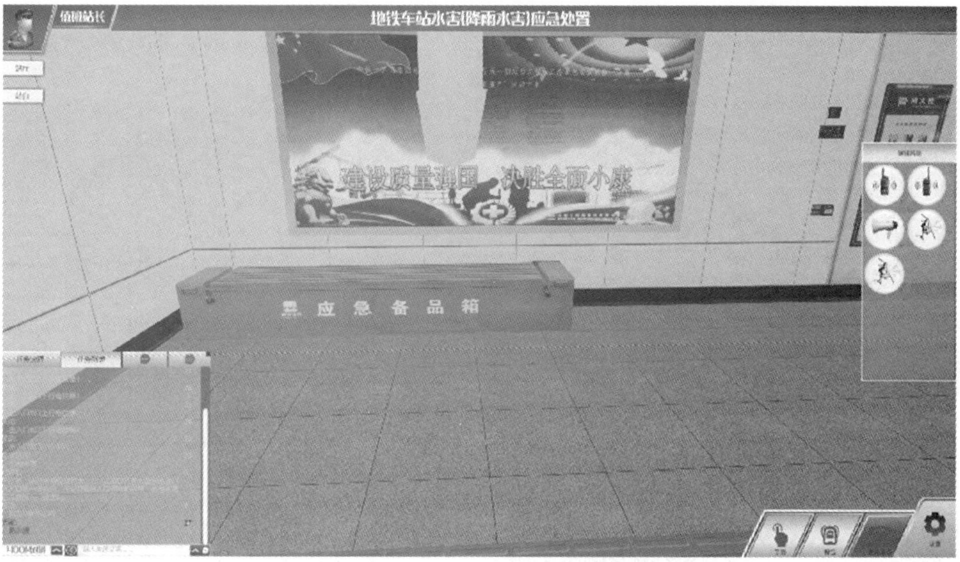

图 3-4-20　移至 B 口应急备品箱

取 L 型防洪挡板、防汛专用沙袋并使用。

站厅站务：B 口出入口右侧缝隙放置防汛膨胀袋（见图 3-4-21）。

值站报车控室，B 口出入口防洪墙搭建完毕。

图 3-4-21　放置防汛膨胀袋

电话通知工电调度、驻站公安、到站支援。

行值：接行调通知，雨势过大，现搭建第二道防洪墙，申请关闭 B 口。

搭建第二道防洪墙，申请关闭 B 口，引导乘客从其他出入口进出（见图 3-4-22）。

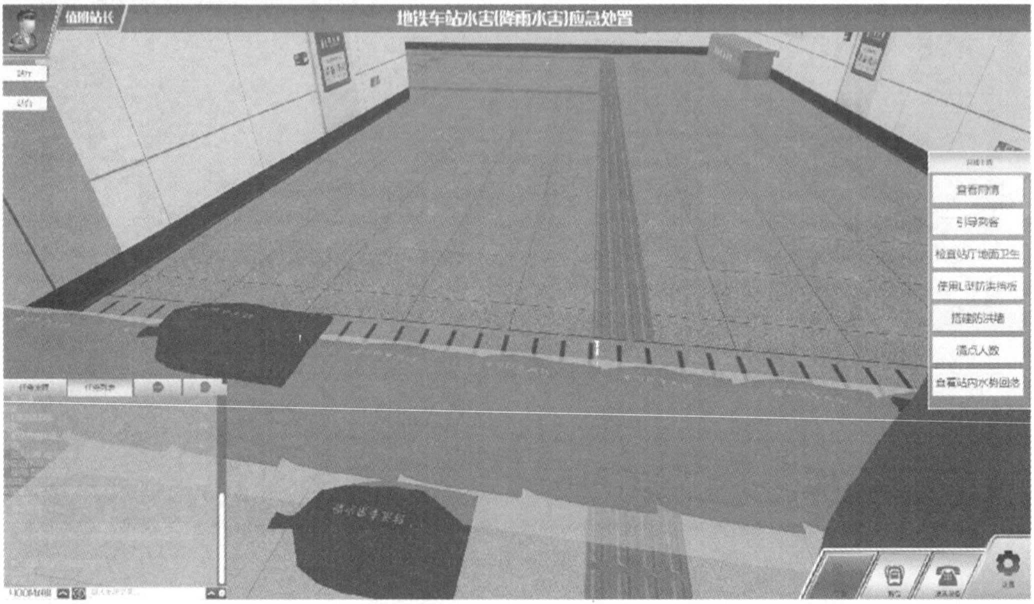

图 3-4-22　搭建第二道防洪墙

站务员：B 口通道与站厅连接处左侧、右侧缝隙放置防汛膨胀袋（见图 3-4-23）。

图 3-4-23　再次放置防汛膨胀袋

接行调电话，设备区门口搭建第三道防洪墙（见图 3-4-24）。
站务员：厅西设备区门口右侧、左侧缝隙 1 放置防汛膨胀袋。

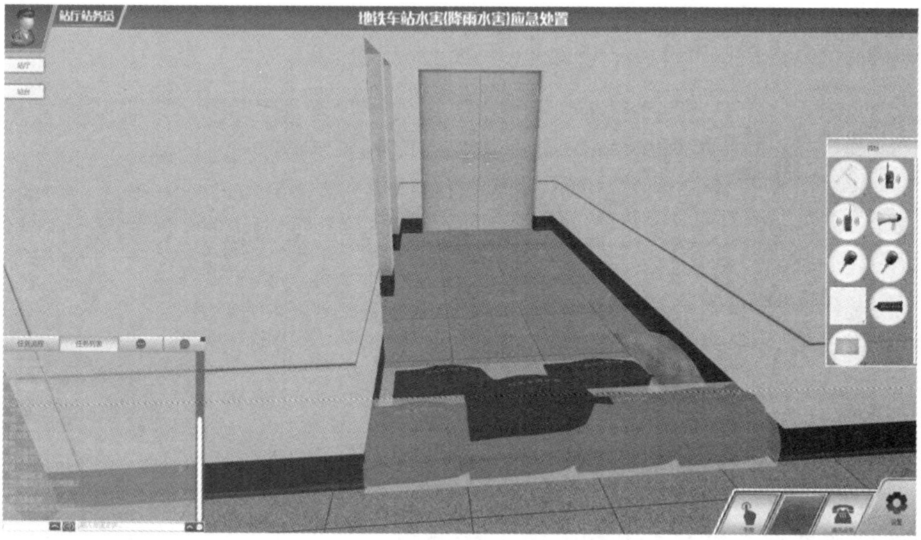

图 3-4-24　搭建第三道防洪墙

当站内出现大量积水，向行调申请关站。
通知工电调度，安排专员打开站内去水花格进行排水。
申请车站关闭，列车越站。
广播：各位乘客，车站现执行应急疏散，乘客有序出站。
检查并关闭站厅中部直梯，确保无遗留乘客（见图 3-4-25）。

关闭站台上行首端电扶梯。

图 3-4-25　关闭电梯

站台站务员：疏散乘客。
检查卫生间有无遗留乘客（见图 3-4-26）。

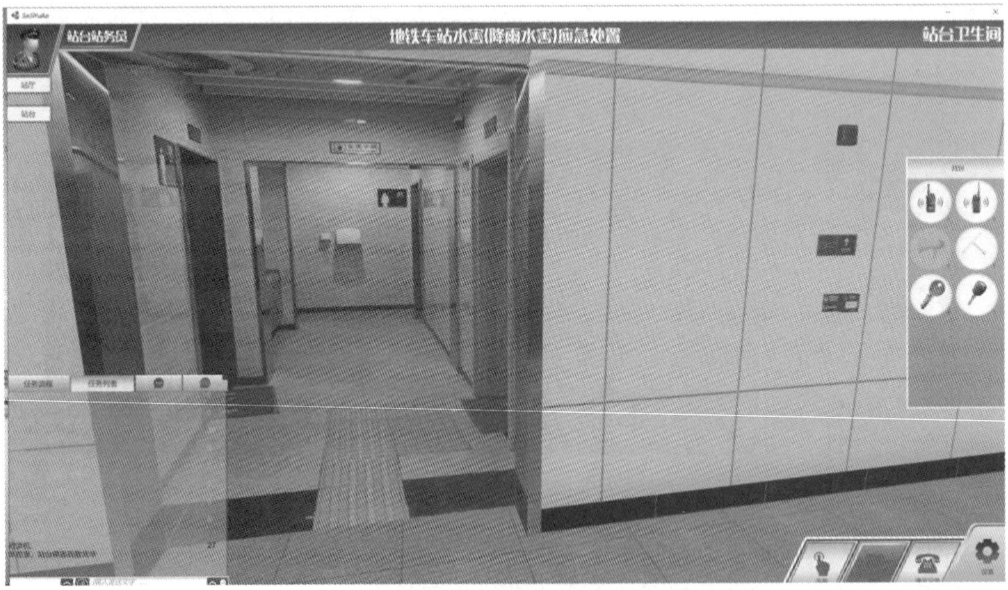

图 3-4-26　检查卫生间

站内乘客清客完毕后，留存一出入口为应急出入口。
当站内积水倒灌至站台，请求互锁解除，打开站台门进行排水（见图 3-4-27）。

图 3-4-27　排水

值站查看雨情，查看站内水势回落。水位回落后，进行站内卫生清扫。各岗位检查设备后做好重新开站准备。卫生清理完毕，设备设施恢复，申请开站。

五、实训考核

（1）分组按现场抽签顺序完成。每一项任务分别以扮演不同的岗位为基准，按不同岗位作业流程的完整性及标准性来考核。

（2）改革传统的学生评价手段和方法，采用阶段评价、过程性评价与目标评价相结合的理实一体化评价模式，对在学习和应用上有创新的学生予以特别鼓励。

突发事件应急处理实训考核评分表

班级	城轨　　班		组别	第　　组	用时	教师签字
岗位	姓名	自评（20%）	组评（30%）	师评（50%）	合计	师评扣分要点标注
值站						
行值						
客值						
站台岗						
厅巡岗						
售票岗						
三保						
其他						
考核内容	安全纪律（15 分）、学习态度（15 分）、专业知识（30 分）、专业技能（30 分）、团队合作（10 分），合计 100 分					

备注：此考核表作为学生技能实训的最终成绩存档。

项目五　电客车驾驶操作

一、实训目的

培养学生对城市轨道交通行车安全的认知，增强学生安全和自我保护等综合素质及能力；树立安全意识，按规定严格执行教学安排，按规定项目进行训练。

二、实训场所及设备设施

（一）实训场所

天府校区机车车辆实训室。

（二）实训设施设备

（1）城市轨道交通列车模拟驾驶实训操作台；
（2）无线调度电话、对讲机等设备。

三、实训内容

（1）电客车驾驶安全应急训练；
（2）认知驾驶台及驾驶控制设备；
（3）认知地铁驾驶员正线驾驶；
（4）电客车发车准备与发车；
（5）电客车区间驾驶；
（6）电客车进站停车及站台操作。

四、实训步骤

（一）基础知识储备

1. 司机的基本要求

司机必须牢记“安全第一，便民第一”的宗旨，遵守和学习有关的安全规定和运行规则，严格按照安全制度、行车规则执行乘务驾驶任务。

（1）城市轨道交通是一个现代化程度较高的实体，必须由具有良好职业素质的人去完成各种行车任务，而司机则是第一线的操作者，所以必须具备高度的安全意识和服务意识，并且要不断学习与遵守规则，以确保运行正常进行。我们把富有纪律性、严格执行规章制度的司机看作是保证安全行车的基本因素之一，在人与技术设备的有机联系中，人是最主要的方面，如果在经常性发生人为失误造成事故的状况下，最精良、最先进的设备也会变得不那么可靠。国内外历次事故的分析与调查都表明：由人为失误造成事故的比例大于技术缺陷所造成的事故比例。因此，行车人员树立安全意识、学习和遵守安全规定是十分重要且必要的。

（2）司机必须掌握列车的基本构造、性能，具有一般的故障处理能力，熟悉运行线路和停车场等基本设施情况，熟练掌握担任驾驶区段、停车场线路纵断面情况。

司机对列车必须有一个较完整的了解，主要表现为对操纵列车技能的掌握和对主要部件构造、性能的知晓。只有在掌握和了解性能、作用的基础上，才能够使自己具备处理故障的能力。在列车运行中出现故障可以说是经常性的，特别是有关功能性的故障较多，所以能否在规定时间内及时、准确地排除故障实际上已经成为司机技术业务的标志之一。一名司机的技术业务还表现在对线路纵断面的熟悉程度上，并在驾驶技术上得到体现。经过学习和经验积累，司机能较好地掌握线路纵断面状况后，从而得心应手地驾驭列车投入运行，应对各种运行过程中的事件。

（3）司机还必须掌握其他相关的业务能力和具备一定的应变能力。如懂得救援的过程和方法，懂得消防灭火的要求，学会扑灭初起火灾的方法，知道常用灭火机的使用方法等。

特殊情况下的处置方法，对一个司机来说同样是基本常识和必须明确的业务。因为在城市轨道列车的运行中，一般情况下只有司机一个人值乘，而运行中的突发事件有着不可预测性，在事件的初期往往只有司机能够最早发现与知道，所以一名职业素质较好的司机应该而且必须掌握有关事件初期的处理方法，使事件能够在初期阶段得到控制和处置，减小损失，稳定现场局面，并组织乘客共同应对突发事件，等待进一步帮助等。

（4）司机在整个运行过程中有着重要作用，因此城市轨道交通管理部门规定了电动列车司机上岗值乘的必要条件。

首先，司机必须经过考试合格，并取得“电动列车驾驶证”后方准独立驾驶电动列车。其次，脱离驾驶岗位 6 个月以上，如再需驾驶列车必须对业务知识和安全运行知识等进行再培训与考核并且合格；对司机的纪律性和身体状况、心理状况要由相关管理部门以及有关领导做出鉴定。符合以上几个必需条件时才能够上岗驾驶列车，以保证行车工作安全和行车秩序正常。

2. 出勤、退勤及交接班

1）出勤

（1）出勤是司机在投入运营前重要的准备阶段。在这个阶段应做好出勤前的各项工作准备，包括业务准备、生理准备和心理准备。

（2）司机在出勤前，必须充分休息、班前 8h 内禁止饮酒，生理和心理状况必须符合工作要求。

（3）司机必须在指定时间前到达指定地点，按规定方式出勤；停车库内出勤时，应按列车出库时间提前 30 min 到运转值班室向运转值班员出勤，听从运转值班员的安排，并向运转值班员领取电动列车钥匙、司机报单、对讲机、应急包等行车物品；正线出勤时，应按接车时间提前 20 min 到线路车站的指定候乘室，向班组长出勤（遇特殊线路，需线路两头出勤的，可通过电话方式向班组长出勤）。

（4）备用司机应在首班车出库前 30 min 出勤，出勤后对备用列车进行检查，检查后应在司机候乘室内待命，严禁擅自外出或到司机公寓休息。

（5）司机出勤时，应穿着乘务人员识别服，佩戴好工号牌、星级标志或其他规定的相应标识，并携带好计时工具、工作证、有效驾驶证；严禁无证上岗，不得携带与行车无关的物品，必须将手机调为振动。

（6）司机出勤后，认真听取班前布置会，了解当日值乘时间、地点及所接列车的车次，认真阅读并抄录涉及运营有关注意事项和调度命令并交值班员或乘务班组长签字确认。

2）退勤

（1）司机在停车场内退勤时，应到运转值班室找运转值班员办理退勤手续，与运转值班员做好移交手续。移交内容包括：电动列车钥匙、司机报单、对讲机、应急包等，并将列车的技术状况及当日列车运行情况向其汇报。

（2）司机在正线退勤时，应到规定地点退勤，将当日运营情况向接班班组长汇报。遇值乘列车发生事故、严重晚点或乘务管理部门认为有必要时，值乘司机应至运转值班室办理退勤，书面报告事件经过并积极配合调查。

3）交接班

（1）司机在停车库内交接班时，接班司机应与交班司机进行对口交接。交接内容包括：电动列车钥匙、驾驶专用物品、司机报单以及当日正线运行注意事项。并对电动列车进行检查和试验，了解备用列车的技术状况，一旦发现列车故障或车辆状况不符合出库要求的，应及时向运转值班员报告。

（2）司机在正线交接班时，接班司机须等交班司机办理完开关门作业后，再执行对口交接工作。交接内容包括：电动列车钥匙、列车行驶交路、所交接列车的技术状况、驾驶专用物品、司机报单、继续有效的行车命令以及其他有必要交接的内容。若遇设备故障或发生事故情况，以及在规定时间内未交接完毕的，应随车继续交接，直至处置和交接完毕。

（3）在存车线备用列车的交接班时，交接班司机应跟车进出存车线路。必须步行进入的，交接班司机应向行车调度员申请，按照面向来车方向通行路径，说明进出路线，得到其同意后，方能下线路与备车司机交接班，进入线路行走时，加强对线路的瞭望，尽量靠线路限界外侧行走，确保自身安全。

（4）接班司机与交班司机交接完毕后，必须在司机报单上签字确认。

3. 列车性能参数

1）运行速度

所有动车工作时的运行速度为 80km/h，一辆动车不工作时的运行速度为 60km/h，一辆动车摩擦制动隔离时的运行速度为 60km/h，无 ATP 运行时的速度为 60km/h。

2）列车牵引特性

在 AW2 载荷工况，车轮处于半磨耗状态，列车在额定电压下，在干燥、清洁的平直轨道上的牵引特性如下：最高运行速度，80km/h；设计构造速度，90km/h；挂钩操作速度，3km/h；反向退行最大速度，10km/h；零速，无 ATC 时，小于 3km/h，有 ATC 时，小于 1.8km/h。

3）降级模式

两辆动车不工作，列车必须开到最近的站台，清客后空车回库。在 6 节编组 1/3 动力情况下，AW3 载荷的列车能够在 38‰的坡道上起动。初始加速度最大为 0.57 m/s^2，最大速度为 50.5km/h。

4）制动特性

常用制动减速度为 1.0 m/s^2；快速制动减速度为 1.3 m/s^2；线路电流限制为 1550A（5s）；电制动方式为再生制动+电阻制动；当列车电制动失效时，摩擦制动能够完全担负起整列车的制动作用。

（二）基础能力储备

（1）能根据各类信号和行调命令执行电客车驾驶；
（2）能正确识别各类线路标志和信号标志；
（3）能正确识读列车运行图；
（4）熟悉行车组织相关知识；
（5）能配合车站客运组织工作行车；
（6）熟悉车辆基本结构，并能够进行基本的检查和操作。

（三）实训任务及操作流程

1. 电客车安全驾驶及应急处理

1）客室客伤、可疑物品

区间：（1）报行调，维持进站，广播安抚乘客。

（2）进站通知车站处理。

站内：（1）报行调，广播安抚乘客。

（2）通知车站处理。

（3）确认车站“好了”信号关门。

进站中：（1）报行调，维持进站，广播安抚乘客。

（2）进站通知车站处理。

出站中：（1）报行调，维持进下一站，广播安抚乘客。

（2）进站交车站处理。

2）撞人

区间：（1）立即停车，降弓广播安抚乘客。

（2）报行调，按行调命令办理。

进站中：（1）立即停车，降弓广播安抚乘客。

（2）报行调，按行调命令办理。

出站中：（1）立即停车，降弓广播安抚乘客。

（2）报行调，按行调命令办理。

3）客车站台清客

站内：（1）对标开门屏蔽门，播放清客广播。

（2）无法对标时，广播通知乘客按地铁工作人员指引下车，手动打开相应车门、屏蔽门（安全门），引导乘客下车。

（3）确认车站“好了”信号关门。

4）客车进入无电区车辆段调度：查明原因后恢复供电或组织工程车将其牵出无电区。

信号楼值班员：立即报告车辆段调度。

派班员：通知工程车司机赶往现场，做好电车准备。

司机：（1）立即停车，做好防溜。

（2）报信号楼值班员，按信号楼值班员命令办理。

5）侵限物品

（1）立即停车，广播安抚乘客。

（2）若在侵限物品前停车，报行调，按行调命令执行。需要下车清除侵限物品时，做好列车防溜和安全防护工作。

若已越过侵限物品停车，报行调，按行周命令执行。

6）车辆发生溜逸

区间：（1）立即按压“紧急制动”按钮，紧急制动无效时，立即施加停放制动。

（2）报行调，按行调命令办理。

站内：（1）立即按压“紧急制动”按钮，紧急制动无效时，立即施加停放制动。

（2）报告行调，按行调命令办理。

7）接触网异物

（1）立即停车，广播安抚乘客，降弓。

（2）现场确认异物位置。

（3）报行调，按行调命令执行。

2. 认知驾驶台及驾驶台控制面板

（1）驾驶台整体布局（见图 3-5-1 和表 3-5-1）。

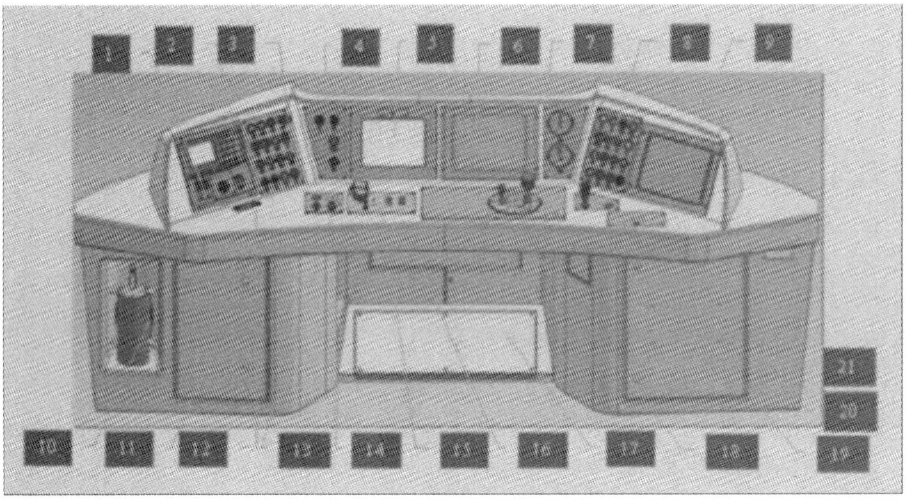

图 3-5-1　驾驶台整体方向

表 3-5-1　整体布局功能说明

1：无线电控制盒	车载台前面板包括：液晶屏、功能键、mic 挂架
2：无线电受话器	用于进行语音通话
3：面板 1	TC 车空调开、列车空调开、空调关、紧急停车、司机室灯、主照明控制、客室灯亮、头灯、停放制动施加、停放制动缓解、气制动施加、所有制动缓解、强迫泵风、电笛、关左门、开左门
4：面板 2	灯测试、窗加热、列车所有门关好、旁路指示灯

5：信号显示屏（DMI）	司机可以通过触摸显示屏查看车辆信息显示区域中的消息
6：TCMS 显示屏（HMI）	在显示屏的中间区域布置有 10 个矩形按钮。这些按钮里的符号描绘了相应操作画面的意义。“触摸”按钮，将显示相应的操作画面。选择后，按钮的背景颜色将会改变
7：仪表面板	装有一个速度表和一个双针气压表
8：面板 3	ATB、RM、BM、CBTC、开关门模式选择、强行开门、慢行、解钩、升弓、降弓、HSCB 分、HSCB 合、关右门、开右门、紧急停车
9：CCTV 显示屏	显示车辆闭路电视实时画面（采用贴膜方式）
13：ATO 面板	刮雨器控制、刮雨器喷淋、ATO 启动按钮
15：广播控制盒	用于控制司机对讲、紧急对讲或进行人工广播
18：司控器	通过主控制器司乘人员可在 Tc 车司机室操控列车
19：司控器钥匙	用于开关司控器
21：紧急停车面板	紧急停车按钮、满水缺水指示灯

（2）驾驶台控制面板布局（见图 3-5-2 和表 3-5-2）。

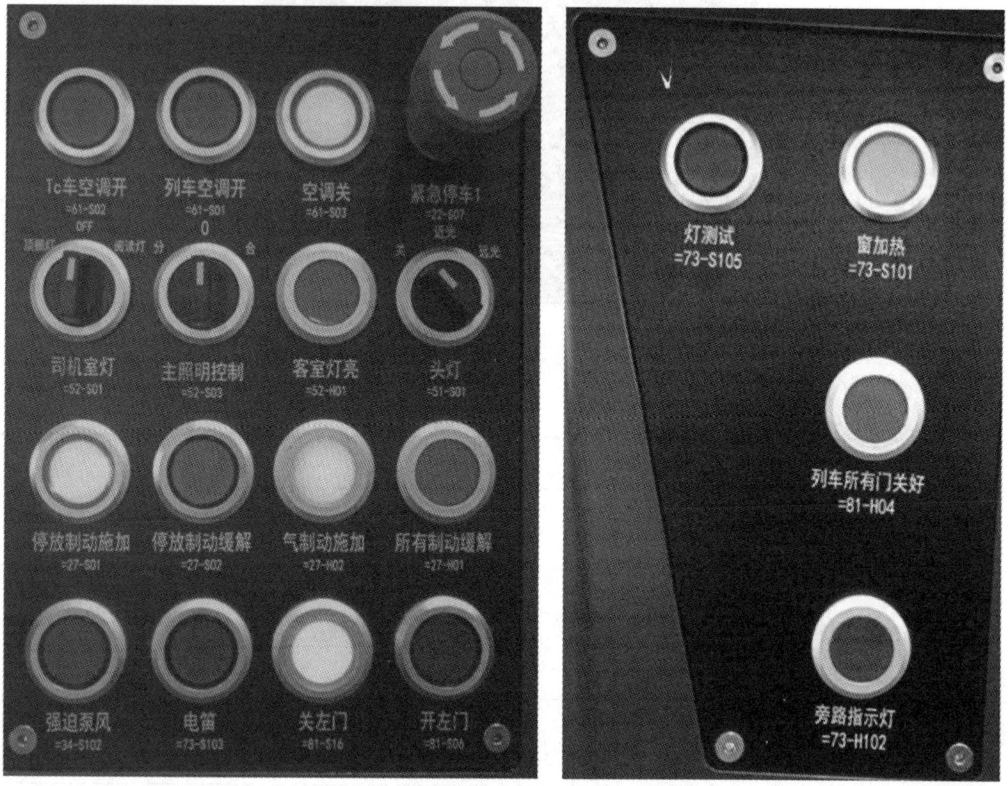

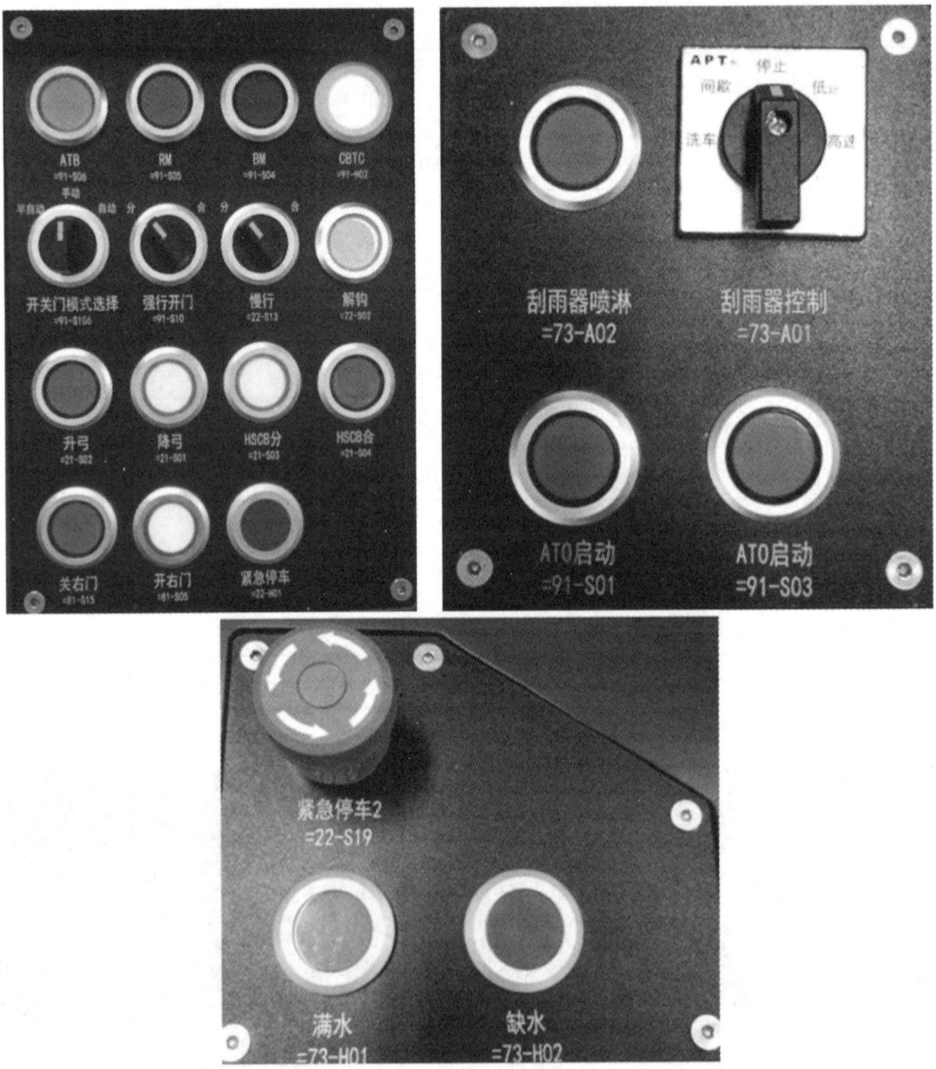

图 3-5-2　驾驶台控制面板

表 3-5-2　控制面板功能描述

按钮旋钮名称	类型	功能描述
Tc 车空调开=61-S02	绿色带灯自复位按钮	发出 Tc 车空调开的指令
列车空调开=61-S01	绿色带灯自复位按钮	发出打开空调指令，空调打开时绿色指示灯点亮
空调关=61-S03	红色带灯自复位按钮	发出关闭空调指令，空调关闭时红色指示灯点亮
紧急停车 1=22-S07	紧急停车按钮	用于车辆的紧急停车，按下时断开车辆紧急停车列车线，紧急制动施加
司机室灯=52-S01	三位自锁旋钮	用于司机室顶棚灯和阅读灯的开启、切换

续表

按钮旋钮名称	类型	功能描述
主照明控制=52-S02	三位自复位旋钮	用于客室照明的开关
客室灯亮=52-H01	绿色指示灯	灯亮时，表示客室照明启动
头灯=51-S01	三位自锁旋钮	用于头灯的开关及远近光之间的切换
停放制动施加=27-S01	红色带灯自复位按钮	按下该按钮，施加车辆停放制动
停放制动缓解=27-S02	绿色带灯自复位按钮	按下该按钮，缓解车辆停放制动
气制动施加=27-H02	红色指示灯	空气制动施加时，指示灯点亮
所有制动缓解=27-H01	绿色指示灯	所有制动缓解时，指示灯点亮
强迫泵风=34-S102	黑色自复位按钮	在供电条件满足时，操作该按钮两台压缩机同时工作
电笛=73-S103	黑色自复位按钮	用于电笛开关
关左门=81-S16	绿色带灯自复位按钮	备用关左门按钮； 按下关闭左侧车门； 绿灯亮时表示左侧车门全关
开左门=81-S06	红色带灯自复位按钮	备用开左门按钮； 在列车左门允许情况下用来打开左侧车门； 红灯亮时表示左侧车门允许打开
灯测试=73-S105	黑色自复按钮	按下该按钮，测试司机台和门控面板相关指示灯是否正常工作
窗加热=73-S101	黄色带灯自复位按钮	用于前窗玻璃除霜加热
列车所有门关好	绿色指示灯	所有门关好时，指示灯点亮
旁路指示=73-H102	红色指示灯	有任何一个旁路开关打到旁路位置时，该指示灯亮
ATB=91-S06	黄色带灯自复位按钮	ATB 指示灯亮，表示 ATB 模式可用，操作 ATB 按钮列车进入 ATB 模式
RM=91-S05	绿色带灯自复位按钮	RM 指示灯亮，表示 RM 模式可用，操作 RM 按钮列车进入 RM 模式
BM=91-S04	黑色自复位按钮	强制后备模式开关，CBTC 模式不可用司机可选择操作 BM 按钮，列车进入强制后备模式；或其他原因司机强制选择该模式。CBTC 指示灯灭
CBTC=91-H02	绿色指示灯	灯亮，表示列车处于 CBTC 监控状态

续表

按钮旋钮名称	类型	功能描述
开关门模式选择=91-S106	三位自锁旋钮	用于列车开关门模式的选择
强行开门=91-S10	二位自锁旋钮	强开门，用于强制发出门允许信号，打到“合” 位时，左右两侧门收到门允许信号
慢行=22-S13	二位自锁旋钮	二位自锁旋钮零速时打到“合”位，车辆启动慢行模式运行
解钩=72-S02	白色带灯自复位按钮	按下该按钮，车辆解钩
升弓=21-S02	绿色带灯自复位按钮	按下按钮，升起受电弓，升起后指示灯点亮
降弓=21-S01	红色带灯自复位按钮	按下按钮，降下受电弓，受电弓落下后指示灯点亮
HSCB 分=21-S03	红色带灯自复位按钮	按下按钮，断开高速断路器，高速断路器断开后红色指示灯点亮
HSCB 合=21-S04	绿色带灯自复位按钮	按下按钮，合上高速断路器，高速断路器合上后绿色指示灯点亮
关右门=81-S15	绿色带灯自复位按钮	备用关右门按钮。 按下关闭左侧车门。绿灯亮时表示左侧车门全关
开右门=81-S05	红色带灯自复位按钮	备用开右门按钮； 在列车右门允许情况下用来打开右侧车门； 红灯亮时表示右侧车门允许打开
紧急停车=22-H01	红色指示灯	按下紧急停车按钮后点亮
刮雨器喷淋=73-A02	绿色自复按钮	控制刮雨器喷淋功能
刮雨器控制=73-A01	转换开关	刮雨器挡位选择控制
ATO 启动=91-S01	带绿色指示灯自复按钮	指示灯亮，表示 ATO 模式可用，同时按下两个“ATO 启动”按钮，发出 ATO 发车指令
ATO 启动=91-S03.	带绿色指示灯自复按钮	
紧急停车 2=22-S19	紧急停车按钮	用于车辆的紧急停车，按下时断开车辆紧急停车列车线，紧急制动施加
满水=73-H01	绿色指示灯	满水指示
缺水=73-H02	红色指示灯	缺水指示

3. 驾驶员正线驾驶

1）巡道作业

正线巡道列车由上、下行首班出库列车担当。巡道列车运行限速按照列车运行图规定限速 45km/h 运行（遇特殊情况，按调度命令执行）。

担当巡道任务的司机，应严格按照限速要求运行，加强瞭望，认真确认限界内线路与设备情况；重点为接触网、线路和侧部管线有无损坏、侵限；若发现有运行异常情况及不具备列车安全通行情况时，应立即紧急停车，仔细确认、判明情况，并向行车调度员报告，根据调度指示办理相关作业；司机如能排除障碍应积极排除，尽快恢复列车运行。

司机若发现线路设备有异常情况，但不影响列车正常通过时，可以不停车继续运行越过该区段，但必须立即向行车调度员汇报相关情况。

司机若发现线路情况异常时，汇报行车调度员。内容应包括：列车车号、车次、发生时间、司机姓名、事发地点百米标位置、影响程度及具体情况、措施建议。

2）区间运行

列车在区间运行时，司机应坐姿端正，上身轻靠椅背，左右手均放置在操纵台上，做好随时紧急停车准备，座位高度调节至满足司机瞭望视线清晰。

列车在区间运行时，司机应认真瞭望前方信号、线路及触网情况，发现异物侵入限界，应立即采取紧急停车措施。

列车在区间运行时，遇进站信号机、出站信号机、道岔防护信号机时，司机应执行手指呼唤（遇进站信号机：手指——五指并拢，并伸直手臂，指向进站信号机。呼唤——信号正确。遇出站信号机：手指——五指并拢，并伸直手臂，指向出站信号机。呼唤——信号正确。遇道岔防护信号机：手指——五指并拢，并伸直手臂，指向道岔防护信号机。呼唤——信号正确。遇道岔：手指——五指并拢，并伸直手臂，指向道岔开通方向。呼唤——道岔位置正确）。

在地面线路遇阳光斜射刺眼时，司机可调整遮阳帘至合适位置，严禁拉至底部和遮挡视线；在地下线路或地面线路背光处，严禁用遮阳帘遮挡前窗。

列车在区间运行时，司机应时刻注意列车仪表显示，发现故障及时判断并处置，若故障影响列车准点运行时，应向行车调度员报告。

在 ATP 或 WSP 手动驾驶时，司机应做到合理牵引和制动，做到平稳驾驶，严格按照指示速度和区间信号的显示驾驶列车。运行途中，不间断核对运行时间，防止晚点。

列车在区间运行时，司机应加强瞭望，以防有人或异物侵入限界，无特殊情况严禁鸣笛；遇大风、大雨、大雪、浓雾等恶劣天气或在曲线半径较小、瞭望条件不理想的线路上运行时，司机根据调度命令或规定的限速要求运行；在经过长大坡度区段时，应合理使用牵引和制动，避免列车冲动或超速。

3）进站作业

列车进站时，司机应注意观察站内及站台情况，以防有人或异物侵入限界，发现异常情况要鸣笛示警，必要时，应及时采取紧急停车措施。

司机在 ATP 或 WSP 手动驾驶时，进站前应根据指示速度，适当减速。

列车应带制动进站，严禁采用接近停车位置一把闸制动方式停车，以保证制动的平稳。

遇钢轨涂油或轨面湿滑，应提前减速，防止列车越过停车位置。

4）车站停车及开关门作业

列车进站后，司机应将列车在规定停车地点（停车牌）处停稳。

列车停稳后，司机跨出驾驶室一步（约 50cm），转体面对站台，面对车体，以立正姿势站立，按压靠站台侧开门按钮，打开所有该侧车门，通过驾驶操作台上 DDU 面板确认车门是否全部打开，CCTV 无异常情况发生后，通过站台与 CCTV 显示情况监护乘客上下情况及发车表示器显示。

在装有屏蔽门或安全门的车站，司机应同时确认屏蔽门或安全门全部开启。如屏蔽门或安全门未自动开启时，立即手动打开屏蔽门或安全门。

当发车表示器闪亮或停站计时器到达 15s 后，司机应根据乘客上下情况，掌握好关门时机，按压靠站台侧关门按钮，关闭所有该侧车门，尽量做到一次关门成功。

列车关门后，司机应确认车门全部关闭，无夹人夹物，遇车门未全部关闭或瞭望不清时，不得上车，待确认无异常后，方能进入驾驶室。

在弯道车站，司机关闭车门后，应凭车站站务员显示车门关闭良好的手信号后，方能进入驾驶室。

在安装屏蔽门或安全门的车站，司机应确认屏蔽门或安全门同步关闭，且屏蔽门或安全门和列车车体之间无人员或物品侵入，确认站台尾部光带完整，若在弯道站台应确认屏蔽门安全探测装置未报警。

在安装屏蔽门或安全门的车站，司机在进入驾驶室前，应对车门和屏蔽门或安全门关闭情况进行手指呼唤（以站立的姿势面对列车，五指并拢，并伸直手臂，手臂与身体呈 90°，指向屏蔽门或安全门，确认屏蔽门或安全门关闭状态；前跨一步，指向屏蔽门或安全门与车门之间，确认车门关闭状态及屏蔽门或安全门与车门间光带是否完整；确认无误后，呼唤——双门关闭，无夹人夹物）。

在没有安装屏蔽门或安全门的车站，司机在进入驾驶室前，应对车门关闭情况进行手指呼唤（以站立的姿势面对列车，五指并拢，并伸直手臂，手臂与身体呈 90°，指向车门，确认车门关闭状态，确认无误后，呼唤——车门关闭，无夹人夹物）。

5）出站作业

列车起动前，司机对车门、速度码、信号机、发车表示器进行手指呼唤（手指——五指并拢，并伸直手臂，分别指向车门、速度码、发车表示器。呼唤——车门：全列车门锁闭灯亮；速度码：速度码有；信号机及发车表示器：出站信号正确）后发车。

列车出站前，遇有道岔时，司机对道岔防护信号机及道岔位置进行手指呼唤（手指——五指并拢，并伸直手臂，分别指向道岔防护信号机及道岔位置，呼唤——道岔防护信号机：信号正确；道岔位置：道岔位置正确）后方可发车。

司机在 ATP 或 WSP 手动驾驶列车出站时，应控制好牵引，做到平稳起动列车。

在安装 CCTV 监视器的车站，司机应通过监视器观察站台情况，发现异常情况，应立即采取紧急停车措施。

6）折返作业

列车到达终点站清客完毕，待站务员走出客室，司机应迅速关闭车门，再确认接车司机上车，并且对前方道岔防护信号及道岔开通位置进行手指呼唤（手指——五指并拢，并伸直手臂，分别指向道岔防护信号及道岔开通位置。呼唤——道岔防护信号机：信号正确；道岔开通位置：道岔位置正确）后方可驶入折返线，前方道岔防护信号未开放，严禁进入驾驶室。

司机在 ATP 或 WSP 手动驾驶列车时，根据列车限速要求驾驶，严禁超速行驶；在折返线行驶时，司机应集中思想，做到距离过半，速度减半。

列车在规定地点（折返停车牌）处停车，确认列车无压岔和占标。停车后，司机应立即关闭主控制器钥匙，并在驾驶室等候。

在驾驶室控制权转换后，交车司机再锁闭驾驶室门及客室通道门，关上车窗，雨雪天气时关闭刮水器后，方能离开驾驶室。

接车司机应提前在规定地点等候折返列车，到达驾驶室后主动和交车司机联系，同时交车司机需将列车技术状况和其他必要的行车信息告知接车司机。接车司机待列车停稳后打开主控制器，在对前方道岔防护信号机、道岔位置，速度码进行手指呼唤（手指——五指并拢，并伸直手臂，分别指向前方道岔防护信号机、道岔位置，速度码。呼唤——道岔防护信号机：信号正确；道岔位置：道岔位置正确；速度码：速度码有）后，方可驶出折返线。

7）广播报站

列车在始发站发车前，司机应根据运行交路设置好列车报站器，如是手动播报，应在列车起动后，及时按下播报按钮。

用报站器报站时，司机应加强监听，并注意显示屏上站名显示。发现报站错误时，应及时采用人工广播更正。

当列车报站器发生故障无法使用时，司机应及时通过人工广播进行报站。人工报站应使用普通话，做到声音清晰，语气平和，用语规范。

当遇到列车故障、清客、跳停等特殊情况或其他信息发布时，司机应选取应急广播词及时向乘客进行说明，没有设置应急广播词的列车应采用人工广播。

4. 电客车驾驶启动操作

1）设置驾驶模式

（1）信号模式 1 转 ATP 位（见图 3-5-3）。

（2）车门模式 1 转 M/M 位（见图 3-5-4）。

（3）车辆显示屏显示 ATP 模式可用（见图 3-5-5）。

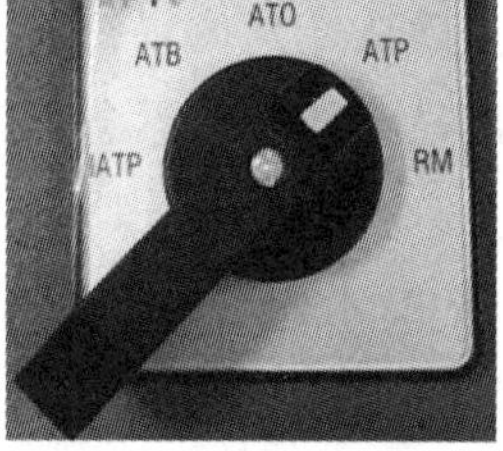

图 3-5-3 信号模式 1

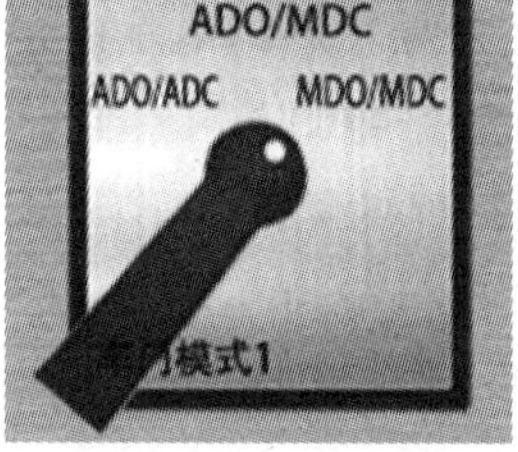

图 3-5-4 车门模式 1

图 3-5-5 信号屏 ATP 模式

2）确认行车凭证

确认车载信号好，手指信号屏口呼“车载信号好”（见图 3-5-6），前方有道岔则需确认道岔位置正确后手指呼唤“道岔好”。

图 3-5-6　车载信号赋予的推荐速度

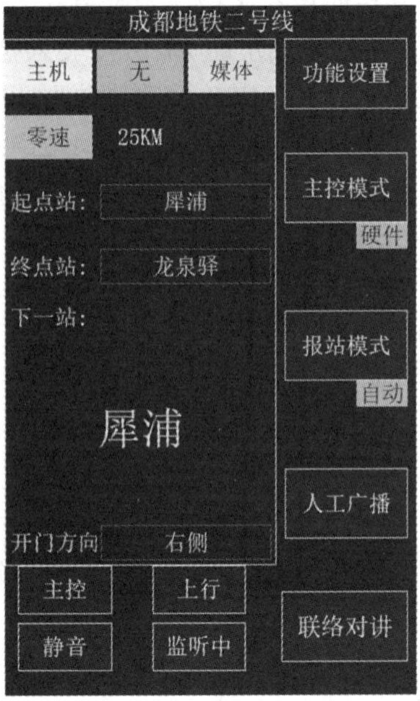

图 3-5-7　广播操作主界面

始发站动车前确认广播设置正常（起点、终点、前方站、监听中、上下行、硬件），手指口呼“广播正常”，中间站及终点站监听广播播报正常（见图 3-5-7）。

查看站台 CCTV 无异常，手握主控手柄按压警惕按钮推至牵引位一级位，动车后逐渐加大级位。

5. 区间运行操作

（1）严格按列车推荐速度运行，绿色弧线为车载信号推荐速度；黄标为 FSB 速度，列车速度超过黄标时会自动产生最大常用制动（FSB），需要将主控手柄拉至最大常用制动位（7 级）使列车运行速度低于黄标方可缓解；红标为 EB 速度，速度超过红标时列车会自动产生紧急制动（EB），此时需要停车才能缓解 EB。

（2）端坐在司机座椅上，右手紧握主控手柄，左手统一放在左大腿处，眼看前方进路，不间断瞭望，注意观察司机台仪表、指示灯和显示屏的显示，遇道岔确认道岔位置正确手指口呼“道岔好”，遇信号机显示绿灯手指口呼“绿灯好”，遇信号机显示红灯或紧急情况时应采取紧急停车措施。

（3）推荐运行速度超过 70km/h 时列车运行至 300 米开始降速（300 米预告标如图 3-5-8 所示，推荐运行速度在 60~70km/h 时列车运行至 200 米开始降速（200 米预告标如图 3-5-9 所示），在线路上分别设有对应的预告标。

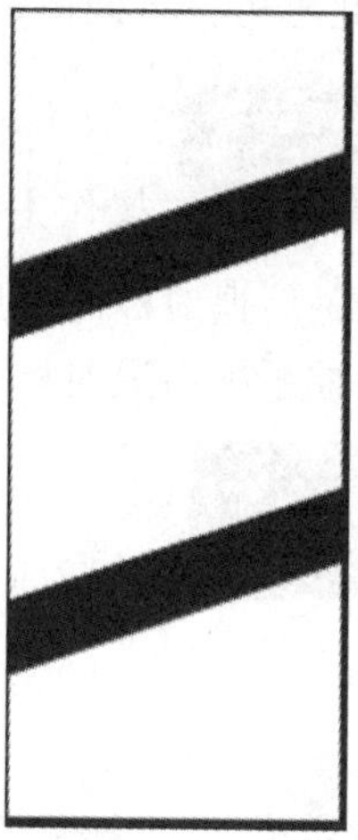

图 3-5-8　300 米预告标　图 3-5-9　200 米预告标　图 3-5-10　站名标

（4）看到站名标时呼唤“XX 站到”（见图 3-5-10）。

（5）列车进站限速 50km/h（终点站进站限速 35km/h），中间站将列车速度控制在 40~45km/h，主控手柄保持在常用制动 1~2 级进站。

（6）进站后，将主控手柄拉至常用制动 3~4 级，使运行速度保持在低于推荐速度 5km/h 左右。

（7）进站后不得再将主控手柄推至牵引位或放置 0 位，只能保持在制动位。

（8）在尾部端墙处手指口呼“对标停车”。

（9）站台中部呼唤“注意控速”，同时确认对标速度。

（10）出站信号红灯手指口呼“红灯停车”。

（11）观察右侧对位标，控制列车使对位标对准左侧车窗（模拟器右侧屏幕，如图 3-5-11 所示）正中间（± 50cm 以内），将主控手柄拉到 7 级制动位。

图 3-5-11　模拟器对位标位置

（12）若列车冲标不超过 5m，此时可报行调申请以 ATP 模式后退对标同意后，主控手柄回零，方向手柄打至向后位，操作主控手柄后退对标；若列车冲标超过 5m，报行调申请以 RM 模式（见图 3-5-12）后退对标同意后，将信号模式 1 转 RM 位，主控手柄回零，方向手柄打至向后位，操作主控手柄后退对标。后退对标准确后立即将主控手柄回复 0 位，方向手柄打回向前位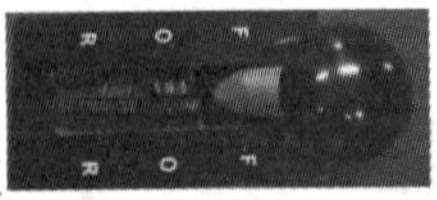，再将主控手柄拉至最大常用制动位，进行开关门作业。

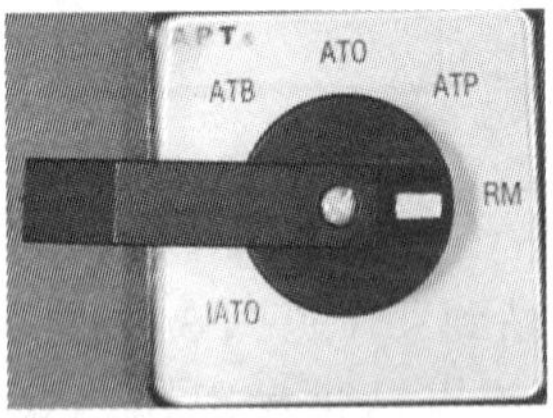

图 3-5-12　信号模式 1

6. 站台作业

（1）确认信号屏显示站台对位停车和门使能图标，口呼“开左/右门”。

（2）到站台面对空隙双脚分别站在列车与站台上，按压开门按钮，转头确认车辆显示屏显示相应侧车门全部打开（黄色）（见图 3-5-13）。

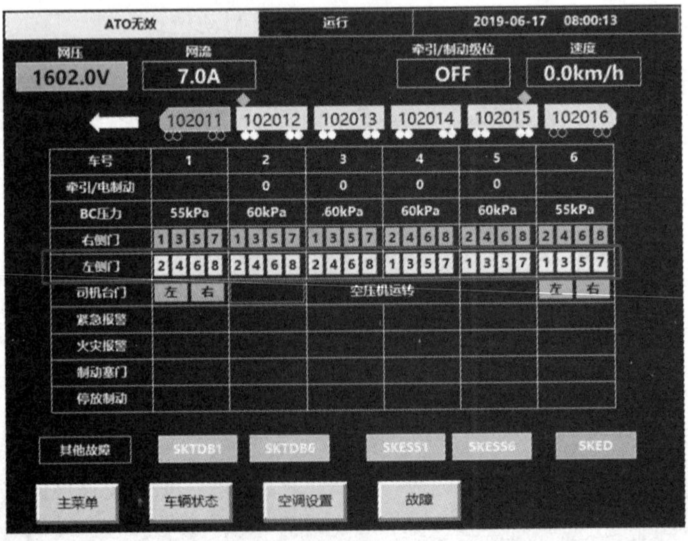

图 3-5-13　车辆显示屏开门状态

（3）确认车门、屏蔽门开启，手指呼唤“屏蔽门、车门开启”（斜向下 45° 指向第 1 个屏蔽门），监控乘客上下车。

（4）站台立岗，保持车门至少开启 10 s。

（5）确认乘客上下完毕后，面对空隙两脚分别站在列车与站台上，按行调命令或发车计时器（DTI）倒计到 20 s 时，呼唤“关门”，并按压侧墙关门按钮。

（6）确认车门屏蔽门关好，并呼唤“车门关好”“屏蔽门关好”。

（7）手臂与地面平行，手指确认空隙安全后呼唤“空隙安全”，并扭头确认出站信号机灭灯。

（8）遇有复示信号机的区间还应口呼“前方复示，注意瞭望”。

（9）返回司机室确认车辆显示屏所有车门显示绿色（见图 3-5-14）。车门全关闭后指示灯亮。

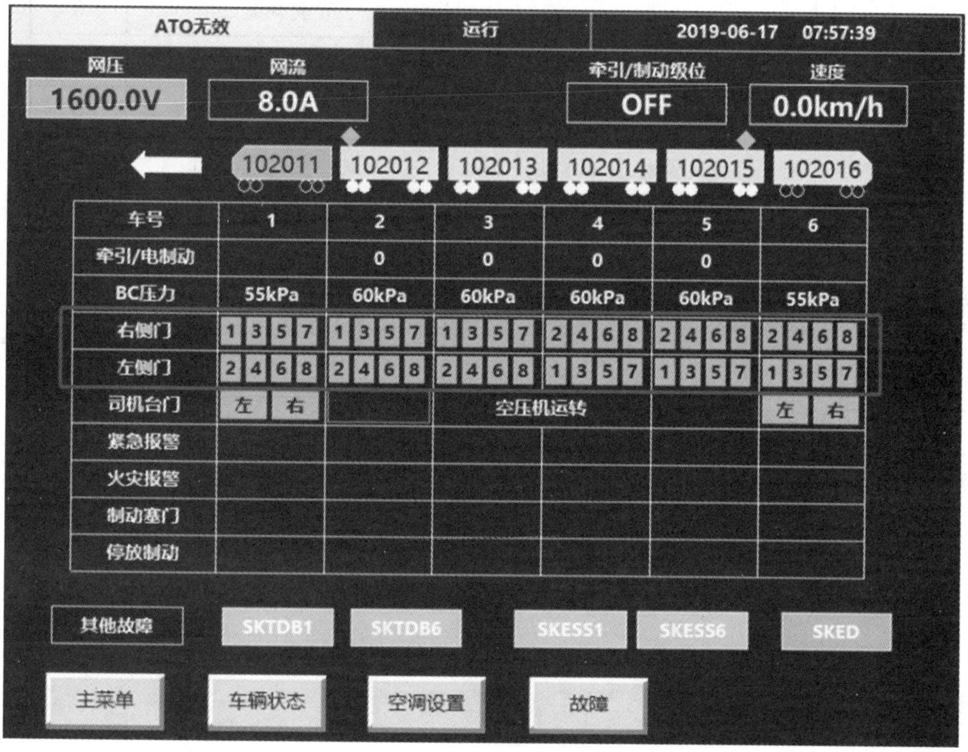

图 3-5-14　车辆显示屏关闭状态

（10）每一站都需重复确认行车凭证、区间运行及站台作业。

五、实训考核

电客车驾驶操作实训考核评分表

<table>
<tr><td>考核时间</td><td colspan="2">时　分　秒 — 　时　分　秒</td><td>用时</td><td colspan="2">分　秒</td></tr>
<tr><td>考核内容</td><td>配分</td><td>评分依据</td><td>说明</td><td>扣分</td><td>得分</td></tr>
<tr><td rowspan="2">出勤检查</td><td rowspan="2">10</td><td rowspan="2">是否了解行车注意事项及故障处置流程</td><td>正确完成</td><td>0</td><td rowspan="2"></td></tr>
<tr><td>出勤不完整</td><td>10</td></tr>
<tr><td rowspan="4">启动前设备操作</td><td rowspan="4">20</td><td rowspan="4">是否按照要求在驾驶前对列车设备进行设置（设置时同时口述）</td><td>设置正确</td><td>0</td><td rowspan="4"></td></tr>
<tr><td>未口述</td><td>5</td></tr>
<tr><td>未改变驾驶模式</td><td>10</td></tr>
<tr><td>未确认车门模式</td><td>5</td></tr>
<tr><td rowspan="5">列车驾驶</td><td rowspan="5">30</td><td rowspan="2">是否正确操作手柄驾驶（10）</td><td>驾驶规范</td><td>0</td><td rowspan="5"></td></tr>
<tr><td>放松警惕按钮导致列车报警</td><td>5 分/次</td></tr>
<tr><td rowspan="3">是否有超速及标准化作业（20）</td><td>未超速，且标准化作业完整</td><td>0</td></tr>
<tr><td>超过规定速度运行</td><td>10 分/次</td></tr>
<tr><td>标准化作业不标准或未进行</td><td>5 分/次</td></tr>
<tr><td rowspan="2">列车对标</td><td rowspan="2">20</td><td rowspan="2">是否按照要求停车对标</td><td>50cm 以内，不扣分</td><td>0</td><td rowspan="2"></td></tr>
<tr><td>任意 1 站超过 ±50cm</td><td>10 分/次</td></tr>
<tr><td rowspan="2">站台作业</td><td rowspan="2">20</td><td rowspan="2">是否按要求进行站台作业</td><td>完全正确</td><td>0</td><td rowspan="2"></td></tr>
<tr><td>立岗不标准或有未确认内容</td><td>5 分/次</td></tr>
<tr><td>备注</td><td colspan="2"></td><td colspan="2">总分</td><td></td></tr>
</table>

项目六　客伤处理

一、实训目的

学习完客伤和应急救护基础理论知识后，通过此实训设计任务，学生应深入理解客伤的类别、产生原因、处理原则和流程、病情评估和及时处理、紧急呼救、消毒、伤口包扎、心肺复苏等应急救护方法及适用症状、心理安抚技巧、现场保护及证据收集。提前做好知识、技能、心理、素质各方面储备，能灵活根据车站突发客伤的实际综合情况，临危不乱地实施现场呼救、救护、保护、安抚，并及时全面地完成证据搜集，强化客伤救护和证据搜集能力，强化全局服务责任意识，夯实标准意识及以人为本的意识、深化敢救会保的自信，同步激发自身对专业的热爱和对岗位工作的责任感。

二、实训场所及设施设备

（一）实训场所

实训中心车站模拟实训室。

（二）实训设施设备

（1）救护、救援设施设备（CPR 模型、绷带、三角巾、夹板、担架）；
（2）站务人员工作装备（对讲机、执法记录仪等）；
（3）活动学习桌椅。

三、实训内容

（1）车站客伤综合情境设计；
（2）车站客伤处理综合模拟。

四、实训步骤

（一）基础知识储备

1. 客伤

（1）客伤的概念及其产生原因。
（2）客伤的处理原则及流程。

2. 救护和安抚乘客

（1）救护。现场评估—危重病情判断（意识、气道、呼吸、循环体征、瞳孔反应）—紧急呼救—心肺复苏—创伤救护。

（2）心理安抚。

3. 现场保护和证据采集

（1）现场保护及其原则；
（2）客伤事件证据类型。

（二）基础技能储备

（1）心肺复苏术（CPR）操作步骤；
（2）创伤止血；
（3）现场包扎技术；
（4）现场骨折固定；
（5）伤员搬运；

（6）心理安抚技巧；
（7）现场保护技巧；
（8）证据采集技巧。
说明：知识储备和技能储备指导内容详见教材。

（三）实训任务

（1）设计车站客伤综合情境；
（2）分小组综合模拟车站客伤处理。

五、实训要求及考核

总成绩由书面作业和现场模拟两部分成绩加权综合评分，各占 50%。

（1）书面作业（100 分）。

根据所学知识及技能点，小组讨论设计客伤情境，并根据本组设定的情境，详细撰写每一项任务涉及的站务人员角色分工及其具体操作流程和处理细节。各小组按照情境及操作流程先进行讨论和推演，不断完善处置细节和标准，形成终稿。

另附 A4 纸撰写任务情境描述及操作流程。

教师评分兼顾小组团队学习合作程度、整体情境设计的合理性、文档排版及书写整洁、美观度。

（2）现场模拟考核（100 分）。

现场抽签确定模拟顺序，各小组综合展示客伤处理流程。采用师生共评方式，按照考核项目进行综合考核。

客伤处理实训考核评分表

小组序号：　　　组员姓名：　　　　　　总分：

考核项目	考核内容及标准	分值	小组互评（40%）	教师评分（60%）	合计（100%）
整体情境模拟合理性（15 分）	内容展示完整	5			
	过程及氛围合理	3			
	情境模拟重点明确	2			
	模拟态度端正	5			
及时判定客伤（15 分）	及时、正确评估	5			
	根据创设客伤，合理选择判断病情的方式（意识、气道、呼吸、循环体征、瞳孔反应及完成其他检查）	10			
	正确判定客伤程度	5			

续表

<table>
<tr><th>考核项目</th><th colspan="3">考核内容及标准</th><th>分值</th><th>小组互评（40%）</th><th>教师评分（60%）</th><th>合计（100%）</th></tr>
<tr><td rowspan="3">正确救护（15分）</td><td colspan="3">根据具体创设客伤，合理选择救护方式（心肺复苏、创伤止血、现场包扎、现场骨折固定）</td><td>3</td><td></td><td></td><td rowspan="6"></td></tr>
<tr><td colspan="3">正确描述各项救护方法及流程</td><td>10</td><td></td><td></td></tr>
<tr><td colspan="3">能根据客伤程度合理实施紧急呼救</td><td>2</td><td></td><td></td></tr>
<tr><td rowspan="3">心理安抚（10分）</td><td colspan="3">合理安抚乘客本人及家属</td><td>4</td><td></td><td></td></tr>
<tr><td colspan="3">合理安抚其他目睹乘客</td><td>3</td><td></td><td></td></tr>
<tr><td colspan="3">合理稳定相关站务人员的情绪</td><td>3</td><td></td><td></td></tr>
<tr><td rowspan="2">现场保护（10分）</td><td colspan="3">具备第一时间保护现场的意识</td><td>3</td><td></td><td></td><td rowspan="8"></td></tr>
<tr><td colspan="3">正确描述现场保护步骤(有序、完整)</td><td>7</td><td></td><td></td></tr>
<tr><td rowspan="4">客伤证据收集（30分）</td><td colspan="3">能迅速正确判定客伤归责（无过错、过错）</td><td>5</td><td></td><td></td></tr>
<tr><td rowspan="2">能根据归责，及时有侧重地确定采集要点，并正确完整搜集证据</td><td>无过错责任原则</td><td>现场视频、当事人调查、目击者证词、乘客的医学诊断等</td><td rowspan="2">20</td><td></td><td></td></tr>
<tr><td>过错责任原则</td><td>乘客过错行为的监控视频、目击者证词、当事人陈述及确认信息、照片；车站各类标准作业记录的文档记录、照片及视频资料</td><td></td><td></td></tr>
<tr><td colspan="3">采集证据类别合理、充分（当事人陈述、书证、物证、视听资料、电子数据、证人证言、鉴定意见、勘验笔录）</td><td>10</td><td></td><td></td></tr>
<tr><td>各岗位配合（5分）</td><td colspan="3">任务分配合理、配合熟练</td><td>5</td><td></td><td></td></tr>
<tr><td colspan="5">合计（100分）</td><td></td><td></td></tr>
</table>

附录　相关表格

表 1　证据目录

1.
2.
3.
4.
5.
6.
7.
8.

表 2　当事人事件经过记录

事件经过记录表（当事人）
事发时间：　　年　月　日　　　　事发地点：
当事人姓名：　　　　性别：　　　　年龄：
身份证号码：
联系电话：
家庭地址：
事件经过记录方式：自写（　　）口述授权他人代写（　　）   签名：　　（手印） 时间：　　年　月　日 代写人：

表 3　工作人事件经过记录表

事件经过记录表（工作人员）	
事发时间：　　年　　月　　日	事发地点：
姓名：	当班岗位：
事件经过记录： 签名：XXX　　（手印）　　　　时间：　　年　　月　　日	

表 4　目击证人事件经过记录表

事件经过记录表（目击证人）
事发时间：　　年　　月　　日　　　　　　事发地点：
当事人姓名：　　　　性别　　　　　　年龄：
身份证号码：
联系电话：
家庭地址：
事件经过记录：
签名：XXX　　　　（手印）　　　　　　时间：　　年　　月　　日

表 5　售票员结算单　　NO:00000000

站　年　月　日

时间	从　　　至	配备用金金额	¥	¥	¥	¥
BOM	B01	值班员签名				

项目 / 票种		开窗张数	关窗张数	出售		其他
				张数	金额	
车票情况						

乘客票务事务差额（+/−）		实收金额	
单程票退款（−）			
BOM 票款			
售票员		工号	
备注			
客运值班员		工号	

表 6　乘客票务事务处理单　　NO：0000000

站　　年　　月　　日

现金事务	事件详情	处理结果	涉及金额+/−（元）	乘客签名	确认人
	1. TVM 少找零；2. TVM 卡币；3. TVM 卡票；4. TVM 发售无效票；5. TVM 充值异常；6. 其他				
			¥		
合计			¥	……	……

非非现金事务	免费出站票事件详情：闸门被误用	免费出站票事件详情：车票无效不能出闸	免费出站票事件详情：其他	发售一张	乘客签名	确认人	退款记录	普通单程票、预制票、纸票：票种	普通单程票、预制票、纸票：车票 ID	金额（−）	办理时间	乘客签名	确认人
								单程票		¥			
合计	发售免费出站票共张						金额合计			¥			

备注：

售票员		员工号		值班员		员工号	

表 7　钱箱清点报告　NO：0000000

站　　　单位：　　元　　年　月　日

TVM 号码	清点硬币				TVM 号码	清点纸币			
	钱箱号码	机器清点金额	实际清点金额	差额（+/−）		钱箱号码	机器清点金额	实际清点金额	差额（+/−）
T01	001	¥	¥	¥	T01	101	¥	¥	¥
T02	002	¥	¥	¥	T002	102	¥	¥	¥
合计		¥	¥	¥	合计		¥	¥	¥
钱箱总数		2	清点时间		钱箱总数			清点时间	
人员		签章	员工号		人员		签章	员工号	
值班员			×××		值班员			×××	
清点人员			×××		清点人员			×××	
值班站长审核			×××		值班站长审核			×××	
备注：									

表 8　车站营收日报　NO.0000000

站　　　　单位：元　　年　月　日

<table>
<tr><td colspan="2">票款收入</td><td>早班</td><td>晚班</td><td>合计</td></tr>
<tr><td rowspan="6">TVM
收入</td><td>钱箱票款（机点数）</td><td></td><td></td><td></td></tr>
<tr><td>钱箱差额（+/−）</td><td></td><td></td><td></td></tr>
<tr><td>补币金额（−）</td><td></td><td></td><td></td></tr>
<tr><td></td><td></td><td></td><td></td></tr>
<tr><td></td><td></td><td></td><td></td></tr>
<tr><td>小　计（1）</td><td></td><td></td><td></td></tr>
<tr><td colspan="2">BOM 票款</td><td></td><td></td><td></td></tr>
<tr><td colspan="2"></td><td></td><td></td><td></td></tr>
<tr><td colspan="2">小　计（2）</td><td></td><td></td><td></td></tr>
<tr><td colspan="2">预制票（3）</td><td></td><td></td><td></td></tr>
<tr><td colspan="2">纸票（4）</td><td></td><td></td><td></td></tr>
<tr><td colspan="2"></td><td></td><td></td><td></td></tr>
<tr><td rowspan="3">一卡通
收　入</td><td>售卡金额</td><td></td><td></td><td></td></tr>
<tr><td></td><td></td><td></td><td></td></tr>
<tr><td>小　计（5）</td><td></td><td></td><td></td></tr>
<tr><td colspan="2">营收总金额（6）
（6）=（1）+（2）+（3）+（4）+（5）</td><td></td><td></td><td></td></tr>
<tr><td colspan="2">实际解行金额</td><td></td><td></td><td></td></tr>
<tr><td colspan="2">值班员</td><td></td><td></td><td></td></tr>
<tr><td colspan="2">员工号</td><td></td><td></td><td></td></tr>
<tr><td>备　注</td><td colspan="4"></td></tr>
<tr><td colspan="2">复核人</td><td></td><td>员工号</td><td></td></tr>
</table>

参考文献

[1] 赵时旻. 轨道交通自动售检票系统[M]. 上海:同济大学出版社，2007.

[2] 人力资源和社会保障部教材办公室，广州市地下铁道总公司. 站务人员[M]. 广州:中国劳动社会保障出版社，2009.

[3] 于涛. 城市轨道交通管理[M]. 北京:人民交通出版社，2011.

[4] 裴瑞江. 城市轨道交通客运组织[M]. 北京:机械工业出版社，2009.

[5] 石瑛. 城市轨道交通客运组织[M]. 北京:中央广播电视大学出版社，2007.

[6] 林瑜筠. 城市轨道交通运输设备[M]. 北京:中国铁道出版社，2011.

[7] 张莹，吴冰. 城市轨道交通车站设备[M]. 北京:电子工业出版社，2012.